CONCOURS DES GRANDES ÉCOLES SCIENTIFIQUES
2023-2024

20 dissertations

avec analyses et commentaires

sur le thème

Faire croire

Laclos – *Les Liaisons dangereuses*
Musset – *Lorenzaccio*
Arendt – *La Crise de la culture*
(extrait « Vérité et politique »)
Du mensonge à la violence
(extrait « Du mensonge en politique »)

Sous la coordination de
Géraldine Deries, François Tenaud et Morgan S. Trouillet

Par

Rémy Arcemisbéhère
professeur agrégé de lettres modernes
docteur en lettres
jury aux concours des CPGE scientifiques

Christine Baycroft
professeur agrégé de philosophie
docteur en philosophie

Jacques Bianco
professeur agrégé de lettres modernes
interrogateur en CPGE
jury aux concours des CPGE scientifiques

Quentin Delayen
professeur agrégé de lettres modernes

Géraldine Deries
professeur agrégé de lettres modernes
ancienne élève d'HEC
docteur en lettres

Benjamin Dufour
professeur agrégé de grammaire
doctorant
ancien élève de l'ENS Ulm

Catherine Fournier-Bidoz
professeur agrégé de lettres modernes
interrogatrice en CPGE

Lydie Niger
professeur agrégé de lettres classiques
interrogateur en CPGE

François-Xavier Soutet
professeur agrégé de philosophie
jury aux concours des CPGE scientifiques

François Tenaud
professeur agrégé de philosophie

Morgan S. Trouillet
professeur agrégé de lettres modernes
interrogateur en CPGE
jury aux concours des CPGE scientifiques

Alexis Tytelman
professeur agrégé de philosophie
interrogateur en CPGE
ancien élève de Sciences Po Paris

L'ÉPREUVE DE FRANÇAIS AUX CONCOURS

Concours	Exercices (3 h ou 4 h)	Français	Maths(*)	
Centrale	dissertation + résumé	17	17	
Mines	dissertation	5	5	
CCINP	dissertation + résumé	9	14	
e3a	dissertation	5	9	
X-ENS	dissertation	6	9	
PT	dissertation + résumé	17	8	(Centrale)
SCAV	dissertation	4	4	
G2E	dissertation	5	5	

(*) Coefficient le plus élevé d'une épreuve de mathématiques, toutes filières confondues

ISBN : 978-2-35141-399-9
ISSN : 1952-2282

Achevé d'imprimer en juin 2023
sur les presses de la Nouvelle Imprimerie Laballery
58500 Clamecy
Dépôt légal : juin 2023
Numéro d'impression : 305376

Imprimé en France

La Nouvelle Imprimerie Laballery est titulaire de la marque Imprim'Vert®

Mode d'emploi

Un bon ingénieur, comme son titre l'indique, est ingénieux, il possède un génie certain pour mettre en place des projets au sein de son entreprise. Mais outre la conception de ces projets, il doit savoir les exposer, convaincre, et pour cela s'exprimer avec précision et élégance, argumenter et illustrer son point de vue. L'exercice de la dissertation met en œuvre ces facultés, et c'est la raison de sa présence parmi les épreuves de recrutement des grandes écoles.

Objectif de cet ouvrage

L'ouvrage que vous tenez entre les mains entend vous former pour cet exercice, qui paraît n'être qu'académique et qui est pourtant la manifestation d'une capacité à réfléchir et à exposer son argumentation, si toutefois on en connaît les règles. « Vous former », c'est-à-dire vous conduire à savoir faire cet exercice par vous-même le jour du concours. Pour cela, il ne s'agit pas d'apprendre par cœur les plans et encore moins les dissertations proposées – même si cela est tentant ! Il s'agit de vous préparer de manière raisonnée et rigoureuse.

Aucun livre ne peut se substituer à une étude personnelle des œuvres ni aux cours de votre professeur. Mais il peut les compléter et vous montrer comment en tirer le meilleur parti. Voici ce qui vous permettra d'aborder les concours en toute confiance :

- une méthode claire et efficace ;
- l'exposé des principales thèses sur le thème ;
- des exercices de problématisation ;
- des exercices d'exploitation des œuvres ;
- des exercices de recherche d'exemples ;
- vingt dissertations étudiées et corrigées en détail ;
- des citations prêtes à l'emploi.

Quand et comment utiliser cet ouvrage

Le secret, c'est qu'il n'y a pas de secret : il faut travailler régulièrement et intelligemment, comme en sciences. Reste à savoir ce que cela veut dire à propos du français... La démarche que nous vous proposons ci-dessous n'est pas la seule possible, mais elle vous garantit une progression continue, un bon niveau final et un excellent rapport note au concours / temps investi.

Pendant l'été

Commencez bien sûr par lire les œuvres au programme. Cette première étape doit déjà être rentabilisée : au fil de la lecture, réfléchissez aux liens que chaque œuvre entretient avec le thème de l'année, aux diverses façons dont elle l'illustre. Soulignez les passages qui vous semblent importants et les citations que vous souhaitez retenir. Aidez-vous pour cela de ceux que nous avons sélectionnés, ce sont de bons repères, mais ne négligez pas les extraits qui vous plaisent ou vous frappent. Une lecture personnelle est tout à fait valorisée.

Étudiez ensuite les parties de ce manuel qui présentent les thèses et les œuvres. Vous aurez ainsi une bonne vue d'ensemble du programme qui vous permettra de recevoir dans de bonnes conditions les cours de votre professeur.

Pendant l'automne

Travaillez les exercices d'exploitation des œuvres. Pour chacun, relisez le passage et demandez-vous comment il illustre le thème de l'année. Retenez les thèses qu'il peut illustrer. Ceci vous aidera à constituer un bagage de références et d'exemples précis. Apprenez les citations au fur et à mesure, en sachant les situer aussi précisément que possible dans les œuvres.

En parallèle, lisez une fois la méthode, puis lisez une dissertation chaque semaine en panachant les parties du manuel, soit dix dissertations avant Noël – ne travaillez pas pendant les vacances. Vous devez chercher à comprendre (pendant une demi-heure, lecture comprise) comment la réflexion préparatoire est menée, comment la méthode est appliquée et enfin comment la dissertation est constituée, puis rédigée. La structure est pour l'instant plus importante que le détail de la rédaction. Inutile à ce stade de disserter vous-même : commencez par apprendre en observant. Les exercices demandés par votre professeur suffisent – n'hésitez d'ailleurs pas à le solliciter en cas de problème avec la méthode.

Pendant l'hiver

Il est temps de passer à la pratique. Relisez la méthode puis étudiez les exercices de problématisation et d'argumentation. Chaque semaine, choisissez un libellé parmi les dix restants et consacrez-lui une heure.

Prenez vingt minutes pour analyser le sujet, le confronter aux œuvres et construire une problématique. Lisez ensuite l'annexe *Éviter le hors-sujet*, qui vous aidera à saisir le sujet dans sa singularité en le comparant à un autre, proche mais distinct. Corrigez au besoin votre approche puis consultez l'analyse que nous proposons.

Passez dix minutes à élaborer un plan détaillé, sans oublier les transitions, puis confrontez-le au nôtre.

Une demi-heure sera nécessaire pour un essai de rédaction : faites systématiquement une introduction et, en alternance, une conclusion ou une sous-partie.

Enfin, lisez la dissertation corrigée. Elle n'est pas la seule manière de traiter le sujet, mais elle constitue un exemple de bonne copie. Portez une attention particulière à la manière dont les exemples sont exploités dans l'argumentation, et retenez-les si vous ne les avez pas encore rencontrés. Soyez également attentif à la langue, à la syntaxe, à l'orthographe de certains termes clés.

Pendant le printemps

Si vous êtes en spé, il ne reste que quatre semaines avant les écrits : contentez-vous de réviser les citations et les exercices. Si vous avez travaillé régulièrement, cela suffit. Mais lorsque vous « bouquinez », choisissez un livre « utile » : les œuvres au programme si vous ressentez le besoin de vous les remettre en mémoire, ou un livre de réflexion sur le thème de l'année en général. Évitez les autres œuvres des mêmes auteurs : d'une part vous risquez de confondre les intrigues, d'autre part vous ne devez utiliser que les œuvres au programme dans vos copies.

Si vous êtes en sup, il faut entretenir votre niveau pour éviter de revenir à la case départ l'année suivante. Pour cela, travaillez selon le programme d'hiver cinq des dix libellés dont vous aviez lu le corrigé pendant l'automne.

Et n'oubliez pas...

Votre emploi du temps réserve deux heures chaque semaine pour l'étude du français : essayez d'en tirer le meilleur parti. En premier lieu, écoutez attentivement le cours. C'est toujours la base. Mais ne vous contentez pas de noter docilement tout ce qui est dit : gardez un esprit critique et, au besoin, entamez un dialogue avec votre professeur pendant le cours ou après. Pratiquées dans les limites du bon sens, ces questions contribuent à rendre le cours vivant et stimulant pour tout le monde. Un bon élève n'est plus, comme au lycée, celui qui sait le mieux répondre aux questions, mais celui qui pose les meilleures questions.

L'ensemble de l'équipe vous souhaite
une belle réussite aux concours.

Sommaire

La méthode
pour réussir ses dissertations

La dissertation possède une réputation redoutable, qui n'est pas sans fondement. Elle n'est pas pour autant hors de votre portée ; cette méthode vous montrera comment faire. Il nous faut cependant préciser d'emblée un point : nous pouvons vous expliquer ce qui est attendu, vous montrer des exemples réussis, vous mettre en garde contre les erreurs fréquentes, mais pas disserter à votre place. Votre apprentissage doit donc passer par la théorie (ce chapitre) mais aussi par la pratique (à votre bureau), en utilisant les corrigés de ce livre comme guides.

I But du jeu

1 Pourquoi une épreuve de français ?

Un bon ingénieur est polyvalent. Il doit comprendres les sciences, maîtriser des techniques, imaginer des solutions, exposer ses projets, souder une équipe... Les écoles recherchent donc en priorité des candidats capables de montrer plusieurs facettes. À votre niveau d'étude, cela se traduit par des épreuves de français et de langue en plus des épreuves scientifiques[1].

Les épreuves de français aux concours sont conçues pour évaluer des capacités proches de celles exigées en science : rigueur, compréhension en profondeur, créativité, qualité de la communication. La dissertation est un exercice bien adapté pour évaluer ces compétences[2], nous vous montrerons pourquoi.

2 Qu'est-ce qu'une dissertation ?

Le français peut, en droit, donner lieu à des exercices très divers : la récitation d'une épopée[3], la mise en scène d'une pièce de théâtre, la dictée, le commentaire de texte, l'écriture de poèmes... Les concours ont sélectionné celui des exercices qui est le mieux adapté à vos qualités : la dissertation. Elle est la mise en scène d'un raisonnement, c'est-à-dire d'une forme de discours.

[1] Tout au long de ce chapitre, les notes de bas de page sont des passages extraits des rapports des jurys des principaux concours : Polytechnique, Mines-Ponts, Centrale-Supélec, CCP, E3A, Banque PT. [2] « Les qualités qui assurent la réussite dans cette épreuve sont celles que l'on attend d'un futur ingénieur, discernement, approche méthodique, bon usage du doute et juste appréciation des risques avant de prendre une décision, mais aussi rapidité et fermeté. » [3] « Avec la récitation d'un cours, on est aux antipodes de la dissertation. »

De là découlent plusieurs observations. Un bon discours doit parler d'un problème réel et intéressant, ce que l'on appellera la problématique. Il comporte une entrée en matière (l'introduction) qui capte l'attention, et aboutit à une position claire (la conclusion). Entre les deux, on chemine linéairement (pas d'anticipation, pas de flash-back), à pas relativement lents, de manière raisonnée, en passant par des étapes bien identifiées (les parties et sous-parties) qui associent les idées et les exemples.

Selon votre sensibilité, vous pourrez préférer avoir à l'esprit l'analogie, moins précise mais peut-être plus parlante, avec une pièce de théâtre dont vous seriez l'auteur. Son intrigue se développe autour d'un problème central (la problématique), avec des temps bien déterminés, les actes et les scènes (les parties et sous-parties). Elle progresse d'une entrée en matière qui éveille l'attention du spectateur (l'introduction) à un dénouement (la conclusion) qui démêle le nœud central.

La dissertation est un discours d'un type particulier puisqu'elle est écrite pour être évaluée et corrigée. Outre les contraintes sur l'objectif (on vous demande un raisonnement, pas un livret d'opéra), on introduit des contraintes formelles (analogues aux règles d'unité de temps, lieu et action au théâtre). Elles vous aident en fournissant un cadre et en limitant l'arbitraire du correcteur ; elles plaisent aussi à ce dernier car ces règles sont choisies pour donner à la dissertation une forme bien adaptée à sa nature. Ces règles, nombreuses, sont exposées dans ce chapitre.

À grands traits, on peut dire que la dissertation part d'un problème, contenu implicitement dans le sujet, auquel elle apporte une réponse organisée et argumentée, progressant du simple au complexe. Les professeurs de français utilisent souvent le terme « raisonnement » pour caractériser ce cheminement[4], ce qui est correct. En revanche, un doute s'installe lorsque « démonstration », « preuve » ou « rigueur » est employé[5].

Ainsi, quand un professeur de français dit qu'un exemple constitue une preuve, un professeur de maths soulève un sourcil dubitatif : ne serait-ce pas seulement un cas particulier ? Pour lever l'incompréhension mutuelle entre ces deux mondes, il faut passer au niveau d'abstraction supérieur : que ce soit en maths ou en français, on peut produire des discours dont l'objectif est de convaincre son interlocuteur. Les domaines étant différents, les méthodes sont différentes, même si l'on emploie les mêmes termes. Dans la mesure où un exemple bien choisi et bien expliqué suffit à convaincre de la justesse d'un argument (« Dans les années 1970, *Orange mécanique* était considéré comme ultraviolent » soutient l'idée que « Le cinéma est devenu plus violent »), on peut dire

---

[4] « On a apprécié les raisonnements sans contradictions logiques, absurdités, obscurités diverses. » [5] « Les exemples devraient servir non de vignettes décoratives, mais de preuves, indispensables à un exercice de démonstration. »

qu'il remplit la fonction d'une « preuve » (convaincre), et que celle-ci s'insère donc dans une « démonstration » « rigoureuse », sans contradiction[6].

Une autre difficulté liée à la nature même de l'exercice est de bien comprendre qui s'exprime dans une dissertation, car vous êtes placé dans une situation paradoxale. À première vue, en effet, c'est l'auteur de la copie qui s'exprime. Parce que c'est vous qui rédigez, bien sûr, et aussi parce que l'on attend que vous ayez une lecture *personnelle* des œuvres au programme. Mais surtout parce que votre dissertation doit avoir l'audace de contredire l'auteur de la citation du libellé, ou au moins de nuancer son propos (aux concours, l'immense majorité des sujets s'appuient sur une citation). On vous demande de discuter[7] la citation, fût-elle d'un auteur intimidant comme Platon[8]. Il faut donc vous engager[9].

Cependant, une dissertation n'est pas non plus l'occasion de donner libre cours à votre créativité, puisque des formes sont imposées. Même au sein de ces formes, on attend que votre devoir varie les points de vue, donc que vous développiez des idées qui ne sont pas forcément les vôtres. D'ailleurs, lorsque vous exposez l'idée d'un auteur au programme, il faut toujours le faire loyalement, comme cet auteur l'aurait fait lui-même, quitte à ce que vous apportiez plus loin des arguments qui dépassent cette idée. Enfin, on vous demande d'apporter une réponse claire à la question posée, en prenant le risque de ne pas penser comme l'auteur de la citation, mais dans le fond il n'est pas exigé que cette réponse coïncide avec votre avis véritable.

On aperçoit ainsi une dimension supplémentaire à l'idée que la dissertation est une forme de discours : sous certains aspects, elle s'apparente à une plaidoirie d'avocat. Comme cette dernière, la dissertation a plusieurs voix et elle ne peut pas compter sur un hypothétique droit au respect du moi-je-pense-que puisqu'elle est soupesée et jugée.

Les lignes précédentes, consacrées à comprendre ce qu'est une dissertation, vous ont donné un aperçu d'une démarche qui est appréciée dans une dissertation : il faut montrer que votre pensée se cherche, qu'elle se construit peu à peu, qu'elle s'engendre elle-même. En sciences, vous le faites au brouillon et, au final, vous ne montrez dans votre copie que ce qui marche, en reproduisant seulement les étapes nécessaires ; en français, c'est pareil, avec toutefois la difficulté supplémentaire que les mots

[6] « Crainte de déplaire, ignorance méthodologique ? Certaines conclusions vont dans le sens de la citation alors même que les derniers développements l'avaient à juste titre mise en défaut... » [7] « Un très grand nombre de candidats ne *discutent* pas le sujet, comme le libellé le demandait pourtant expressément. » [8] « On demandait aux candidats d'oser penser contre la formule du libellé. » [9] « La plupart des dissertations s'évertuent à donner raison à l'auteur, au prix parfois d'argumentations aberrantes, et la question des conséquences d'une telle thèse n'est que très rarement posée. »

ont en général plusieurs interpétations possibles, de sorte que votre dissertation doit mettre en scène le raffinement progressif de votre réflexion via une compréhension de plus en plus aiguë des notions en jeu.

3 Comment une copie est-elle évaluée ?

En science, il y a parfois dix manières de démontrer la même chose, mais toutes (si elles sont justes) aboutissent au même résultat. En français, pas du tout. D'abord parce que le point de départ n'est pas forcément le même puisqu'à partir de la citation on peut a priori construire plusieurs problèmes réels et intéressants[10], c'est-à-dire plusieurs problématiques[11]. Ensuite parce que selon les termes de Protagoras (le personnage historique), qui en savait long sur les plaidoiries, « Sur chaque chose, il y a deux discours. » Il y a donc, pour un même libellé, une foule de bonnes dissertations possibles[12].

Il y a aussi cependant bien des manières de rater sa dissertation. Cela commence avec le premier coup d'œil sur la copie, qui influence l'humeur du correcteur[13] : est-elle propre ou sale[14], claire ou désordonnée, équilibrée ou pas ? L'introduction est-elle divisée en plusieurs paragraphes ? Des transitions sont-elles ménagées entre les parties, avec des lignes blanches avant et après[15] ? Bref, la copie est-elle écrite pour être lue et corrigée ?

Après cet aperçu visuel vient la lecture de l'introduction qui, bien souvent, donne une bonne idée de ce que sera la suite car elle indique le niveau de compréhension du sujet ; en complément, on peut passer directement à la conclusion et voir si une réponse claire est apportée.

Peut-on espérer de cette copie qu'elle rompe la litanie monotone des devoirs qui disent tous la même chose ? Ou le candidat a-t-il respecté les règles formelles mais négligé d'introduire une pensée véritable[16] ?

---

[10] « Nous ne croyons pas qu'il existe « une » « vérité » d'un sujet. » [11] « Les correcteurs étaient prêts à accepter toutes les perspectives, même incomplètement explorées, offertes par le sujet ; ils étaient disposés à manifester la plus grande bienveillance à toute interprétation, fût-elle contestable et partielle, des formules de l'auteur – pourvu que ledit sujet fût *effectivement* pris en considération, analysé et exploité. » [12] « Les correcteurs n'attendent pas l'impossible. Ils sont prêts à valoriser toute copie qui présente un travail engagé, personnel, témoignant d'une pensée en éveil, soucieuse de se confronter au point de vue d'autrui et de proposer une démarche pertinente. » [13] « La mise en forme d'un devoir, organisée, claire et lisible, témoigne du souci de communiquer efficacement. » [14] « Un correcteur qui s'arrache les yeux sur une copie mal écrite abandonne rapidement l'effort et sanctionne lourdement. » [15] « Trop de copies négligent la typographie du texte, qui permet de repérer le raisonnement. » [16] « Les candidats considèrent peut-être que le simple respect des « règles du jeu » de la méthode permet de jouer correctement la partie. »

Voici un guide approximatif proposé par un rapport :

Copie très courte et n'évoquant qu'à peine la citation du sujet et les œuvres au programme	< 5
Copie juxtaposant des développements sur le thème et/ou les œuvres mais sans jamais établir de lien réel avec le sujet	< 8
Copie ayant tenté de prendre en compte le sujet mais en le limitant à une seule notion, avec trop de superficialité ou de maladresses méthodologiques (pauvreté des exemples, déséquilibre entre les parties ou les œuvres)	< 11
Absence de maladresses méthodologiques, approfondissement de la réflexion, introduction à une dimension critique, pertinence des exemples	⩾ 11

Un autre rapport, à l'occasion de la présentation d'une bonne copie, indique cette liste de points positifs :

L'**introduction** respecte bien les 3 étapes (accroche ; reproduction de la citation et analyse précise des termes ; problématique et annonce de plan)	✓
La citation est au cœur de la réflexion, elle est reprise par fragments dans la problématique et chaque partie de l'annonce de plan	✓
La copie nuance, voire critique la thèse de la citation	✓
La troisième partie dépasse la citation, sans perdre de vue le sujet par une généralisation excessive	✓
L'introduction est (relativement) longue	✓
Le **développement** comporte des sous-parties construites autour d'un argument (et non d'une œuvre)	✓
Les trois œuvres sont utilisées dans chaque partie	✓
Les œuvres sont confrontées et non juxtaposées	✓
On observe de fréquents retours à la citation et aux termes précis qu'elle utilise	✓
Les affirmations sont illustrées d'un exemple ou d'une citation	✓
Chaque partie et chaque sous-partie annonce explicitement la direction qu'emprunte la réflexion	✓
Des transitions sont ménagées entre les parties	✓
La **conclusion** reprend les termes de la citation et répond à la question posée en introduction	✓
Elle s'achève par une tentative d'élargissement de la réflexion	✓

Voyons maintenant comment vous préparer pendant l'année.

II Le travail pendant l'année

1 Le thème et les œuvres

Quand on lit un théorème de maths, on fait attention à tout. Chaque mot a une portée très précise et ne peut pas être remplacé par un autre. On cherche des exemples où le théorème s'applique, ou ne s'applique pas. On vérifie stylo en main, sur un exemple simple, que l'on a compris. Bref, on travaille. À l'inverse, un magazine people peut être lu rapidement sans perte de sens. Une œuvre au programme est entre les deux. Matériellement, en prépa, on ne peut pas soupeser chaque paragraphe avec autant d'attention que s'il s'agissait d'un théorème ; mais on ne fait pas non plus son travail si l'on se contente de lire un mot après l'autre[17].

On attend de vous un « dialogue » avec les œuvres, c'est-à-dire de vous arrêter à certains moments pour comparer deux passages, comprendre un personnage, réagir à une idée... Les œuvres ne sont pas des textes sacrés à contempler sans poser de question, mais des occasions d'alimenter votre propre réflexion sur le thème au programme. *Votre* perception *personnelle* des œuvres sera *très* valorisée aux concours[18]. Pour capitaliser sur votre travail, soulignez les passages qui vous ont frappé, pour les retrouver plus facilement.

Enfin, il n'y a pas que des œuvres au programme, mais aussi un thème. Lors de votre lecture des œuvres, vous devez vous demander ce qu'elles vous disent sur le thème. Ce dernier peut aussi être travaillé en dehors des œuvres, tout au long de l'année : que vous évoque-t-il ? Quels échos trouve-t-il dans votre vie privée, dans les événements que vous avez vécus ? Quels grands problèmes lui sont reliés, et quelle position adoptez-vous ? Cette réflexion éminemment *personnelle* vous sera d'un grand secours pour aborder les sujets et développer une pensée qui ne soit pas naïve, convenue[19] ou banale[20].

2 Les rapports du jury

Via le site `www.scei-concours.fr`, vous pouvez télécharger les rapports de tous les concours. Vous y trouverez des renseignements précieux :

---

[17] « « Lire » ne signifie pas mémoriser mécaniquement le contenu de surface d'un texte, « lire », dans toute sa puissance et dans toute sa vitalité, signifie décryter sous les mots particuliers d'un texte toute l'acuité du regard sur le monde que son écriture contient et présuppose. » [18] « Les devoirs tout juste dans la moyenne (à 9–10) proposent une analyse du sujet, des illustrations correctes, mais ils correspondent précisément souvent aux travaux « standardisés » qui, faute d'une lecture vraiment précise et personnelle des œuvres et d'une analyse très exigeante du sujet, développent une réflexion souvent acceptable mais convenue. » [19] « L'épreuve valorise ceux qui possèdent vraiment leur savoir et leur pensée, qui n'essaient pas d'éblouir par de fausses richesses, empruntées puis étalées sans discernement. » [20] « La plupart du temps, on ramène tout le débat à un lieu commun, à une question banale traitée en classe. »

ce que les correcteurs attendent ou regrettent, ce qui les agace ou les intéresse, des critiques précises, des échelles de notes, des copies réelles données en exemple... Accessoirement, vous pourrez aussi, à travers le style de l'auteur du rapport, vous faire idée du type de personne qui corrigera votre copie. Certains rapports sont pompeux, d'autres bienveillants, ou féroces par endroits...

Les rapports disent à peu près la même chose d'un concours à l'autre, à une exception près : comment considérer, dans une copie, un exemple tiré d'une œuvre qui n'est pas au programme mais qui est bien exploité ? Certains jurys le valorisent, d'autres le pénalisent[21], d'autres encore refusent de valoriser ou de pénaliser... Dans le doute, abstenez-vous[22].

III Avant de rédiger

La durée de l'épreuve varie, selon les concours, de 2h30 à 4 heures. Il faut vous y préparer pendant l'année, car les exigences ne sont pas deux fois moindres pour une épreuve deux fois plus courte. On attendra plutôt de vous que vous travailliez deux fois plus vite.

1 La découverte du sujet (quelques minutes)

Le sujet pourra, à première vue, vous sembler facile, déroutant ou effrayant. Dans tous les cas, pas de précipitation[23]. Paradoxalement, c'est devant un sujet en apparence facile que vous êtes le plus en danger, en particulier s'il semble proche d'un sujet traité pendant l'année car vous risquez de passer à côté de sa spécificité[24].

Il faut savoir prendre son temps, s'ouvrir au sujet et rester humble : puisque le sujet est posé, il est approprié, donc ni évident, ni inabordable. Il peut être soumis à une réflexion intelligente et donner lieu à une dissertation de qualité. Vérifiez que vous comprenez bien le sens apparent de la citation[25], cherchez-en d'autres, notez les premières pensées qui vous viennent, et abstenez-vous pour le moment de recourir à votre mémoire, c'est trop tôt.

Quelle que soit la difficulté apparente, la méthode est la même et commence par l'analyse terme à terme.

---

[21] « L'exercice est une dissertation sur programme et non un exposé de culture générale. » [22] « Nous acceptons bien évidemment l'absence totale de références extérieures. » [23] « Certains seront surpris, après avoir couvert des pages sans prendre le temps de réfléchir, d'obtenir une note très faible. » [24] « Le nombre important de copies faiblement notées, pourtant bien rédigées et abondamment illustrées, s'explique par le refus d'analyser le sujet, conduisant à l'accumulation de paragraphes pré-écrits, dans un plan prêt-à-l'emploi qui rate les véritables enjeux. » [25] « Un grand nombre de candidats n'ont tout simplement pas compris les propos de l'auteur, qui ont fait l'objet de paraphrases erronées. »

2 Les mots du sujet

Cette étape est simple mais cruciale[26], ne la négligez pas. Avec la suivante, elle doit occuper un quart du temps de l'épreuve. Trop de candidats croient que les mots ont un seul sens, évident[27], ce qui les empêche de construire ensuite un raisonnement nuancé. Vous aurez besoin dans le développement de vous appuyer sur des sens de plus en plus raffinés des termes du sujet[28].

D'abord, deux « trucs ». Si la citation comporte des points de suspension entre crochets (« [...] »), il suffit de faire comme s'ils n'existaient pas. Ensuite, recopiez l'énoncé sur votre brouillon. En effet, l'esprit passe trop rapidement sur certains mots tandis que la main doit peiner lettre à lettre, ce qui vous oblige à faire attention à chaque terme.

Pour chaque mot porteur de sens, considérez-le comme s'il ne faisait pas partie de la citation. Il a peut-être plusieurs sens très différents (comme « révolution »). Pour chaque sens du mot, il faut rechercher les sous-sens possibles : le « travail » n'est pas le même selon qu'il est manuel ou intellectuel, ou qu'il est effectué par un salarié, un entrepreneur ou un serf. Ce n'est pas fini : pour bien le situer, recherchez des termes de la même famille (terre, Terre, terreau, enterrer, territoire, extra-terrestre, etc.), des expressions qui l'utilisent (mettre un genou à terre, remuer ciel et terre, être terre à terre, etc.), des proverbes ou citations, des homonymes, synonymes, et son étymologie. Inversement, recherchez des antonymes et dites en quoi le mot diffère des termes proches. Cette phase d'association libre des idées, moment de passivité active, ne donnera rien pour certaines catégories, trop pour d'autres. Ce n'est pas grave.

L'étape précédente a ouvert de nombreuses pistes d'interprétation des termes du sujet. Mais elles ne sont pas toutes pertinentes, car la citation prise dans son ensemble circonscrit les sens possibles ; les autres fonctionnent mal et doivent être écartés. C'est le moment du tri.

À l'issue de ce travail, votre compréhension du libellé s'est enrichie. Vous distinguez peut-être plusieurs champs d'application (moral, religieux, politique...), vous comprenez mieux ce qu'il peut avoir de provocant, ironique ou paradoxal, et quels sont ses sens implicites (quand Darth Vader dit « Je suis ton père », il espère *implicitement* que sa paternité biologique se prolongera en une paternité spirituelle).

Attention toutefois, ceci n'est pas une invitation à remplacer un mot du sujet par un autre qui vous conviendrait mieux. Ne transformez pas

---

[26] « Il est indispensable d'analyser méticuleusement les termes de la citation. »
[27] « Rares sont les candidats qui interrogent les termes clés de la formule proposée, et comprennent qu'il faut y voir autant de variables à paramétrer et à tester avant de pouvoir apprécier la validité d'un jugement. Trop partent de l'idée que le sens des mots est clair, en tout cas univoque. » [28] « Le premier travail des candidats était d'élucider le vocabulaire utilisé par l'auteur de la citation, afin d'analyser précisément sa pensée. »

le sujet. Tout votre devoir doit être fidèle à ses mots, à sa formulation (pourquoi celle-là et pas une autre ?), à sa logique interne. Il détermine ce sur quoi vous allez réfléchir. Et pour bien convaincre votre correcteur que vous l'avez toujours gardé à l'esprit, réutilisez ses termes dans l'introduction, dans l'annonce des parties et dans la conclusion, en faisant évoluer les sens que vous leur donnez.

3 La convocation des œuvres

La compréhension du libellé n'est pas encore complète. Vous l'enrichissez en examinant si les différents sens du sujet trouvent, ou non, un écho dans les œuvres au programme. Pour cela, soyez systématique : vous pouvez prendre un à un les personnages, les lieux, les temps forts, les grandes idées et tout particulièrement les moments qui vous ont personnellement marqué. Vous aurez alors plus de matériau que vous ne pourrez en utiliser dans votre copie, mais le tri ne viendra qu'au moment de rédiger le plan détaillé.

4 Construire votre problématique

L'analyse des termes et la convocation des œuvres vous ont permis de dégager de grands thèmes. Premier problème : vous en avez trop, et il ne va pas suffire d'en garder trois et de les enchaîner plus ou moins adroitement pour élaborer votre dissertation[29].

Imaginez qu'au lieu d'une dissertation, on vous demande un scénario, et que le sujet soit : « La fille d'un riche est amoureuse d'un pauvre. » Vous avez travaillé les termes (fille naturelle ? bâtarde ? adoptée ? cachée ? chérie ou mal-aimée ?... riche héritier ? entrepreneur ? souverain ?... amour ? passion ? attirance ?...), convoqué des œuvres (comme *L'Avare*) pour enrichir vos idées, imaginé diverses bribes d'histoire. Si vous cousez ensemble ces bribes éparses, l'histoire n'aura ni queue ni tête. Si vous vous contentez d'illustrer littéralement le sujet, vous obtiendrez seulement un film de vacances, ennuyeux et sans relief. Bref, vous ne vous en tirerez pas sans faire l'effort d'exploiter la tension latente entre amour filial, sentiment amoureux et richesse, ce qui sera le nœud que votre intrigue devra peu à peu serrer puis dénouer. Et vous devrez prendre garde à ne pas dénaturer le sujet, qui n'est pas « Le fils d'un riche est amoureux d'une pauvre », « La fille d'un riche veut s'occuper des pauvres » ni « Une fille riche est amoureuse d'un garçon pauvre ».

De la même manière, pour construire votre dissertation vous devez déceler ce qui fait implicitement problème dans le libellé[30], ce que l'au-

[29] « La dissertation ne peut se limiter à une question de cours, à un simple étalage de connaissances, même quand elles sont réelles et intéressantes. » [30] « Proposer une problématique, ce n'est pas faire semblant de poser une question ; c'est soulever ce qui *fait* question. »

teur de la citation suppose évident et qui ne l'est pas forcément. Vous ne parviendrez peut-être à saisir que certaines facettes du problème, ce qui donnera une copie plus ou moins ambitieuse, pouvant prétendre à une note plus ou moins élevée. Le problème tel que vous l'aurez compris et clairement formulé dans l'introduction sera votre *problématique*, qui doit être conforme au libellé.

Lorsque vous avez entrevu le problème qui est implicite dans le sujet, vous devez le travailler : d'où vient-il ? en quels termes se pose-t-il vraiment ? quels sens donner à ces termes pour montrer que le problème se pose vraiment ? Vous devez parvenir à une formulation courte, synthétique, précise[31], que vous reprendrez telle quelle dans l'introduction.

Cette étape et la suivante occupent conjointement un quart du temps.

5 Construire votre plan

Votre problématique a posé une question. Votre conclusion devra y apporter des réponses claires et fermes. Pour que celles-ci soient convaincantes, elles doivent venir couronner un raisonnement, qui s'insère entre l'introduction et la conclusion et constitue donc le corps de la dissertation. Votre plan est constitué des grandes étapes de votre raisonnement.

Il nous faut préciser ce que l'on entend par des « réponses » aux questions. En science, les conclusions doivent répondre de manière exacte et complète au problème. En français-philosophie, une telle ambition serait illusoire. Vingt-cinq siècles de philosophie et de littérature n'ont pas mis fin au problème ; votre copie ne le fera pas non plus. Toute réponse dépend de présupposés, d'hypothèses, de définitions, de sorte qu'elle ne peut pas clore le sujet ; elle vient l'éclairer, l'exposer, l'expliquer. Vous proposez une réponse possible, personnelle, jamais une réponse définitive. C'est normal et ce n'est pas le signe que vous n'avez pas atteint l'objectif de l'exercice : la vérité d'une dissertation n'est pas la vérité définitive du problème posé.

Du moment qu'il s'agit d'un raisonnement (logique, convaincant, progressif) qui mène proprement de la problématique à la conclusion, votre plan est sur la bonne voie. Si en plus il s'éloigne des banalités, il vous distingue du lot[32]. Il doit mettre en situation les idées, auxquelles il va arriver quelque chose dans l'espace de la dissertation, et passer par des moments de tension critique, au bon tempo (donner du temps à chaque étape, ne pas tuer le suspense), ce qui fait appel à votre talent narratif autant qu'à votre talent discursif.

---

[31] « La problématisation ne se confond pas avec une succession décousue d'interrogatives, et elle ne se ramène pas forcément non plus à une seule question. » [32] « Faute d'oser réellement discuter la citation, les candidats sont restés dans un schéma moyen, ce qui, au final, donne un ensemble de copies moyennes, c'est-à-dire ni bonnes, ni mauvaises mais identiques. Le jury a souvent l'impression d'une succession de "clones". »

Par convention[33], et parce que la durée de l'épreuve est limitée, il doit s'articuler en trois[34] parties.

Un plan qui n'est pas un raisonnement est gravement fautif, par exemple s'il s'appuie successivement sur trois termes de la citation, s'il consacre une partie à chaque œuvre au programme ou s'il se contredit sans nuances.

En pratique, le schéma de plan suivant est souvent utilisé. Ne le considérez pas comme une obligation, mais comme un guide.

La **première partie** expose une thèse. En particulier, lorsque le libellé est une citation qui affirme quelque chose, on ne peut pas faire comme si cette affirmation était auto-évidente (sinon, elle n'aurait pas constitué un sujet de dissertation). Il faut commencer par la développer et l'illustrer.

Dans une **deuxième partie**, on prend ses distances avec la thèse précédente en montrant trois de ses limites (en trois sous-parties) selon une progression logique. Ce n'est pas une « antithèse » car il ne s'agit pas d'une réfutation de la première partie, seulement d'éclairages différents.

Dans une **troisième partie**[35], on passe au niveau d'abstraction supérieur, qui permet d'absorber sans contradiction à la fois la thèse et ses limites (« La poule précède l'œuf » et « L'œuf précède la poule » sont compatibles en temps fini aussi bien dans « Et Dieu créa la poule » que dans « Et Darwin fit descendre la poule des molécules organiques autoréplicantes de la soupe primitive »). Cette étape suppose de revisiter les termes du libellé pour leur donner, avec nuance, un sens qui justifie le changement de niveau d'abstraction[36].

À l'issue de cette étape, vous avez fait le plus dur : le sujet est compris, vous savez de quoi vous allez parler et dans quel ordre. Avant de rédiger, il ne reste plus qu'à mettre noir sur blanc votre feuille de route.

6 Rédiger un plan détaillé

Votre développement sera constitué de trois parties, chacune constituée de deux, trois ou quatre sous-parties (de préférence, trois). Puisque les parties sont les grandes étapes de votre raisonnement, les sous-parties sont des sous-étapes du raisonnement. N'oubliez pas que celui-ci doit, c'est la règle du jeu, être linéaire. Vous ne pouvez donc pas simplement juxtaposer[37] trois arguments.

[33] « Peu de candidats sérieux se risquent à n'écrire que deux parties. » [34] « Les rares plans binaires s'avèrent souvent lacunaires ou inconsistants. » [35] « La troisième partie n'est pas l'espace où l'on donne son avis personnel. » [36] « D'abord l'illustration de la thèse, puis une réflexion nuancée permettant des mises à distance et enfin une reformulation de la thèse initiale à partir de ses termes originaux réappropriés par le candidat. » [37] « Le jury attend que le développement se présente comme un raisonnement suivi, où chaque paragraphe a sa place propre et ne pourrait pas être déplacé. Comme un puzzle, la dissertation saura convaincre si tous les arguments s'emboîtent logiquement. »

Schéma de principe d'une dissertation

un cadre = un paragraphe

Introduction

- Amorce
- Citation du sujet et analyse
- Problématique
- Annonce du plan

Sauter des lignes

Thèse de la partie I Annonce des sous-parties	Thèse de la partie II Annonce des sous-parties	Thèse de la partie III Annonce des sous-parties
Phrase d'annonce de l'argument Développement de l'argument Un exemple développé Un ou deux exemples rapides Récapitulation (si utile) Phrase de lien avec la sous-partie suivante	Phrase d'annonce de l'argument Développement de l'argument Un exemple développé Un ou deux exemples rapides Récapitulation (si utile) Phrase de lien avec la sous-partie suivante	Phrase d'annonce de l'argument Développement de l'argument Un exemple développé Un ou deux exemples rapides Récapitulation (si utile) Phrase de lien avec la sous-partie suivante
Phrase d'annonce de l'argument Développement de l'argument Un exemple développé Un ou deux exemples rapides Récapitulation (si utile) Phrase de lien avec la sous-partie suivante	Phrase d'annonce de l'argument Développement de l'argument Un exemple développé Un ou deux exemples rapides Récapitulation (si utile) Phrase de lien avec la sous-partie suivante	Phrase d'annonce de l'argument Développement de l'argument Un exemple développé Un ou deux exemples rapides Récapitulation (si utile) Phrase de lien avec la sous-partie suivante
Phrase d'annonce de l'argument Développement de l'argument Un exemple développé Un ou deux exemples rapides Récapitulation (si utile)	Phrase d'annonce de l'argument Développement de l'argument Un exemple développé Un ou deux exemples rapides Récapitulation (si utile)	Phrase d'annonce de l'argument Développement de l'argument Un exemple développé Un ou deux exemples rapides Récapitulation (si utile)
Sauter des lignes	Sauter des lignes	
Transition entre les parties I et II	Transition entre les parties II et III	

Sauter des lignes

Reprise de l'articulation de la démonstration
Réponse à la problématique

Chaque sous-partie sera constituée de l'énoncé d'une idée simple et de 2 ou 3 exemples, occupant respectivement, grosso modo, 20 % et 80 % des mots.

Donnez des titres aux parties et aux sous-parties : si votre raisonnement est clair dans votre esprit, les titres viendront aisément ; sinon, retravaillez ce que vous voulez dire. Leur formulation n'a pas besoin d'être finement ciselée car ils n'apparaîtront pas dans votre copie, de la même manière que l'on enlève les échafaudages avant de livrer une maison. Ils doivent néanmoins être clairs, car étant donné la place allouée à l'exposition des idées, l'énonciation de l'une d'elles n'occupera que quelques phrases et sera donc proche du titre.

Une astuce : mettez devant vous une feuille blanche par partie et tracez cinq rectangles, un petit en haut dans lequel vous écrivez le titre de la partie (il deviendra l'exposition de l'idée) ; trois grands au milieu pour les sous-parties, dans lesquels vous écrivez les titres et les exemples à utiliser ; un petit en bas pour la transition (sauf après la troisième partie).

Rédigez dès cette étape, au brouillon mais avec les mots définitifs, l'introduction, les deux transitions et la conclusion. Le développement, lui, sera rédigé directement au propre.

IV **Écrire une dissertation** (la moitié du temps de l'épreuve)

1 L'expression

S'agissant d'une épreuve de français, votre note reflétera notamment la qualité de votre expression[38]. Faites de votre mieux pour écrire lisiblement, sauter des lignes, indenter les paragraphes et corriger vos fautes[39] (il vaut mieux se relire à la fin de chaque partie qu'à la toute fin de l'épreuve). Le correcteur se sentira offensé si vous vous trompez sur l'orthographe du nom d'un personnage[40]. Les titres des œuvres doivent être systématiquement soulignés et les abréviations (« Dans ÀLRDTP, Proust... ») sont interdites[41] ; cependant, des raccourcis sont autorisés pour les titres longs (« Dans la Recherche, Proust... »).

Le correcteur s'attend à ce que vous fassiez attention au sens des mots que vous utilisez (un « gentilhomme » n'est pas un « honnête homme ») ; parfois, préférez une répétition à un synonyme approximatif. Il s'attend aussi à ce que vous ayez assimilé quelques termes associés au programme de l'année. Ne versez pas dans l'excès, l'usage maniéré d'un jargon[42] ou

---

[38] « Rappelons que la correction de l'expression et de l'orthographe sont pris en compte dans l'évaluation. » [39] « Le fossé se creuse entre les copies correctement rédigées et les devoirs tragiquement fautifs. » [40] « Rien de plus irritant que les fautes sur les noms des personnages des œuvres ! » [41] « Il est malvenu d'utiliser des abréviations pour les titres des œuvres. » [42] « Certaines copies sont pompeuses, alambiquées, « puantes » selon quelques correcteurs ; tout ceci est de la mauvaise poudre aux yeux. »

la copie fleuve[43]. L'idéal est un style simple et précis au service d'idées claires[44].

2 L'introduction

Dans le temps de l'épreuve, vous n'aurez pas la possibilité de soupeser chaque mot de votre copie. En revanche, il faut prendre ce temps pour la rédaction de l'introduction. Vous n'avez qu'une chance de faire une bonne première impression.

L'introduction comporte quatre temps en autant de paragraphes[45], descendant du général au particulier (on évoque souvent l'image d'un entonnoir).

Le premier s'appelle l'« amorce » ou l'« accroche ». Sa fonction est de transformer votre lecteur, supposé ne pas avoir connaissance du sujet, en une personne qui a tout à coup envie de savoir ce qui va suivre. Vous l'amenez brutalement de rien à une curiosité avide pour le sujet (qui ne sera exposé que dans le paragraphe suivant). Il faut donc frapper fort – d'autant qu'en pratique, la succession des cinq cents copies que chaque correcteur doit lire tend à émousser son intérêt. Pour placer un bon *punch* d'entrée, vous pouvez par exemple commencer par une remarque paradoxale et incisive, ou par la présentation soignée d'une situation, ou, mais c'est plus délicat[46], par une citation frappante. Une seule phrase peut suffire. Évitez bien entendu les platitudes[47] et les affirmations creuses...

Le deuxième paragraphe entre dans le cœur du sujet. Il contient quatre éléments :

- Une liaison logique avec le paragraphe d'amorce.
- La citation qui fait l'objet du sujet[48]. Vous devez la réécrire telle quelle, in extenso[49], sans aucune modification. S'il elle s'avérait trop longue pour que ce soit raisonnable, vous pouvez la condenser en ne citant que les passages clés et en résumant le reste.

---

[43] « Certaines copies sont interminables, verbeuses, aussi indigestes et lourdes que du porridge anglais : la copie n'est pas évaluée au poids ni à la quantité de cours restituée. » [44] « Il ne suffit pas d'une débauche de termes rares ou d'une syntaxe ampoulée pour impressionner le correcteur. Il convient de construire des phrases simples, bien ponctuées, en utilisant un vocabulaire précis. » [45] « L'introduction doit compter quinze à vingt lignes pour amener et citer le sujet, dégager les notions clés et ouvrir une perspective critique, puis annoncer le plan. » [46] « Le jury ne considère pas comme une méthode judicieuse de citer un autre énoncé que le sujet en introduction et préférerait même que seule la citation du sujet s'y trouvât. Il est préférable de partir d'un des termes exacts de la citation pour introduire le sujet. » [47] « L'accroche ne doit consister ni en une singerie convenue, ni en un collage de citations, ni en un fatras de généralités stupides. » [48] « Malheureusement, certains ne citent même pas le sujet. » [49] « La reformulation succincte de la citation réduit considérablement les enjeux et limite la réflexion. »

– Une analyse de la citation, qui doit montrer la richesse de cette dernière (évitez par conséquent de réduire sa portée) et mettre en évidence la spécificité du sujet. Si cette analyse est ensuite reprise et développée dans les parties, vous pouvez vous contenter d'analyser les termes clés[50].

Le troisième paragraphe donne une formulation claire[51] et succincte[52] de votre problématique, en utilisant dès que possible les termes clés du sujet. C'est la mise en crise du sujet, présentée sous une forme dramatisée. Il faut exposer la tension, la contradiction apparente, la chose qui mérite réflexion, en prenant soin de montrer qu'elle naît logiquement du sujet.

Comme c'est là que vous montrez au correcteur que vous avez exhibé un vrai problème, là que le correcteur se fait une première opinion sur votre niveau de compréhension du problème, il ne faut pas hésiter à être scolaire dans la formulation.

Rappelons que la ou les questions posées par la problématique devront trouver leur réponse dans la conclusion. Elles ne sont donc pas des formules décoratives mais des promesses.

Le quatrième paragraphe annonce le plan que vous allez suivre, c'est-à-dire l'idée principale de chaque partie. Comme le correcteur s'en servira comme d'une carte pour naviguer dans votre développement, ce n'est pas le moment de faire assaut d'élégance, préférez une phrase par partie, ou une seule phrase comportant trois temps bien identifiés, par exemple séparés par des point-virgules. Le correcteur appréciera que vous employiez des termes du sujet lors de cette annonce.

L'ensemble doit occuper entre quinze et vingt lignes environ : plus courte, elle serait creuse ; plus longue, vous empiéteriez sur la suite.

3 Les parties

Chaque partie commence par un bref paragraphe qui expose la thèse qui sera développée[53]. Le lien avec le sujet doit toujours être mis en évidence[54], et à cette occasion n'omettez pas d'utiliser les termes clés du sujet, dont le sens se raffine peu à peu, car d'une part cela vous forcera à ne jamais le perdre de vue, d'autre part vous montrerez au correcteur que

---

[50] « La reproduction de la citation dans l'introduction est impérative mais non suffisante. Elle doit s'accompagner d'une analyse qui peut être rapide si elle est reprise de manière plus approfondie dans la suite du devoir, ou plus longue, mais dans ce cas l'analyse doit préciser des termes du sujet. » [51] « Trop de phrases interrogatives tuent la véritable réflexion problématique en lui faisant perdre sa logique argumentative. » [52] « La problématique ne saurait se confondre avec une accumulation de questions disparates. » [53] « Nous exigeons que toute grande partie commence par l'énoncé d'une thèse. » [54] « Un bon développement doit commencer par formuler le titre de la partie, expliquer son lien avec le sujet, puis annoncer des sous-parties. »

vous avez été fidèle au sujet tout au long de votre copie[55]. Vous pouvez employer des synonymes s'ils permettent de déployer les différents sens des termes clés. Achevez le paragraphe par l'annonce des sous-parties.

4 Les sous-parties

Une sous-partie contient une seule idée et se compose d'un unique paragraphe. Elle commence par énoncer son argument[56], qui doit s'articuler logiquement avec ce qui précède. Puis elle développe cet argument[57], sans oublier de montrer en quoi il fait avancer la réflexion. Elle introduit un, deux ou trois exemples (de préférence trois[58], mais deux suffisent, et pas plus d'un par auteur) qui sont analysés[59] (et pas simplement énoncés). Le paragraphe se termine par la récapitulation de ce qui a été montré (si c'est utile) et l'annonce du paragraphe suivant. Convenons que le principe est plutôt lourd, voire « bourrin » : à vous de trouver le moyen de rendre votre copie agréable à lire.

La principale difficulté réside dans l'exploitation des exemples. Insistons sur le fait que l'exemple ne remplace pas l'argument ; on ne peut pas se réfugier derrière un auteur (« Platon dit que »), tout auréolé soit-il. C'est votre copie, votre pensée, votre responsabilité.

Au contraire, l'exemple est le complément indispensable de l'argument, auquel il donne chair et profondeur. Il a pleinement son rôle à jouer dans le raisonnement comme élément de « vérification » de la justesse de l'argument. Le choix d'un exemple doit par conséquent être soigné, car s'il ne permet pas de se convaincre que l'argument est juste, l'ensemble du raisonnement vacille.

Il est aussi conseillé de choisir des exemples qui sortent des lieux communs de l'œuvre, pour de nombreux motifs. Le premier, c'est qu'il n'y a pas de raison en général pour que tel lieu commun soit le plus adapté à votre argument, ni même qu'il fonctionne bien. Ensuite, si vous ne connaissez que les points saillants d'une œuvre, vous vous retrouverez rapidement à court d'exemples : si 9 sous-parties utilisent chacune 2 exemples, chaque œuvre doit être utilisée au moins 6 fois. Une méconnaissance d'une œuvre a aussi l'effet pervers de vous inciter à choisir des

[55] « Trop de candidats omettent, après l'introduction, de revenir sur les termes clés et d'en faire progresser l'analyse tout au long de la dissertation. » [56] « Nous exigeons que tout paragraphe commence par la formulation d'un argument. » [57] « Toutes les idées importantes doivent être argumentées. Il ne suffit pas d'affirmer une notion de manière abrupte puis d'aligner des exemples censés l'illustrer. » [58] « Dans l'idéal, les trois œuvres devraient être convoquées pour chaque argument. Mais ce n'est pas une obligation. » [59] « Les sous-parties doivent expliquer leur argument, l'illustrer par un ou des exemples, analyser ces exemples puis montrer quel est leur lien avec le sujet et en quoi ils permettent d'apporter une réponse à la problématique. »

sous-parties qui fonctionnent avec vos exemples, ce qui risque de déformer votre plan. Vous laissez également penser à votre correcteur que vous ne vous êtes pas réellement approprié les œuvres[60]. Enfin, rendez service à votre correcteur, il vous en sera reconnaissant : s'il lit 500 copies × 18 exemples par copie = 9 000 exemples, il n'a pas envie que ce soient toujours les mêmes qui reviennent.

Vous pouvez légitimement vous demander pourquoi il faut au moins deux exemples par sous-partie puisque d'un point de vue logique, un seul suffit à soutenir un argument. Il ne faut pas perdre de vue toutefois que l'on fait du français, pas des maths, donc deux vérifications valent mieux qu'une. Cela vous évite aussi d'être tenté de consacrer une sous-partie à chaque œuvre, procédé qui serait immédiatement sanctionné. Surtout, cela vous donne l'occasion de faire dialoguer les œuvres entre elles, ce qui, à son tour, permet à la réflexion de progresser[61]. La juxtaposition ne suffit pas. Cependant, en raison des contraintes de temps, il est possible de ne développer longuement qu'un seul exemple par sous-partie et d'être plus allusif pour le ou les autres. Comme signalé plus haut, abstenez-vous d'utiliser un exemple en dehors des œuvres au programme[62].

Enfin, comment exposer un exemple ? Il faut raconter le passage, puis montrer comment il illustre l'argument. L'exposition du passage ne nécessite pas forcément une citation[63]. Si vous utilisez une citation, ne considérez pas qu'elle vous dédouane de l'analyse[64], sinon vous faites parler l'auteur à votre place. Et dans tous les cas, n'abusez pas des citations[65].

5 Les transitions

Les transitions remplissent le rôle humble et simple de faire brièvement le lien entre deux parties. Le correcteur y apporte néanmoins une attention particulière car c'est à ces charnières qu'il est facile de voir si votre plan est, ou n'est pas, un raisonnement[66]. Pas de fausse liaison

[60] « Les exemples sont toujours les mêmes, souvent les plus simplistes ; sont valorisées les copies qui témoignent d'une connaissance *intime* de l'œuvre. » [61] « La confrontation des auteurs est capitale, il ne faut pas se contenter de leur simple juxtaposition. » [62] « Les références à d'autres œuvres que celles au programme sont souvent une manière de « caser » plus ou moins judicieusement des citations et/ou de fuir la référence aux œuvres au programme. » [63] « La citation n'est pas une nécessité, surtout lorsqu'elle se substitue à l'analyse. » [64] « Une citation ne prouve rien en soi, elle ne doit pas devenir un argument d'autorité ; il faut la commenter et l'articuler avec l'idée que l'on développe. » [65] « Les citations sont souvent bien trop nombreuses et apparaissent comme des boules de Noël surchargeant un sapin : ça brille, mais c'est clinquant et ça masque le sapin... » [66] « Certains se bornent à juxtaposer des rubriques décousues, sans projet argumentatif clair. »

logique[67], pas de tour de passe-passe : si les transitions ne s'imposent pas d'elles-mêmes sous votre plume, votre plan est à revoir.

6 La conclusion

La conclusion est symétrique de l'introduction. Elle se compose de deux temps, en deux paragraphes.

Le premier commence par un bilan qui retrace le chemin parcouru, en essayant du mieux possible de ne pas répéter tel quel ce qui a déjà été dit dans l'annonce du plan et dans le paragraphe d'introduction de chaque partie, tout en conservant les mêmes articulations. C'est un exercice de style qui permet d'amener la partie intéressante, à savoir votre réponse, explicite, claire et engagée, quoique nuancée, à la question posée dans la problématique[68]. Cette réponse doit s'appuyer sur votre raisonnement, sans lequel elle n'aurait pas été bien comprise ; en particulier, n'introduisez pas ici d'idée nouvelle : soit elle aurait dû figurer dans le développement, soit elle est hors sujet. Il est bon d'employer, une nouvelle fois, les termes clés du sujet, tant pour vous forcer à lui être fidèle que pour montrer au correcteur que vous l'avez été. Pas de panique si votre réponse n'est pas tout à fait aussi ambitieuse que la question posée, puisque l'on ne vous demande pas d'apporter une solution définitive au problème sous-jacent. La dissertation impose davantage une obligation de moyen que de résultat...

Le deuxième paragraphe, plus délicat, est une ouverture. L'idée est que le problème qui est contenu dans le sujet est contraint par le sujet ; on l'a en quelque sorte projeté et il lui manque des dimensions. Dans toute la copie, vous avez joué le jeu et travaillé dans l'espace image ; dans ce dernier paragraphe, vous exposez – brièvement – comment se formulerait le problème avec une ou plusieurs dimensions de plus[69] (« La fille d'un riche est amoureuse d'un pauvre » est un cas particulier de « Un amour contrarié »). Attention, cela ne doit pas vous conduire à énoncer un problème vague (« Ce qu'il advient en cas d'opposition »), ou non problématique car trop général (« L'amour »). Les erreurs les plus classiques sont l'ouverture « cheveu sur la soupe », qui n'a pas vraiment de rapport (« Les ravages de la finance ») et « faux suspense » (« Quand l'argent cessera-t-il de s'opposer au bonheur ? »).

[67] « Le « donc » devient le mot-sésame qui dédouane de toute réflexion. » [68] « Trois lignes de conclusion sont tout à fait insuffisantes. Une dissertation se propose de répondre à une question posée en introduction (la problématique), la conclusion devrait être l'occasion d'y répondre, et ce, de manière nuancée en fonction des œuvres. » [69] « La conclusion, point d'aboutissement d'un raisonnement, doit impérativement revenir sur la problématique et répondre à la question posée en introduction, avant de proposer d'éventuelles échappées possibles, toujours en lien avec l'enjeu central de la dissertation. »

V Disserter en nombre limité de mots

Le concours Centrale-Supélec exige un résumé puis une dissertation de « deux ou trois parties » qui soit « courte (au maximum 1800 mots) ».

Réussir une dissertation en deux parties est possible, mais demande un entraînement spécifique pour que le raisonnement dialectique reste efficace. Nous ne proposons pas d'exemple dans ce manuel et à moins que votre professeur ne vous ait spécifiquement habitué à cet exercice, nous vous le déconseillons. Viser deux parties ne doit pas être un moyen de réduire le nombre de mots.

Pour réussir Centrale, vous devez apprendre à mesurer la longueur de vos textes et à rédiger de manière synthétique.

Compter les mots

Il serait vain de compter pendant l'année une moyenne de mots par ligne : cela dépend du type de copie utilisé et de l'humeur du jour. Il faut donc une méthode pour évaluer la longueur pendant le concours.

- Prenez votre résumé : comptez le nombre de mots et le nombre (décimal) de lignes.
- Vous en déduirez, par une règle de trois, le nombre de lignes que vous pourrez vous autoriser dans la dissertation.
- Répartissez-les environ comme suit :

introduction	15 %
une partie	25 %
conclusion	10 %

Rédigez intrégralement l'introduction et la conclusion au brouillon puis comptez leurs mots. Avant d'écrire une sous-partie, délimitez sur votre copie (au crayon à papier) l'espace qui lui est accordé.

Être concis

Pour être bref, l'essentiel est de se concentrer sur le sens et la logique du propos. On évite de gaspiller des mots en maîtrisant son style : éviter les tournures orales ou rhétoriques, ne conserver que les adjectifs et les adverbes indispensables. N'employez pas des mots compliqués en croyant qu'ils en économiseront plusieurs autres : faites simple, précis et clair. La concision est une invitation à cultiver l'essentiel.

Au terme de cette présentation, nous espérons vous avoir convaincu que la dissertation est un exercice intéressant, porteur de sens, qui valorisera votre travail et votre sensibilité singulière – et qui est à votre portée, maintenant que vous en connaissez les codes. Passons à la pratique !

Les mots pour le dire

Croyance

La croyance, c'est le fait d'attribuer une valeur de vérité à diverses formes d'assertions – paroles, faits, connaissances – sur le réel. Le principe de la croyance est que cette attribution ne se fait pas selon des critères logiques ou objectifs, mais sur la volonté de croire : c'est pourquoi on oppose souvent le croire au savoir. Croire, c'est un état d'esprit. Cela n'empêche pas qu'on distingue différentes croyances selon le degré de véracité qu'on peut attribuer à ce qui est considéré comme vrai : le préjugé quand ce degré est faible, la conjecture quand il est moyen ; c'est ce qui permet de distinguer la superstition de la supposition.

Erreur et illusion

Dans ces deux cas, l'esprit se trompe. Néanmoins, il se trompe de bonne foi dans le cas de l'erreur : par méconnaissance ou par mégarde, il croit bien faire mais s'égare et ne tombe pas juste. L'illusion va plus loin : c'est le fait que ce qui nous trompe est si puissant qu'il empêche l'esprit de corriger son erreur. Ainsi, on peut conclure que l'esprit se trompe dans l'erreur, mais qu'il est trompé dans l'illusion.

Faire

Le verbe « faire » renvoie d'abord à la fabrication, au fait que nous produisons, grâce à notre corps, un nouvel objet, en appliquant la technique sur la nature. Il engage ainsi l'action de l'homme, et il y a un avant et un après de l'acte. Par métonymie, le verbe a pris un sens abstrait et il ne s'agit plus simplement de produire, mais aussi de réaliser, d'accomplir, d'élaborer. On le trouve enfin dans la langue française utilisé comme semi-auxiliaire : on parle alors de « périphrase verbale à valeur factitive », puisqu'il s'agit non plus de faire par soi-même, mais de faire accomplir par un tiers. C'est comme s'il y avait une double action : d'abord celle du « faire » qui a des effets sur un tiers, puis l'action que réalise ce tiers sous cette influence. Ainsi, l'expression « faire croire » engage toujours deux individus et différentes étapes. C'est pourquoi l'expression « faire croire » a toujours une connotation péjorative, parce qu'elle sous-entend une manipulation d'autrui, trop souvent à son propre profit.

Fantasme

Le fantasme n'est pas une illusion comme une autre ; c'est une idée abstraite, issue de l'imaginaire, et dont on connaît le caractère factice : c'est même par lui que l'esprit cherche à éviter la réalité et à la fuir, préférant volontairement l'illusion au réel. Cependant, la psychologie a pu montrer qu'on peut finir par perdre pied et ne plus savoir distinguer le fantasme de la réalité. Il peut même y avoir une implication morale négative, si on finit par préférer le fantasme. Pourtant, il est essentiel à la réalisation de l'imaginaire, car il est la première étape de matérialisation de celui-ci, permettant éventuellement de passer de la croyance au faire.

Foi

C'est le degré le plus élevé de la croyance et, en ce sens, le plus difficile tant à atteindre qu'à défaire. C'est une confiance totale et absolue, qui sait ne reposer sur aucune démonstration et qui en accepte les conséquences. Elle repose sur un principe : il est mieux de croire que de ne pas croire, traduisant un engagement plein et entier du sujet croyant, ce qui lui permet d'intégrer une communauté de croyants. Selon ce principe et en l'absence d'une preuve de l'existence de Dieu, Pascal propose un pari fameux : on ne perd rien à croire, alors qu'on peut tout perdre, dans la vie de l'au-delà, à avoir vécu en impie et en incroyant. Dans les religions monothéistes, la foi est le terme utilisé pour le fait de croire en Dieu et au dogme des religions.

Invention

L'invention est le fait de produire ou de créer par l'imagination. C'est un travail de l'esprit qui permet d'entrevoir ce qui n'est pas encore, et de le faire advenir. Si on l'oppose au faire, plus concret et matériel, l'expression « faire croire » nous rappelle qu'on fait croire parce qu'on se sert de l'imagination, de la sienne comme de celle d'autrui. Il faut inventer pour faire croire, inventer un monde, qui est faux mais auquel on fait adhérer celui qui croit. On comprend donc qu'on peut classer certaines formes d'art parmi les domaines où il est aussi question de croire. Créer une œuvre littéraire, un roman, par exemple, c'est inventer un monde fictif auquel on veut faire croire.

Machination et mystification

Ces deux termes renvoient au monde du secret : on agit dans le dos de quelqu'un ou d'une institution afin d'obtenir, pour soi ou pour autrui, un sort favorable. Chacun des termes est connoté péjorativement, donc leur différence n'est pas axiologique (de valeur). La mystification désigne le fait d'abuser de la crédulité de quelqu'un, alors que dans la machination on crée volontairement de toutes pièces (conformément à l'étymologie du mot) un monde totalement faux, avec une logique propre, qui permet de mettre de notre côté ou de faire aller dans notre sens ceux dont on veut profiter ou qui peuvent nous être favorables. Il y a donc toujours volonté de tromper ; c'est pourquoi, même quand on veut le bien commun, ce moyen de l'obtenir engage l'éthique de celui qui y recourt.

Manipulation et tromperie

« Manipulation » contient étymologiquement « la main » : il s'agit de faire faire à l'autre ce que l'on veut, comme avec une marionnette. C'est être celui qui tire les ficelles. Cette manœuvre cherche autant à obtenir de l'autre quelque chose qu'à exercer une emprise sur lui, pour en être le maître. La tromperie en est le moyen, non pas qu'il s'agisse de toujours mentir ou tricher, mais bien d'être toujours dans l'imposture avec l'autre, car tout ce qu'on dit, tout ce qu'on fait, a une finalité cachée à ce dernier.

Mensonge et vérité

Comment distinguer le vrai du faux ? Voilà le grand débat de la philosophie. Est d'abord considéré comme vrai tout discours en adéquation avec le réel. Ainsi, un propos est vrai quand il y a bien correspondance entre ce que je dis et ce qui est, et il est douteux quand cette correspondance n'est pas démontrable. On distingue toutefois plusieurs formes de mensonge : on peut mentir délibérément (je sais que ce que je dis est faux) ou par omission (je ne corrige pas ce que je sais être faux) ; mais l'on peut aussi induire en erreur involontairement (je crois vraiment ce que je dis, cependant je me trompe). Plus complexe encore est la question morale : s'il est communément admis que « mentir, c'est mal », on peut cependant montrer qu'il existe des occasions où il est indispensable de mentir, que c'est la bonne manière de se conduire. Ainsi, l'expression « faire croire », qui semble au premier abord impliquer de mentir, interroge plus généralement sur les liens étroits qu'entretiennent mensonge et vérité, connaissance et croyance, et les postures éthiques derrière de tels discours.

Opinion

L'opinion est un jugement que l'on porte, mais c'est un jugement rapide, sans fondement véritable. Ainsi, elle est sujette au changement et aux sautes d'humeur. On comprend que c'est elle qu'on peut le plus facilement manipuler ; néanmoins, on comprend aussi pourquoi on ne peut pas persuader quelqu'un pour toujours.

Persuader ou convaincre ?

Lorsque deux personnes débattent, c'est qu'elles ne sont pas d'accord. Pour que l'une fasse changer d'avis l'autre et lui permette d'adhérer à ses idées, elle a plusieurs outils à sa disposition : on distingue alors les arguments logiques, qui font appel à la raison (on dit alors qu'on cherche à « convaincre »), et les démarches qui font appel aux émotions (on cherche à « persuader », par la peur, les menaces, la polémique, la flatterie, etc.). Cette seconde démarche pose des questions éthiques (est-il moral d'avoir recours aux sentiments d'autrui, parfois les plus bas, pour modifier sa vision du monde ?) : si elle est plus forte sur le moment, elle est sans doute moins pérenne sur le long terme, là où les arguments logiques attestent la solidité d'une idée. C'est pourquoi on distingue également le débat (où il y aura donc un vainqueur) du dialogue (où deux consciences cheminent ensemble vers la vérité).

Rhétorique

On appelle rhétorique l'art de bien parler. Très vite, le terme est devenu synonyme de l'ensemble des techniques utilisées afin de réussir de beaux discours (composition du texte et usage de figures de rhétorique pour l'agrémenter). Dès l'Antiquité – époque où le langage tient un rôle idéologique et politique essentiel – la rhétorique est théorisée, autant comme une pratique que comme une éthique. En effet, la philosophie depuis Socrate se construit contre les maîtres de rhétorique appelés sophistes. Le philosophe recherche la vérité et le discours n'est que le moyen de l'atteindre, tandis que le sophiste préfère la beauté formelle et l'efficacité du discours, quel qu'en soit le propos.

Les principales thèses

Dans vos dissertations, chaque sous-partie devra exposer une « thèse », ou « argument ». Les thèses qui suivent sont les principales idées sur le thème de cette année. Étudiez-les, retenez-les ! Vous pourrez vous en servir pour analyser un libellé, construire un plan et rédiger vos dissertations.

I Rôles et fonctions du « faire croire »

Faire croire permet de parvenir à des fins personnelles

Pour parvenir à ses fins, l'individu a souvent besoin d'un tiers. On peut décider de quelque chose tout seul, mais on peut rarement l'accomplir sans le secours des autres. Chacun peut donc fixer lui-même les fins de son action, mais il faut que son action devienne publique pour qu'elle se déploie jusqu'à son but. Il faut donc un pouvoir d'entraînement qui, loin d'être un art de tromper, est au contraire l'art de rendre efficace sa parole au service de sa liberté.

Faire croire est indispensable pour rallier et mener les hommes

L'autorité est une aptitude à se faire obéir. Cette aptitude est le fait de grands hommes, ceux qui dans les épopées sont décrits comme des meneurs d'hommes : pensons par exemple au général Leclerc qui en 1941, malgré de faibles moyens et peu d'hommes, dans le désert libyen se rend victorieux à Koufra. C'est bien le fruit d'un charisme particulier que de faire partager une ambition. Ce talent de faire croire est parfois plus efficace que de longues démonstrations.

Il vaut mieux faire croire que contraindre physiquement

Le propre d'un régime autoritaire est d'obtenir l'obéissance par la crainte. La soumission n'est pas l'expression d'une croyance. Au contraire, pouvoir persuader ou convaincre, parvenir à faire croire, est une façon d'éviter de recourir à la violence. S'essayer à faire croire, c'est au moins pour un moment repousser l'exercice de la force physique. La brute ne fait pas croire ; elle fait peur.

II Comment faire croire ?

Faire croire dépend d'un désir de croire de l'interlocuteur

« Il n'est pire sourd que celui qui ne veut pas entendre », dit l'adage. Cela signifie que l'efficacité d'une parole ne dépend pas seulement de la précision de son contenu, mais aussi du moment de la prise de parole, pour celui qui doit la recevoir. Le bon mot doit donc être prononcé au bon moment, c'est-à-dire quand celui à qui il est destiné veut bien l'entendre. Le désir d'être cru dépend de celui d'être instruit.

Faire croire dépend d'une intelligence manipulatrice du locuteur

Dans la nature, il n'y a pas d'intrigue ni de croyances même. S'il n'y a pas d'animaux menteurs, c'est que mentir suppose une intention en vertu de laquelle ensuite on dispose les instruments du mensonge. On parvient à faire croire ce qu'on peut se représenter et dont on sait comment le faire admettre à d'autres. Pour insuffler une croyance, il faut donc pouvoir imaginer des stratagèmes, se représenter comment ajuster les moyens aux fins.

On peut faire croire en disant la vérité

Descartes affirme que « le bon sens » est la chose du monde la mieux partagée. Il veut dire par là que tout homme est capable de reconnaître la vérité. Non pas seulement de savoir qu'une idée est vraie, mais de faire sienne cette idée, de la croire vraie dans le sens où elle est intégrée à sa compréhension de la réalité. C'est pourquoi le bon sens est une façon de croire en la vérité, et pas seulement de connaître la vérité : c'est à partir de cette croyance que nous pouvons justifier par exemple nos choix devant les autres, et qu'ils peuvent les comprendre, car ils croient la même chose.

III Conséquences du faire croire

Faire croire détruit la confiance sociale

Rien de pire dans une relation amicale ou amoureuse que de se rendre compte qu'on a été manipulé. Le constat que la confiance qu'on peut avoir en l'autre s'est vu utiliser pour nous détourner de la réalité est toujours vécu comme une trahison. À l'échelle d'une société, les citoyens peuvent aussi avoir l'impression que les ressources du pouvoir servent une sorte de propagande. Les grands scandales politiques (Watergate aux États-Unis de 1972 à 1974, le parjure de Jérôme Cahuzac en France en 2012, devant les députés) sont toujours des crises démocratiques.

Faire croire n'a aucune conséquence tant que le procédé reste invisible

Croire en ce qui n'existe pas, c'est le propre du rêve. Tant que nous rêvons, durant notre sommeil, nous pouvons croire que nous sommes à la tête de puissants empires, que nous vivons au temps des pyramides, ou tout autre chose, car le sommeil nous coupe du réel. Les grands menteurs, la propagande tentent de se rendre invisibles, comme dans le rêve, ce qui est évidemment quasi impossible. Mais l'idée est la même : si la croyance n'est pas contredite par les faits, elle devient, pour celui qui la croit, son milieu réel. L'illusionniste, dans ses tours de magie, non seulement fait disparaître des choses, mais surtout fait disparaître ses tours, sa magie. Il rend invisible la manipulation qui rend invisible la réalité.

Le faire croire fait croire surtout celui qui le pratique

Si mentir est un art, d'une certaine façon, c'est qu'il repose sur un talent particulier : apparaître comme un autre, jouer la comédie, donc. Or l'acteur ne peut faire croire qu'à la condition de croire lui-même, un minimum, qu'il est celui qu'il représente, même si le paradoxe du comédien, selon Diderot rappelle qu'il lui faut aussi, pour bien jouer, se rappeler qu'il joue. Il faut donc que le mensonge devienne vraisemblable pour soi, en premier, afin qu'il le soit ensuite pour les autres. À ce jeu où la simulation dépend de notre implication, il n'est pas étonnant qu'on se mette à croire ce qu'on s'évertue à faire passer pour vrai.

Faire croire nous cache la structure matérielle du monde et empêche de le changer

Lorsqu'on décrit une chose, on montre les apparences. Lorsqu'on l'explique, au contraire, on essaie de se placer sous les apparences, au plus près de la structure matérielle du monde. Or, faire croire, c'est rendre inutile l'explication, c'est proposer l'image comme explication. Il va de soi que ce qu'on ne peut pas comprendre, on ne peut pas non plus le changer.

IV Y croire ou pas

Le mensonge ressemble à la vérité

L'expérience de Milgram montre qu'on peut faire croire à des individus ordinaires qu'une expérience scientifique sérieuse et reconnue peut attendre d'eux qu'ils torturent des inconnus. Dans cette expérience, devant l'horreur de ce qu'ils étaient prêts à commettre, beaucoup se sont défendus en disant qu'ils savaient que c'était faux. Ce qui était un déni. Le plus souvent, nous aussi nous sommes tentés de masquer notre crédulité en prétendant que nous sommes aptes à faire la différence entre ce qui est vrai et ce qui est mensonger. Mais il existe de nombreux biais psychologiques, comme la soumission à l'autorité, qui nous conduisent à confondre assez facilement mystification et réalité. D'autant plus si le mensonge est un simulacre réussi.

Faire croire est nécessaire quand faire savoir est impossible

On raconte que le premier marathon fut accompli par Phidippidès, un messager grec qui parcourut les quarante et quelques kilomètres de Marathon jusqu'à Athènes pour annoncer une victoire des Grecs sur les Perses. Les Athéniens crurent d'autant plus facilement la nouvelle que le messager mourut à la suite de son effort insensé. La mort du messager vient évidemment donner du crédit à son récit. Pourtant, si l'on pouvait faire connaître une nouvelle ou une découverte simplement en la démontrant, en exposant sa vérité plutôt qu'en se fiant à des témoignages, les possibilités d'erreur et de mensonge seraient presque nulles. Mais on voit bien que même la vérité a besoin d'être crue lorsqu'elle ne peut pas être démontrée.

Douter est la meilleure réaction face à toute communication

La dépêche d'Ems fut le prétexte au déclenchement de la guerre franco-prussienne en 1870. Les opinions publiques se jetèrent sur cette missive diplomatique pour demander l'entrée en guerre des deux pays. Or les termes et la diffusion de la dépêche furent justement choisis par Bismarck pour provoquer cette colère belliqueuse. Il n'est pas dans la nature des opinions publiques, ni d'ailleurs dans celle de l'homme convaincu, de se méfier des passions propres à justifier le pire. Le doute, sous la forme de la prudence, devrait être une sorte de discipline mentale nécessaire à l'homme d'action. Il est l'ennemi du pire.

V Faire croire et créer

L'art ne fonctionne que si on fait croire à l'œuvre

En 1938, sur une radio américaine, Orson Welles met en scène, de manière très théâtrale, certains passages adaptés de l'œuvre de H. G. Wells, *La Guerre des mondes*. On dit que certains auditeurs ont été pris de panique parce qu'ils ont cru effectivement à une invasion extraterrestre. Welles faisait avec cette expérience radiophonique une sorte de passage à la limite : une œuvre de fiction pouvait-elle devenir vraisemblable au point de faire croire qu'il s'agissait d'un véritable bulletin d'informations ? Certes, le plus souvent le livre lui-même, la scène du théâtre ou du concert, le musée installent une distance avec les œuvres, de sorte qu'on ne bascule jamais dans la confusion. Malgré tout, la force d'une œuvre réside bien dans ce passage à la limite : et si, le temps d'un rêve, on se mettait à croire qu'il s'agissait de la réalité ?

Faire croire, en art, c'est dévoiler la vérité

On dit souvent que l'art est inutile, dans le sens où il n'a pas de fonction sociale, morale ou religieuse ; même si l'art peut être engagé, il ne se réduit pas à un message. Pourtant, si une œuvre plaît, c'est qu'elle n'est pas insignifiante. L'art est donc une forme de paraître qui a son propre sens, qui consiste à faire croire en la vérité des apparences. Ce qui est vrai en art, c'est finalement ce en quoi on croit : nul ne peut prétendre que ce que lui fait croire une pièce musicale, un tableau, un ballet est une erreur. On a donc alors raison de croire en la vérité des apparences.

Faire croire n'est pas de l'art, c'est de la technique

La croyance admet des degrés ; certaines idées sont plus ou moins vraisemblables. C'est pourquoi, sans transformer la croyance en savoir, on peut quand même techniquement essayer de la rendre plus crédible. On voit ainsi souvent comment la maîtrise de techniques oratoires, par exemple, peut retourner un public. Les sophistes, dans les dialogues de Platon, sont décrits souvent comme de grands manipulateurs : leur technique donne à leurs discours l'apparence de vraies démonstrations.

Exercices de problématisation

Une « problématique », c'est la formulation d'une crise entre deux thèses. Prenez deux thèses au hasard dans le chapitre précédent ; voyez-vous par quelles facettes on peut les opposer ? Certains tirages donnent des problématiques intéressantes (comme ci-dessous), d'autres pas. Avant de lire les corrigés, prenez 60 s pour écrire les idées qui vous viennent.

« Faire croire permet de parvenir à des fins personnelles » vs ①
« Faire croire fait croire surtout celui qui le pratique » ②

① Sans persuasion, nos initiatives resteront limitées. Pour parvenir à ses fins, comme être élu au terme d'une campagne politique, il faut être capable d'entraîner le plus grand nombre.

② Janet Leigh, une célèbre actrice américaine, resta marquée toute sa vie par le rôle qu'elle joua dans le film majeur de Hitchcock, *Psychose*. L'acteur est par définition celui qui doit faire croire à la vraisemblance de son personnage, mais cela se traduit parfois par l'intégration à sa personnalité des éléments matériels du rôle.

► Peut-on convaincre autrui sans être persuadé soi-même ?

« Faire croire nous cache la structure matérielle du monde et empêche de le changer » ① vs « Faire croire en l'art c'est dévoiler la vérité » ②

① Pour agir, il faut sentir qu'on appartient au monde ; à la différence des menteurs qui s'occupent de sauver les apparences, l'homme d'action peut conduire des projets transformateurs.

② Une œuvre d'art existe dans le réel et cherche à nous le montrer. Faire apparaître est le propre de la création ; en ce sens, le talent artistique peut consister à montrer que la vérité du réel tient aussi dans sa façon d'apparaître.

► Faut-il toujours dépasser les apparences pour trouver la vérité ?

« Faire croire n'est pas de l'art mais de la technique » vs ①
« Faire croire dépend d'un désir de croire de l'interlocuteur » ②

① Le mensonge se donne souvent un but ; la beauté du mensonge réside dans l'effet qu'il entraîne. Les œuvres d'art au contraire sont des façons de faire croire mais sans finalité précise. La technique de l'artiste n'est donc pas équivalente aux techniques de manipulation.

② « Je suis la plaie et le couteau / [...] Et la victime et le bourreau », écrit Baudelaire dans le poème « Héautontimorouménos ». Et l'on sait effectivement que nous sommes parfois enclins à devenir, par l'ardeur qu'on met à croire en certaines chimères, notre propre bourreau.

► Croire en ses désirs fait-il de nous des artistes ou des naïfs ?

« Faire croire est indispensable pour rallier et mener les hommes » vs ①
« Faire croire détruit la confiance sociale » ②

① Le charisme est une façon de faire croire en soi : c'est l'autorité que nous dégageons qui rend notre propos vraisemblable et même probable. Et ce charisme est essentiel pour garantir la cohérence d'un projet collectif.

② En 64, la ville de Rome fut victime d'un incendie dévastateur. Néron fit accuser les chrétiens. Mais sa mégalomanie déjà bien connue conduisit la population à douter de son empereur. D'une façon générale, les intrigues et les faux complots sont presque inéluctablement mis à jour, et ruinent la cohésion du corps social.

► Faut-il se méfier de ceux qui gouvernent avec charisme ?

« Faire croire est nécessaire quand faire savoir est impossible » vs ①
« Le mensonge ressemble à la vérité » ②

① La vérité de l'axiome réside dans son évidence, celle du théorème dans sa démonstration et nul n'a à se battre pour les faire croire. En revanche, les grands projets, les révolutions doivent être portés par des hommes qui font croire ce qu'ils ne peuvent pas encore démontrer.

② « Il n'y a que ceux qui ne font rien qui ne se trompent jamais », dit l'adage. Pour oser faire, il faut accepter de se tromper et même parfois d'être trompé. Comme l'erreur qui ressemble à la vérité, le mensonge peut lui aussi se confondre avec le réel. D'ailleurs si le mensonge n'était pas vraisemblable, il serait ridicule et inoffensif.

► Le savoir est-il un mensonge qui a réussi ?

« Faire croire n'a aucune conséquence s'il est invisible » vs ①
« L'art ne fonctionne que si l'on fait croire à l'œuvre » ②

① Dans *La Vie est belle*, sorti en 1997, Roberto Benigni, qui est à la fois acteur et réalisateur, montre un homme prisonnier d'un camp nazi avec son enfant ; cet homme s'évertue à transformer la tragédie concentrationnaire en immense farce, pour sauver son garçon du désespoir. L'enfant croit la farce de son père, car ce qui la rend crédible lui est rendu invisible.

② Le propre de l'art est de nous faire sentir ce que la théorie n'arrive pas à nous faire comprendre. L'art est une fiction qui se rend visible. Nul n'ignore quand il entre dans un théâtre que sur scène se joue un spectacle. Pourtant, ce spectacle est donné à croire, et les applaudissements qui le récompensent à son terme témoignent du fait qu'on peut croire à ce qu'on sait être irréel.

► Le monde est-il un spectacle sans artifices ?

« Douter est la meilleure réaction face à toute communication » vs ①
« On peut faire croire en disant la vérité » ②

① Le doute est une discipline intellectuelle qui devrait être le préalable à tout engagement sérieux. C'est une ascèse qui déleste le jugement de ce qui, en lui, le dispose à être dupé. Le doute n'est pas le soupçon : dans le soupçon, on s'invente des raisons de se méfier d'autrui ; dans le doute, on découvre surtout des raisons de douter de soi.

② La vérité est le premier argument en faveur d'une théorie. Certes, on peut imaginer que ce qui est vrai n'a pas besoin d'être cru s'il est su. Mais que savons-nous vraiment, d'un savoir apodictique, certain, démontrable ? Très peu de choses. C'est pourquoi faire croire n'est pas nécessairement une façon de tromper, mais au contraire de faire reconnaître une vérité qu'on ne peut pas encore démontrer.

► Faut-il douter de tout ce qu'on ne peut démontrer ?

« Il vaut mieux faire croire que contraindre physiquement » vs ①
« Faire croire n'a aucune conséquence tant qu'il est invisible » ②

① L'idée que la contrainte physique et surtout la violence représentent des ruptures fondamentales du pacte social que le politique a pour but d'éviter est une vision assez efficace et certainement très contemporaine de la politique ; elle a tendance à faire minimiser la nocivité du mensonge comme instrument de la politique.

② La persuasion, allant même jusqu'à la supercherie active, répand certes des opinions dont la valeur de vérité peut être fragile ou même nocive, comme par exemple l'idée que la cigarette pouvait être une marque de virilité, ou certaines boissons sucrées de sociabilité et d'empathie. Mais tant qu'il n'y a pas de démonstration et révélation non seulement de cette nocivité, mais encore d'une intentionnalité de la part des intérêts que sert la persuasion, le corps social absorbe le mensonge et peut même en être plus cohérent.

► Faire croire n'est-il pas en fait une forme de violence ou de contrainte dissimulée ?

« Faire croire permet de parvenir à des fins personnelles » vs ①
« Faire croire est indispensable pour rallier et mener les hommes » ②

① Il est difficile d'imaginer parvenir à des buts personnels qui soient totalement détachés de la communauté humaine ; une forme ou une autre d'interaction humaine demandant de la coopération par le biais de la persuasion sera nécessaire à la réalisation de n'importe quel projet.

② Rallier et mener les hommes pour fédérer les énergies et capacités exige certes organisation et rationalisation, mais aussi capacité à faire partager la même vision tendue vers l'avenir, donc à faire croire en cet avenir.

► Faire croire engage-t-il toujours le collectif ?

Exercices d'exploitation des œuvres

Pour chaque passage clef ci-dessous, relisez les pages de l'œuvre indiquées puis répondez de tête à chaque question (5 s pour savoir quoi dire, 30 s pour le formuler correctement). Cherchez ensuite quelles thèses cet exemple permettrait de défendre (par écrit, 60 s). Retenez les thèses et, pour chacune, l'exemple associé. (Niveau boss : cherchez, dans les trois œuvres, d'autres exemples illustrant la thèse.)

Lettre 81 : une éducation sentimentale

Laclos, *Les Liaisons dangereuses* : de « *Que vos craintes me causent de pitié !* » à « *si de nous deux c'est moi qu'on doit taxer d'imprudence* ».

Compréhension

- Quel autoportrait la marquise de Merteuil brosse-t-elle d'elle-même ?
- Pourquoi raconte-t-elle sa formation de manipulatrice à Valmont ?

C'est pour se montrer puissante que la marquise de Merteuil écrit cette lettre : supérieure à Valmont, et réclamant le droit à son indépendance. Face à un Valmont triomphant, elle lui rappelle les étapes essentielles de sa propre existence. C'est parce qu'elle est une femme qu'elle a dû apprendre la manipulation. Une femme, dans l'aristocratie d'Ancien Régime, dépend des hommes (un père puis un mari) : c'est pourquoi seul son statut de veuve lui permet de jouir d'une indépendance sociale. Or une femme seule est « presque sans intérêt ; mais [la marquise avait s]a pensée » : grâce à son intelligence et indépendance d'esprit, la marquise découvre la puissance de la manipulation. En jouant différents rôles, elle adopte les postures adaptées qui lui permettront de triompher des situations et ce faisant comprend combien il est important de toujours se dissimuler. La marquise fait donc l'apologie du cynisme et de la manipulation.

Plusieurs raisons peuvent expliquer l'écriture d'un tel texte : on peut imaginer que la marquise est vexée de voir Valmont exulter sans qu'il se rende compte de ses sentiments pour la présidente. On peut aussi supposer qu'elle est piquée au vif par ses remarques, trouvant qu'il est nettement plus facile pour un homme de tromper son monde. Enfin, toute insinuation sur de quelconques prétentions masculines à son égard ne peut qu'affecter la marquise dont l'indépendance de caractère est le trait dominant de son tempérament. C'est que la lettre précédente du vicomte à la marquise, la lettre 79, est une mise en garde contre Prévan, un libertin qui semble avoir fait de la marquise sa prochaine victime. Cette réponse de la marquise est surtout une nouvelle forme de manipulation, plus retorse car adoptant le visage de la sincérité. Elle permet à la marquise de ne pas répondre directement à Valmont, tout en attisant sa jalousie.

Réflexion

▹ Que dénonce Laclos par le biais de la lettre de la marquise ?

La marquise, dans la volonté d'insister sur son indépendance, montre que tout ce qu'elle sait et sait faire est le produit de ses efforts et de son intelligence. Ainsi peut-elle conclure : « Je puis dire que je suis mon ouvrage. » Cependant, elle explique par là que rien n'est vraiment naturel chez elle. Le champ lexical du théâtre qui domine son texte vise à se présenter en comédienne, donc en maîtresse de son destin, capable d'adopter le bon masque selon les circonstances. Mais il traduit aussi la comédie sociale que dénonce Laclos et qui rappelle que dans la société d'Ancien Régime, le paraître l'a emporté sur l'être. La marquise incarne donc aussi la perversion des valeurs aristocratiques car elle les met en scène pour profiter des autres.

Utilisation dans les dissertations

C'est une lettre importante car elle donne de nombreux éléments biographiques sur l'un des personnages principaux, la marquise de Merteuil. Elle est une leçon d'immoralité où se déploient toutes les formes du mensonge, de la tromperie et du faux.

► **Le cynisme se nourrit du mensonge**. La marquise défend la manière dont elle mène sa vie. Pour manipuler les autres, il lui faut avancer masquée, rester attentive à leur égard et discrète. Pour jouir de son existence, il faut considérer les autres comme des moyens et non comme des fins en soi. C'est un véritable portait de comédienne car il faut toujours jouer un autre rôle auprès des autres, rôle auquel il faut réussir à faire croire.

► **On peut faire croire en disant la vérité**. En effet, la lettre de la marquise est une révélation de ses nombreux stratagèmes et révèle sa nature profonde. Cette lettre pourra servir contre elle à la fin du roman – alors même qu'elle a dit jusque-là faire attention à ne rien laisser par écrit. Néanmoins, ce n'est qu'un stratagème de plus, car ce faisant elle fait croire à Valmont qu'il est à part – lui seul aurait accès à sa sincérité – dans le seul but de le manipuler à son tour.

► **Les deux sexes ne sont pas égaux : les femmes ont plus besoin de faire croire**. La marquise rappelle à Valmont que même s'ils mènent une vie de débauche similaire, Valmont n'a pas, lui, besoin de s'en cacher car il est un homme tandis que, femme, la marquise a besoin de faire croire à sa vertu. Ainsi les femmes ont davantage besoin de mentir et apprennent bien mieux à manipuler les autres. La société inégalitaire du XVIIIe siècle aurait dû faire de la marquise un personnage faible, sans pouvoir, mais en a fait un héraut du cynisme, maîtresse de son destin et de celui des autres.

Les seuils de l'œuvre

Laclos, *Les Liaisons dangereuses* : de la page titre à « *j'aurais supprimé à la fois la Préface et le livre* » (fin de la préface du rédacteur).

Compréhension

▹ À quoi servent ces textes préliminaires ?

▹ En quoi peut-on dire qu'ils aident à faire croire à l'œuvre littéraire ?

On aurait tort de passer à côté de ces textes, en pensant qu'ils sont extérieurs à l'œuvre littéraire. En fait, ils sont tous écrits par Laclos et permettent de « rentrer » dans l'œuvre : c'est pourquoi on parle de « seuils » car ils appellent à être franchis pour pouvoir intégrer l'univers fictionnel déployé par le roman. Ainsi, on ne croit pas à l'œuvre littéraire sans un certain état d'esprit, capable de reconnaître à la fois ce qui est faux (personnages, intrigues) et ce qui est vrai (« les mœurs de mon temps », comme le dit la citation de Rousseau mise en épigraphe).

La présence d'une préface est à l'époque habituelle : l'auteur y défend sa démarche et ses idées. Cela peut prendre une forme plus retorse car souvent les écrivains y mettent en place un stratagème afin d'attester la véracité de l'œuvre : c'est le cas des préfaces des romans épistolaires célèbres de l'époque où des « éditeurs » expliquent comment on a retrouvé la liasse de lettres, comment on a choisi les plus pertinentes et l'ordre pour les présenter. On cherche donc à faire croire aux personnages et à leurs aventures. Cela dédouane moralement l'écrivain – qui ne serait plus le rédacteur du texte mais un simple collectionneur – et le protège des critiques voire de la censure. Surtout, un effet de réel est ainsi créé.

Mais *Les Liaisons dangereuses* vont plus loin par la présence de deux textes : l'avertissement de l'éditeur et la préface du rédacteur. Cela donne l'impression que plusieurs personnes ont participé à l'élaboration du texte. Même si on sait que les épistoliers sont des êtres de papier qui n'ont jamais vécu, on peut encore croire que plusieurs personnes ont participé à la mise en place du texte. Le rédacteur joue le rôle du collectionneur des lettres tandis que l'éditeur met en garde le lecteur, d'où son « avertissement » : « ce n'est qu'un Roman ». Ainsi, Laclos offre au lecteur deux positions possibles face au texte, une naïve et une informée, et jette un trouble autant sur la véracité des lettres que sur le caractère factice du soi-disant rédacteur. C'est comme s'il y avait un second degré dans le faire croire : le premier est paradoxalement renforcé lorsqu'un second vient le déconstruire.

Réflexion

▹ Comment l'auteur mêle-t-il la morale à la lecture, et donc plus généralement, l'éthique à l'esthétique ?

Dans sa préface, le rédacteur – qui peut s'apparenter à Laclos – justifie la publication de lettres si immorales (qui pourraient choquer la bonne société) par cet argument : « c'est rendre un service aux mœurs, que de dévoiler les moyens qu'emploient ceux qui en ont de mauvaises pour corrompre ceux qui en ont de bonnes ». Ainsi, contre le principe classique du héros-modèle, les personnages servent de contre-modèle. Lire un texte, même quand celui-ci est libertin et se donne pour faux (l'éditeur dans son avertissement rappelle qu'il n'est pas vraisemblable : « nous ne voyons point aujourd'hui de demoiselle, avec soixante mille livres de rente, se faire religieuse, ni de présidente, jeune et jolie, mourir de chagrin »), c'est donc toujours réfléchir sur soi et les autres. Montrer les terribles effets de la passion peut divertir mais cherche surtout à corriger les mœurs : ainsi, faire croire a un aspect moral évident pour cette littérature.

Utilisation dans les dissertations

▸ **L'art ne fonctionne que si on fait croire à l'œuvre**. Ainsi, Laclos doit, dans un premier temps, faire croire à la vérité de son roman (« les aventures rapportées dans cet ouvrage ont un fonds de vérité »), à savoir la vérité sous-jacente à l'intrigue et aux personnages. Il doit néanmoins également faire croire à cette aventure, sans quoi la fiction n'opère pas et aucune leçon morale ne pourrait en être tirée.

▸ **Le croire, en art, n'est pas immoral**. En effet, le lien est établi entre la fausseté de l'intrigue, l'immoralité des personnages et de l'intrigue, et la leçon morale de l'œuvre. Ainsi, c'est parce que l'œuvre est fausse qu'elle peut déployer une telle perversion. Y croire, ce n'est pas se tromper, c'est accepter de se tromper pour mieux se corriger.

► **Il ne faut pas tout faire croire à la jeunesse**. C'est la limite à la démonstration que la préface veut bien reconnaître : il ne faut pas donner la lecture de ces lettres à des personnes trop jeunes car elles sont plus susceptibles de prendre pour vrai ce qui ne l'est pas. Elles ne sont pas prêtes à une telle leçon paradoxale. Pour la jeunesse, mieux vaut des exemples héroïques que des contre-modèles.

Lettre 67 : Faut-il croire à ses sentiments ?

Laclos, *Les Liaisons dangereuses* : de « *Je ne voulais plus vous répondre, Monsieur* » à « *je ne puis plus rien dire que vous ne m'ayez répondu* ».

Compréhension

▹ Comment répond la présidente de Tourvel aux avances de Valmont, qui prétend se repentir de sa vie libertine ?

Cette lettre est une réponse aux avances de Valmont, qui s'est déclaré, mais dont le passé de libertin fait douter la présidente. Elle se demande si elle doit croire Valmont compte tenu de sa réputation : et si ce beau discours (regrets, repentance) relevait encore du subterfuge ?

Ainsi, et bien que la présidente se dit prête à croire à son repentir, elle préfère lui offrir son amitié plutôt que son amour. Elle développe plusieurs arguments pour expliquer pourquoi cela est préférable. L'amour est « un sentiment qui [l]'offense et [l]'effraie », ce qui renvoie à la personnalité de la présidente, une chrétienne dévote pour qui l'amour reste une belle idée plus qu'une réalité charnelle. De plus, « cette amitié suffira à [son] bonheur » si Valmont dit vrai lorsqu'il désavoue sa vie passée. Elle précise que l'amour les séparerait pour toujours puisqu'elle serait obligée de ne plus jamais le revoir s'il devait insister dans cette voie, alors qu'ils peuvent au contraire profiter d'une amitié sincère. Enfin, elle développe un argument moral sur la culpabilité de l'amour. Selon elle, donc, cet échange épistolaire ne pourra se poursuivre qu'en toute amitié.

Ainsi, alors que le lecteur sait qu'il s'agit de la part de Valmont d'un stratagème comme un autre – ce que redoute la présidente, dont l'intuition est juste – la présidente demeure un modèle de vertu. Toutefois, le texte commence par une remarque paradoxale : la présidente dit qu'elle ne voudrait plus répondre aux avances de Valmont, pourtant, la lettre elle-même témoigne du contraire ! Sans cesse la présidente évoque le fait que cet échange est soumis à des « conditions », mais elle avoue également qu'il lui ferait plaisir de poursuivre cette relation naissance : il y a donc une ambiguïté importante dans le texte, entre ce que veut la présidente et ce qu'elle dit, et ce malgré la sincérité dont la lettre doit être le témoin.

Réflexion

▹ En quoi peut-on dire que la mise en scène de sa franchise est pour la présidente une manière de ne pas s'avouer ses sentiments ?

Le texte est porté par une ambivalence très forte. Il y est sans cesse question de « franchise » (on note un large emploi du vocabulaire de la sincérité : « confiance », « honnête ») alors même que la sincérité de Valmont est l'enjeu des interrogations de la présidente. Or, il s'agit moins des sentiments eux-mêmes que du langage dont il est question comme elle l'avoue finalement : « quittez donc un langage que je ne puis ni ne veux entendre ». Ainsi, c'est à travers les mots et le style de sa réponse que la présidente en dit le plus.

Il est surprenant en effet que cette lettre prenne si souvent les accents de l'amour plutôt que de l'amitié, contre le propos même du texte : « Si j'y eusse été aussi fidèle que vous l'avez été peu » ressemble aux accents d'une maîtresse bafouée ; « celle en qui vous avez désiré des sentiments plus tendres » a recours à un euphémisme galant ; « un silence éternel vis-à-vis de vous » ou « m'éloignerait de vous sans retour » font penser aux menaces d'une amante de tragédie. De plus, la syntaxe est dominée par les juxtapositions, les points virgules et les questions : tout cela témoigne d'une écriture rapide et agitée, dominée par la passion. Ainsi, quoi qu'en dise la présidente, les émois dans lesquels elle se trouve sont le signe d'une passion naissante à laquelle elle cherche surtout à résister. Un libertin aussi chevronné que Valmont ne s'y laissera d'ailleurs pas prendre, même s'il s'aveuglera également sur ses sentiments[1].

Utilisation dans les dissertations

▸ **Avant de croire, on doute**. Les nombreuses questions dans le texte, les atermoiements du personnage, signalent que, quand quelqu'un veut faire croire quelque chose à un autre, sa première réaction à ce qu'on lui dit ne sera pas forcément l'adhésion ou le rejet, mais simplement le doute.

▸ **Ce n'est pas parce qu'on arrive à faire croire qu'on obtient ce qu'on veut**. Si la présidente se dit tout à fait disposée à croire aux dires de Valmont, elle a pourtant été mise en garde et préfère prendre ses distances. Ainsi, même si Valmont finissait par lui faire croire à son nouveau tempérament, cela ne suffirait pas à la faire céder à ses avances.

[1] lettre 125

► **La sincérité vis-à-vis d'autrui peut servir à se mentir à soi-même.** C'est tout l'intérêt du texte que de montrer l'ambivalence des sentiments de la présidente. Malgré les nombreuses précautions qu'elle met en avant, la lettre peut se lire comme un aveu d'amour, sans doute inconscient, car la présidente se ment surtout à elle-même.

Un libertin en acte : lettres 47 et 48

Laclos, *Les Liaisons dangereuses* : de « *Au lieu de revenir hier directement* » à « *de ne jamais douter de la vérité de mes sentiments* ».

Compréhension

▹ Comment le dispositif épistolaire permet-il de montrer le stratagème libertin et d'en partager le plaisir ?

Les lettres 47 et 48 fonctionnent ensemble : la lettre 47 est le récit amusé que Valmont fait à la marquise de Merteuil d'une soirée bien arrosée avec une prostituée de sa connaissance, Émilie ; la lettre 48 est une déclaration d'amour passionnée de Valmont à la présidente de Tourvel, avec tout le vocabulaire galant propre au genre. Néanmoins, la lettre 47 donne la clef pour lire la 48 : Valmont explique à la marquise qu'il a écrit sa lettre lors de ladite soirée, « du lit et presque d'entre les bras d'une fille », et qu'il a cherché les mots pour décrire avec exactitude à la présidente sa situation, sans qu'elle ne s'en doute.

La lettre 48 se lit différemment pour le lecteur au courant du stratagème : Valmont use d'un double discours et sa lettre constitue un texte à clef. Il s'agit de déchiffrer les sous-entendus grivois sous le vocabulaire du tendre : l'évocation d'une nuit blanche peut faire penser aux troubles de la passion, alors qu'il s'agit de luxure. De même, « déjà je prévois que je ne finirai pas cette lettre, sans être obligé de l'interrompre » désigne le trouble amoureux qui perturbe la parole. Enfin, « espérer que vous partagerez quelque jour le trouble que j'éprouve en ce moment » devient une proposition indécente. De nombreux indices font comprendre la volupté de la scène, où le corps d'Émilie sert autant d'écritoire que d'inspiration à l'épistolier : « dans ce moment, je suis plus heureux que vous », « jamais je n'eus tant de plaisir en vous écrivant », « la table même sur laquelle je vous écris, consacrée pour la première fois à cet usage, devient pour moi l'autel sacré de l'amour ». Enfin, le texte crée une connivence entre Valmont et ses complices : Émilie, « qui a lu l'épître, en a ri comme une folle », la marquise à qui ce stratagème est révélé, et le lecteur, qui prend part au plaisir en démêlant les deux discours de Valmont.

Réflexion

▹ En quoi le mélange des deux tons permet-il à l'auteur de mener une réflexion sur la vérité des sentiments ?

On peut bien sûr accuser Valmont d'immoralité : son discours voilé cache ses intentions peu recommandables et il fait croire à sa vertu alors que son texte est rempli d'allusions érotiques. Néanmoins, on peut lire ces textes à rebours, en déconstruisant non plus les allusions mais les clichés de la déclaration amoureuse. Ainsi, en se servant des tournures les plus éculées du parler amoureux, Valmont s'en amuse et montre leur caractère factice. Ce n'est donc pas seulement le libertin qui veut faire croire à des sentiments purs et sincères, c'est tout le discours amoureux qui subit le discrédit de l'insincérité : puisque tous les discours ont recours aux mêmes images et lieux communs, comment peuvent-ils traduire la vérité du sentiment amoureux, voire la spécificité de chaque relation individuelle ? Rappelant ainsi que tout amant doit, de toute façon, faire croire à l'être aimé qu'il est bel et bien aimé (« vous supplier [...] de ne jamais douter de la vérité de mes sentiments »), le discours du libertin insiste sur la nécessaire croyance qui règne en amour. Car derrière les discours, c'est toute la véracité des sentiments qui est remise en cause.

Utilisation dans les dissertations

▸ **Faire croire, c'est toujours utiliser un double langage**. Il y a le discours de la sincérité et celui du mensonge. Mais quand on cherche à faire croire, c'est la duplicité qui l'emporte : il y a ce qu'on veut faire croire – ce qui est contenu dans le propos – et le fait qu'on veuille le faire croire – qu'on devine dans la manière de tenir ce propos. Le dispositif épistolaire permet au lecteur d'être toujours de connivence avec les trompeurs.

▸ **Faire croire, c'est toujours se mettre en scène**. La lettre 47 explique comment Valmont a trompé, à l'aide d'Émilie, un fat Hollandais : son stratagème repose sur une mise en scène spectaculaire. Si on ajoute la référence aux « Italiens » (référence à la commedia dell'arte), le monde du théâtre règne dans cette première lettre, qui permet de mieux saisir la seconde. Ainsi, dans la lettre 48, Valmont devient un véritable acteur, dont les accents passionnés imitent ceux de la tragédie.

▸ **On ne peut que faire croire à nos sentiments**. Puisque nos émotions se trouvent dans notre for intérieur, les partager relève toujours d'un effort pour les extérioriser. Dans la sincérité comme dans la duperie, il faut mettre des mots sur ce qui ne relève pas du langage. Or, verbaliser ce qu'on ressent peut être considéré comme une trahison. Il faut donc trouver la bonne manière pour faire croire à ses sentiments, alors même que cela peut jeter un discrédit sur les sentiments eux-mêmes.

Du rêve d'agir à l'action dans un monde sans beauté

Musset, *Lorenzaccio* : de « *Ma jeunesse a été pure comme l'or* » à « *– qu'importe ? ce n'est pas de cela qu'il s'agit* » (III, 3).

Compréhension

- ▹ Quel autoportrait Lorenzaccio brosse-t-il de lui-même ?
- ▹ Pourquoi raconte-t-il le rôle qu'il a endossé auprès d'Alexandre à Philippe Strozzi ?

Lorenzo sait que Philippe hésite à prendre la tête d'une rébellion ouverte contre Alexandre, comme l'y poussent ses fils. Il veut l'en dissuader, d'abord d'une manière générale, parce qu'il sait par expérience que l'idéalisme politique conduit au malheur personnel, mais aussi d'une manière spécifique, en apprenant à Philippe qu'il va assassiner Alexandre sous peu.

Dans cet extrait, c'est surtout sur son expérience personnelle de l'engagement politique que Lorenzo revient. Il veut achever de convaincre Philippe de ne rien faire contre Alexandre, alors même que le patriarche Strozzi ne voit pas pourquoi l'assassinat d'Alexandre le dispenserait de « penser à la Liberté ». Les trois premières tirades de Lorenzo reviennent sur sa vocation : « il faut que je sois un Brutus », qui l'aurait frappé « tout à coup, une certaine nuit que j'étais assis dans les ruines du Colisée antique », mais provient en même temps d'un long travail de « foudre [...] amoncelée sur [s]a poitrine » et de rêve – « j'ai voulu être grand ». Ainsi Lorenzo se demande quelle part de culpabilité il a dans ce qu'il est devenu, en même temps qu'il présente son choix comme inévitable, fruit d'une situation tragique qu'il n'aurait pas choisie.

Devenir Brutus, cela veut dire tuer un usurpateur, comme Brutus instigua l'assassinat de Jules César, soupçonné de vouloir se nommer roi de Rome. Lorenzo a ainsi voulu tuer un pape, puis Alexandre, et s'est donné pour but de « tuer [...] la tyrannie vivante ». Mais le projet n'a jamais été collectif : « mon orgueil restait solitaire », non plus que sa mise en œuvre, dont Lorenzo met en avant le caractère très physique, comme d'ailleurs dans son désir de meurtre : « pour gagner sa confiance, il fallait baiser sur ses lèvres épaisses tous les restes de ses orgies. » De ce contact direct et recherché avec le mal, Lorenzo en conclut qu'il est « devenu vicieux, lâche, un objet de honte et d'opprobre », mais que le jeu en valait la chandelle : « qu'importe ? ce n'est pas de cela qu'il s'agit ». Tout se passe comme s'il n'était coupable que de s'être exposé à la contagion du mal, contre laquelle une « pureté » initiale l'aurait mal immunisé ; il faut cependant retenir les doutes de Lorenzo sur l'origine de son désir, comme la description si charnelle qu'il en fait.

Réflexion

▹ Est-il possible de jouer un rôle sans qu'il finisse par vous coller à la peau ?

Ici et en bien d'autres lieux encore, Lorenzo ne cesse d'insister sur le fait qu'il est bien « perdu », qu'il ne croit plus au projet qui l'a lancé aux trousses d'Alexandre, ceci avec raison, et qu'il ne veut plus le tuer que parce que c'est la seule chose à faire pour sauver le peu d'honneur qui lui reste – d'autant que sa tante est désormais menacée. Tuer Alexandre peut encore mettre de la distance entre celui qu'il pense être et celui qu'il est devenu.

Le devenir de Lorenzo pose la question de la possibilité de mentir impunément. L'assassinat d'Alexandre est au fond assez lâche, même si on comprend que Lorenzo est physiquement bien plus faible qu'Alexandre et ne peut s'y prendre autrement ; tout le danger a été dans l'imposture auparavant. Mais y a-t-il eu imposture ? C'est la terrible question que Lorenzo se pose, et que sa condamnation par les Huit pose à nouveau, comme son assassinat final, motivé par la cupidité et le mépris. La fable est plus crédible que celle de Pinocchio et son nez à rallonge, mais le problème est sérieux : mentir « fait-il des trous », comme dirait Arendt, dans l'étoffe du monde ? D'une manière plus générale, les bonnes intentions peuvent-elles se maintenir quand les moyens sont criminels ? La fin justifie-t-elle les moyens ?

Utilisation dans les dissertations

Ces éléments éclaircissent la conduite de Lorenzo et sont donc utiles dans tout argument sur les moyens et motivations justifiant la dissimulation, mais aussi s'il s'agit de réfléchir aux conséquences du « faire croire ».

► **Le mensonge n'a aucune conséquence si on n'en n'a pas connaissance**, peut-on penser. Musset a certainement pensé que ce n'était pas le cas en redonnant vie à Lorenzo de Médicis : en effet, la pièce insiste sur les terribles conséquences de ses choix pour le personnage.

► Vu les affres de Lorenzo, il est difficile de défendre l'idée que **faire croire, se faire passer pour ce qu'on n'est pas, n'est qu'une question technique de communication efficace**. Avec le personnage de Lorenzo, Musset discrédite le paradoxe du comédien de Diderot : pour être cru, il faut y croire soi-même un peu.

« Si vous saviez comme cela est aisé de mentir impudemment au nez d'un butor ! »

Musset, *Lorenzaccio* : de « *Lorenzo monte l'escalier de la terrasse* » à « *C'est bien fort, c'est bien fort* » (I, 4).

Compréhension

▹ Comment cette scène montre-t-elle la façon dont Lorenzaccio se fait croire inoffensif à Alexandre ?

La mise en cause de Lorenzo par le pape, qui veut que Lorenzo soit chassé de la cour d'Alexandre du fait de sa mauvaise influence sur le duc dont il orchestre la débauche par l'intermédiaire du cardinal Cibo, conduit Alexandre à pousser Lorenzo dans une situation de défi à l'épée par sire Maurice, un intermédiaire entre Alexandre et une instance représentative des grandes familles de Florence, les Huit. En effet, Lorenzo a insulté sire Maurice qui a sorti son épée et Alexandre, au lieu de réprimer cette exhibition d'armes dans sa cour et devant lui, pousse « Renzo » à faire face au lieu de « trembl[er] » et de « fai[re] honte au nom des Médicis », puis fait donner une épée à Lorenzo.

Lorenzo, qui sait qu'Alexandre le prend pour un « fieffé poltron ! une femmelette ! », a d'abord cru qu'Alexandre « se ri[ait] de [lui] » ; alors que les courtisans d'Alexandre protestent à l'idée d'un duel en pleine cour, il « chancelle ; [...] s'appuie sur la balustrade et glisse à terre tout d'un coup », si bien qu'Alexandre tout content peut annoncer que « la seule vue d'une épée [...] fait trouver mal [...] Lorenzetta », qu'il invite à rentrer « chez [s]a mère », alors que sire Maurice se croit libre de l'insulter ainsi que sa mère. L'esquive de Lorenzo conforte Alexandre dans son opinion au sujet de son cousin. Cette démonstration de faiblesse, ainsi exhibée publiquement, est crédible du fait même qu'elle est comme le dit Cibo « bien fort[e] », bafouant tous les codes de l'honneur viril. L'incroyable de la chose est ce qui fait qu'Alexandre y croit : « C'est justement pour cela [que c'est bien fort] que j'y crois. » Certes Cibo continue de marmonner « [c]'est bien fort, c'est bien fort ! », mais il restera seul.

Réflexion

▹ Peut-on en faire trop quand on flatte le pouvoir ?

La question de la crédulité d'Alexandre vis-à-vis de Lorenzo, alors que les indices de sa duplicité se multiplient au long de la pièce et qu'Alexandre n'est pas un être particulièrement confiant – il porte constamment une cotte de mailles et sait parfaitement que seule la force de la garnison allemande et le soutien du pape le maintiennent au pouvoir, même s'il dit à la marquise Cibo qu'il « [est] sûr », quoi qu'elle en dise, que « [les Florentins l']aiment »[2] – est intéressante, car elle est certainement un de ces faits irréductibles, quelque chose qui s'est passé.

Tout indique qu'il ne s'agit pas tant des plaisirs que Lorenzo lui procure – après tout Alexandre écrit à Catherine sans consulter Lorenzo[3], et tout le monde est sur les rangs pour procurer des filles au duc, Salviati le premier – que de la nature même du mensonge de Lorenzo, ainsi que son identité. La faiblesse de Lorenzo, si elle fait de lui un objet de mépris, lui ouvre aussi toutes les portes, ou du moins ne lui ferme pas celles qui lui sont ouvertes du fait de son identité de Médicis légitime lié à un « avant » Alexandre, notamment à ses frasques contre le pape à Rome, racontées dans cette même scène par ses envoyés comme justement une raison de l'éloigner du duc.

La cohérence et la longévité du personnage joué par Lorenzo, même invraisemblable, porte une force de conviction qui fait qu'effectivement tout le monde y croit, le reçoit, ne le prend pas au sérieux – au point, pour son malheur qu'il pressent, de lui rendre impossible de se faire entendre lorsqu'il cherche à dévoiler son projet. La longévité, la cohérence, l'adéquation du mensonge à une histoire publique, l'utilité – tout cela fait qu'il peut tout se permettre, même voler la cotte de mailles d'Alexandre sous son nez. La longévité dans le rôle rend de plus en plus difficile pour Alexandre de s'en dédire : ce serait admettre tant d'erreurs et de crédulités répétées ! Peut-être est-ce aussi lié au caractère méprisable du rôle : l'impunité viendrait des préjugés sociaux de ses dupes, qui associent le jeu de la faiblesse aux valets et non aux maîtres. Quel maître jouerait un valet, s'il n'est pas vil ?

Utilisation dans les dissertations

Il faut penser à Lorenzo et à cette scène chaque fois qu'il s'agit de la crédulité d'un individu et d'un groupe, ou de la duperie publique.

► **Les dupes sont complices de ceux qui les dupent** : ces derniers leur proposent quelque chose qu'ils rêvent possible. Difficile, si l'histoire est présentée de façon plausible et correspond à ce que l'on désire, de ne pas s'embarquer...

► **Une fois quelqu'un pris à une histoire, il lui est difficile de reculer**, de voir autre chose que la cohérence ou la plausibilité de la fable. Joue aussi l'orgueil, la difficulté d'admettre s'être trompé, s'être laissé tromper.

---

[2] III, 6 [3] III, 4

Tout ça pour ça...

Musset, *Lorenzaccio* : de « *Entre le cardinal Cibo* » à « *Tout cela est étourdissant* » (V, 1).

Compréhension

- Comment ce tableau de l'histoire en train de se faire permet-il d'assurer une continuité, en faisant croire que rien de significatif ne s'est passé à Florence ?
- S'agit-il d'une gestion normale de la succession ou est-ce le résultat des manœuvres du cardinal ?

Le corps d'Alexandre assassiné par Lorenzo a été ramené dans son palais, mais sa mort est dissimulée aux courtisans ordinaires comme au peuple de Florence par ses proches politiques. Dès son entrée, la réplique de Cibo indique la part qu'il prend dans cette dissimulation, évoquant pour être crédible le goût pour la fête et la débauche d'Alexandre – assurant donc cette continuité-là avec son règne. La réunion des Huit, dont le rôle dans la gouvernance de Florence est apparu lors de l'attaque de Salviati par les frères Strozzi, est aussi dans une continuité prévisible : il faut nommer un successeur. La participation de ce corps à la dissimulation du meurtre et de la mort est moins prévisible, de même que la déférence de cette institution au cardinal, signalée par la première réplique de Niccolini : « Eh bien ! Cardinal, qu'y-a-t-il de décidé ? » et surtout par celle du cardinal qui dit en latin qu'il faut nommer un Médicis – puis son départ. Il sait que cela sera fait.

Du chœur des Huit qui s'orchestre ensuite, ressort un opposant, Ruccelaï, qui souligne d'abord que les Huit ne font que la volonté du cardinal, en proposant de faire de lui le nouveau souverain, puis vote blanc, et finalement part, sans même voter, avec une réplique digne de Philippe Strozzi : « [l]aissez-moi ! J'ai soixante-deux ans passés ; ainsi vous ne pouvez pas me faire grand mal désormais ». Certes d'autres semblent s'indigner, ainsi Guicciardini, mais à part Ruccelaï tous s'alignent dès que Corsi arrive et annonce les manœuvres de Cibo pour faire nommer Côme de Médicis, malgré un glapissement initial – « Sans nous consulter ? » Les Huit sont soumis par leur peur d'annoncer ce qui s'est passé et d'avoir à trouver une vraie solution de gouvernance, comme le montre l'angoisse de Niccolini après le vote à l'idée que Côme refuse. Ainsi le cardinal joue sur du velours en présentant ce qui l'arrange comme ce que veulent les Huit, la continuité.

Réflexion

▹ Quelle est, selon cette pièce, la part de l'action humaine dans les événements politiques ?

L'effet le plus pathétique de cette scène est la confirmation du meurtre du duc par Lorenzo, qui a coûté à ce dernier sa vertu, sa vie et jusqu'à l'idée qu'il se faisait de lui-même, et ne change rien au fonctionnement politique de Florence qui reste prise entre la papauté et l'empire germanique, comme il l'avait annoncé lui-même[4].

Une fois cette concession faite au romantisme désespéré de Musset, on peut se demander à qui profite cette présentation – aux pouvoirs en place – et ce qui lui résiste. De ce point de vue il faut réfléchir aux moyens choisis par Lorenzo pour se débarrasser d'Alexandre. Tout se passe comme si « combattre [la ruse] par une autre », pour citer Mme de Merteuil[5], ne fonctionnait pas, comme le suggèrent aussi les analyses d'Arendt. Lorenzo combat peut-être plus la force que la ruse, mais la ruse est liée à la force en ce qu'elle obtient un consentement par une forme de contrainte. La pièce ne montre-t-elle pas, plutôt que l'impossibilité pour la revendication de la vérité de contrer le politique, que le seul espoir pour la vérité d'avoir un effet politique est de rester sur son terrain, sans s'aventurer dans le mensonge pour contrer le mensonge ou la force ? Imaginez un Lorenzo se contentant de citer les grands républicains romains tout en racontant partout les agissements d'Alexandre. Certes cela ne ferait pas un drame. Serait-ce moins efficace ?

Utilisation dans les dissertations

Cette scène peut être utile dans tout argument invoquant l'efficacité ou non des stratégies de dissimulation dans l'action politique ou personnelle.

▸ **Faire croire est un moyen d'action comme un autre, sans effet au-delà de sa propre efficacité** : la pièce pose la question, de façon évidente du côté individuel, mais aussi du point de vue collectif. La vérité n'est-elle pas plus efficace que le mensonge pour lutter contre la force ou le mensonge ?

▸ **La réalité des événements historiques est impossible à rétablir du fait de la multiplicité des acteurs et de leur rôle**. La pièce ne montre pas vraiment cela, puisque le rôle de Lorenzo de Médicis dans l'anéantissement de son cousin en est l'objet. Elle montre en revanche que l'ambivalence des motivations et la nécessité d'une interprétation perdure. Qui fait quoi, compte.

[4] III, 3, IV, 7 et reprise du mot de gageure V, 2 [5] lettre 105

« Et c'est moi, vieil enfant du doute et du blasphème, / Qui vous écoute, et pense, et vous réponds ceci »

Musset, *Lorenzaccio* : de « *Au palais des Soderini* » à « *qu'il verra bientôt quelque chose qui l'étonnera* » (II, 4).

Compréhension

- ▹ Pourquoi inclure cette scène, qui ne fait pas progresser l'action, dans la pièce ?
- ▹ Quel est le sens du rêve de Marie Soderini, la mère de Lorenzo ?

Il s'agit d'une scène domestique entre Lorenzo, sa mère, et sa jeune tante semblable à une sœur. Le lecteur sait la tristesse de Marie pour ce qu'est devenu Lorenzo, du moins ce qu'elle en croit ; ses paroles dans la scène 6 de l'acte I annoncent ce que Lorenzo dira de lui-même à Philippe Strozzi dans la scène 3 de l'acte III, de son enfance studieuse consacrée notamment à la vertu politique, sur le modèle des Romains de la république, de son avenir tout préparé, de son passage à l'acte. La scène permet de présenter aussi le caractère lettré de Catherine, qui sera un facteur dans le meurtre d'Alexandre, puisqu'il feindra de dormir en l'attendant afin de ne pas l'entendre parler. Mais surtout, elle permet de juxtaposer le cynisme des interprétations que fait maintenant Lorenzo des grands épisodes de l'histoire romaine – Tarquin, Brutus, Lucrèce, et l'« horreur » qu'il éprouve pour « le monde » – avec le respect qu'il maintient pour les femmes de sa famille – « [j] vous estime, vous et elle. » L'idée est de suggérer un domaine qui reste sacré pour ce personnage dont on ne sait pas encore qu'il joue un rôle, et ainsi intensifier les émotions ressenties en voyant Lorenzo accepter d'utiliser l'intérêt d'Alexandre pour sa tante, dévoilé juste après ce passage, pour le piéger. Elle ajoute un motif de vengeance de l'honneur familial aux motifs politiques et personnels qui vont émerger pour la mission que Lorenzo s'est donnée.

En même temps le rêve de Marie, outre que le motif de la rencontre avec son double enfant est un lieu commun de la poésie de Musset, est aussi une préfiguration du caractère double de Lorenzo. Ce spectre « vêtu de noir », figure du « Lorenzino d'autrefois », ne porte-t-il pas le deuil de la pureté de la jeunesse perdue ? Il vient rappeler à Lorenzo ce qu'il doit faire, ce qui est marqué par Lorenzo réclamant à Catherine de lui relire « l'histoire de Brutus » – l'assassin de César.

Réflexion

- ▹ Quel rapport les rêves et les visions, ou l'imagination en général, peuvent-ils entretenir avec la vérité ?
- ▹ Et à quelles conditions ?

Plus que l'artiste Tebaldeo disant « réaliser des rêves » et admettant logiquement le corollaire de cette affirmation, à savoir que « les peuples malheureux font les grands artistes » (II, 2), cette scène met en abyme les deux formes d'illusion que propose l'art : celles qui transforment les sordides et contingentes affaires humaines en « conte[s] de fée », les pédophiles en héros (Tarquin), les catins en vertus (Lucrèce), contes qui cependant piègent les lecteurs dans leurs rêves de grandeur comme Lorenzo lui-même. Et celles qui décèlent, sous l'apparence et le changement, la continuité et l'essence, comme le rêve de Marie décelant la permanence et la persistance de son enfant idéaliste et bon sous le Lorenzo débauché qu'il est devenu.

Ces deux formes sont-elles conciliables ? Il semble que Musset prône des formes d'art qui donnent à voir les illusions avec lesquelles elles trafiquent, les beaux mensonges qu'elles véhiculent, comme celles qui peuvent révéler des vérités concernant la vie humaine dans toutes ses dimensions.

Utilisation dans les dissertations

Ce passage peut illustrer tout argument concernant **les façons dont les menteurs se prennent à leurs propres machinations**, mais aussi ceux soulignant **la persistance de l'être sous l'illusion** ; il peut aussi illustrer l'idée que **l'illusion peut dévoiler une vérité.**

► **La vérité persiste sous une forme ou une autre derrière les déguisements qu'on lui fait revêtir** – d'ailleurs le nombre de fois où la véracité du personnage de Lorenzo est mise en doute auprès du duc fait aussi partie des illustrations possibles de cette idée.

► **L'illusion révèle la vérité sous une forme acceptable par l'esprit** – ici le rêve de Marie lui permet de conserver foi en Lorenzo, ailleurs on fera passer une démonstration scientifique ou une leçon d'histoire sous forme de jeu ou de conte.

Les outils du pouvoir

Hannah Arendt, « Du mensonge en politique » : de « *Persuader le monde* » à « *sauver la face* » (section II).

Compréhension

▹ Quelle est la finalité du pouvoir ?

La première partie du texte est constituée notamment de citations extraites des *Pentagon Papers* (documents du Pentagone). Elles mettent en évidence ce qu'on pourrait appeler la « double pensée » du pouvoir. Ce qui apparaît ressemble de près, en effet, aux stratégies de manipulation décrites dans *1984* de George Orwell. On voit par exemple comment le Pentagone justifie la guerre commencée en 1965 au Vietnam par des effets rhétoriques et non par des objectifs politiques ou militaires : on retrouve nombre de verbes d'éloquence, comme « persuader le monde », « prouver », « sauvegarder l'image », « nous comporter ». La logique n'est pas du tout celle de l'analyse, mais celle de la manipulation. On voit le pouvoir occupé à construire une représentation (« sauvegarder l'image »), et à mobiliser des éléments de discours intentionnellement biaisés (« la théorie des dominos » ou bien « la stratégie anticommuniste »).

La deuxième partie met en évidence l'inversion des moyens et des fins car la politique a disparu devant la publicité. On voit clairement se constituer un « marketing politique » où, comme dans le monde du commerce, il faut faire accepter le prix d'une politique étrangère dont pourtant on ne veut pas discuter des fins : « l'objectif », explique Arendt, « était désormais la formation même de cette image ». Or on ne gouverne pas pour former une image : une guerre n'est pas un « test », un sondage. Ces documents mettent en évidence un scandale : la perte de sens de la politique qui, au lieu de servir un projet commun, cherche à justifier le pouvoir qu'on lui a confié. Le pouvoir politique se prend au piège de sa propre puissance qui n'a pas d'autre fin que de se justifier comme pouvoir.

Réflexion

▹ Peut-on faire de la politique sans essayer de convaincre ?

La politique concerne l'exercice du pouvoir ; et nul ne conteste vraiment qu'une société doive être gouvernée pour être juste. C'est pourquoi la parole est fondamentale en démocratie : elle exprime les fins du pouvoir, ce qu'il est supposé rendre possible. L'éloquence, la discussion, le débat expriment ce qu'Arendt appelle par ailleurs la pluralité du monde. Faire croire qu'un projet est plus à même qu'un autre de garantir la prospérité n'équivaut pas à une manipulation. Au contraire c'est ce qui distingue un pouvoir autoritaire qui s'exerce contre les citoyens d'un pouvoir légitime qui s'exerce au nom des citoyens qui « croient » en son utilité. Chercher le consentement pour exercer un pouvoir est donc légitime.

Ce qu'il y a de scandaleux dans la stratégie américaine mise au jour dans ces documents, ce sont deux glissements tendanciels de tout pouvoir. Premièrement la disparition de la question des « fins » du pouvoir, et même de l'usage de la violence puisqu'il s'agit d'une guerre : « il nous faut convaincre le monde de "ce simple fait" [Les États-Unis sont la plus grande puissance du monde] ». Arendt met en évidence la circularité de ce pouvoir aveuglé car la puissance y est mise au service de... la puissance.

Convaincre de sa puissance peut à la rigueur servir d'argument politique. Mais la puissance n'est pas une fin, elle n'est qu'un moyen politique. Deuxièmement, Arendt montre comment tout pouvoir est tenté de soigner son « image » pour convaincre de sa probité et de sa clairvoyance. Finalement le pouvoir accapare la politique. Il ne demande plus aux citoyens de choisir un projet mais de le laisser choisir. La confiance est obtenue en vue du mensonge. C'est une trahison.

Utilisation dans les dissertations

► **Les hommes politiques recourent à des communicants**. Cette tendance à l'envahissement de l'espace politique par des « éléments de langage » aseptisés, renvoyant à des stéréotypes, est une dérive qui aiguise le désir d'un discours qui se présente comme un discours de vérité. Ce recours à la publicité crée une appétence souterraine pour l'exercice plus autoritaire et désinhibé du pouvoir.

► **L'exercice du pouvoir nous éloigne de la réalité**, au point de donner l'impression de mépriser l'existence concrète des gens. On sent d'ailleurs dans la critique d'Arendt le dégoût provoqué par ce mépris de la vie humaine. Elle n'est pas loin de voir dans ce mépris une arrogance caractéristique de la banalité du mal.

L'opinion

Hannah Arendt, « Vérité et politique » : de « *Aucune opinion n'est évidente* » à « *la vérité philosophique rationnelle* » (section III).

Compréhension

▷ Quelle différence peut-on observer entre l'évidence mathématique et l'évidence des faits ?

Dans ce passage, Hannah Arendt oppose « la vérité rationnelle qui illumine » et « l'opacité » des vérités de fait. Essayons de comprendre ces deux types de vérité. La vérité rationnelle a pour expression parfaite l'évidence des vérités mathématiques. Au début de la section III, Arendt cite cet axiome : « la somme des angles d'un triangle est égale à deux droits ». Le contenu de cet axiome porte la marque de la nécessité du vrai, nul ne peut le contester sans se déjuger lui-même : l'axiome est évident. Les vérités de fait, quant à elles, ne peuvent pas contraindre l'esprit aussi fermement car elles dépendent de l'expérience. Le triangle est un objet qu'on conçoit et ses caractéristiques découlent de sa définition et non de son observation (au contraire : en géométrie il faut penser contre notre perception). Or les vérités de fait ne peuvent pas être déduites, elles sont découvertes après observation. Les faits « n'ont aucune raison décisive d'être ce qu'ils sont ; ils auraient toujours pu être autres ». C'est pourquoi la découverte d'un fait s'accompagne parfois d'un halo d'incrédulité et de déception, et parfois d'un sentiment de surprise et d'émerveillement. Voilà donc bien un sérieux problème pour l'établissement de la vérité : l'évidence factuelle apparaît toujours plus ou moins discutable dès qu'on remet en question l'observation.

Réflexion

▹ Peut-on dire qu'on a le droit de ne pas croire aux faits ?

La réflexion d'Arendt est justement un effort subtil pour éviter ce qu'on peut appeler le relativisme en matière de faits historiques. Ce qui conduit au relativisme est un problème philosophique ancien : la contingence, l'absence de nécessité des événements. Les phénomènes naturels obéissent à des lois ; on peut ainsi les prévoir et les anticiper. Mais l'histoire ne répond pas aux lois de la nature : toute connaissance historique se constitue *a posteriori*, elle lit à rebours les événements en donnant l'impression que leur succession répond à une logique. Or le récit historique n'est pas fondé sur une logique mais sur des témoignages. Le relativisme se nourrit de ce double constat : 1/ les faits historiques ne répondent pas à des lois et ne sont donc pas automatiques, 2/ établir les faits suppose des témoignages. Ce double constat ne doit pourtant pas conduire au relativisme.

En effet, au premier constat, Arendt répond que « rien ne pourrait arriver si la réalité, par définition, ne tuait pas les autres possibilités », ce qui signifie bien que d'autres réalités étaient possibles, mais que justement n'est réel que ce qui a cessé d'être possible, pour devenir présent. Le réel n'est pas une simple probabilité. Il est au contraire ce qui a cessé d'être probable pour devenir existant. Les faits ne sont donc pas des spéculations.

Au deuxième Arendt répond essentiellement à la section IV : il faut être vigilant à l'égard de ceux qui ont le pouvoir de valider les témoignages, de les fabriquer aussi. Mais cette prudence se distingue du relativisme, elle est le propre de la démarche heuristique, c'est-à-dire d'une attitude de recherche et de discernement. L'histoire ne peut pas toujours établir de preuve car elle est méthodique. En effet, l'accès aux archives, la découverte de vestiges nouveaux exigent de l'historien une sorte de mise en suspens quasi permanente de ses propres hypothèses. Les preuves sont rarement définitives car la recherche doit s'ajuster à une matière historique qu'on ne peut jamais circonscrire définitivement. Le relativisme au contraire voit l'absence de preuve comme la preuve d'un échec de la recherche, et en déduit que l'opinion est aussi légitime que l'histoire à dire ce qui s'est passé.

Utilisation dans les dissertations

► **La croyance n'est pas contraire à la méthode historique**. L'Histoire est faite de conjectures qui se renforcent sans cesse grâce à la recherche. La conjecture historique n'est pas la négation du savoir mais au contraire la prudence du savant devant la matière historique.

► **Il faut accepter la pluralité de l'opinion, tout en se gardant de la confondre avec l'expression de la vérité**. Nous ne pourrons jamais obtenir en histoire, dans les commentaires de l'actualité, l'évidence rationnelle mathématique. Il faut donc éviter de mépriser l'opinion au nom du savoir. Le savoir en termes de faits est toujours un savoir relatif. Toute posture de condescendance de ceux qui savent en dit plus sur la sottise des arrogants que sur la bêtise des ignorants déclarés.

Les finalités du mensonge politique

Hannah Arendt, « Du mensonge en politique » : de « *Un autre menu fait* » à « *de l'appareil gouvernemental* » (section III).

Compréhension

▷ Les hommes politiques qui prennent des décisions cruciales sont-ils de bonne foi ?

La déclassification des *Pentagon Papers* interroge sur la lucidité, la compétence ou la bonne foi des hommes politiques. En eux-mêmes ils « ne présentent aucun intérêt pratique » et « n'auraient jamais dû être classés comme secrets », certes, mais ils ne manquent pas d'intérêt pour le philosophe, l'historien ou le journaliste. En effet ils dessinent les contours d'une politique étrangère très approximative. On imaginait toucher du doigt les arcanes du pouvoir, « *arcana imperii* », être immergé dans le secret de réunions stratégiques, comprendre les ambitions des États-Unis. On découvre de l'improvisation, de l'incompétence et de l'idéologie. L'exemple au début de l'extrait est éloquent : dès la fin de la guerre, la Chine a souhaité s'émanciper de Moscou et demandé « l'établissement de relations diplomatiques avec les États-Unis ». Or ce billet fut ignoré des services diplomatiques et même en partie dissimulé afin qu'il ne vienne pas fissurer l'image que la communication officielle avait forgé d'un « communisme monolithique placé sous la direction de Moscou ». Les États-Unis ont choisi en 1945 de ne pas changer leur représentation du monde alors que la Chine semblait disposée à la discussion. Ils se sont comportés en impérialistes soucieux de leur image.

Ces documents dévoilent la schizophrénie des responsables, obligés d'écarter les faits dont ils avaient connaissance « de la substance de leur pensée » parce que ces informations « étaient susceptibles de détruire les bases de leur raisonnement ». Arendt décrit le fonctionnement d'un gouvernement idéologique : « la théorie » remplace les faits ; il faut permettre à la logique de l'idée (littéralement une idéologie) de se déployer. Et si le réel contredit la théorie, c'est lui qui a tort.

Nous découvrons aussi que le culte du secret est mortifère pour la conscience politique : « ceux auxquels ces documents [les *Pentagon Papers*] seraient le plus nécessaires » n'ont semble-t-il aucune « intention de les lire ». Certains membres du Congrès, qui ont été dépossédés par une extension injustifiée de la classification de documents, des moyens de débattre des orientations stratégiques de leur pays, ont pourtant renoncé à demander des comptes.

Réflexion

▹ Une démocratie peut-elle être transparente ?

Dans cet extrait, nous voyons comment Arendt se moque du mystère qui entoure la prise de décision politique : « ce [l'indifférence des responsables à l'égard des documents déclassifiés] qui peut nous laisser rêveur à propos de la notion des *arcana imperii* ». Cette ironie repose sur le constat des incuries que nous avons décrites ci-dessus. En effet le secret a été utilisé non pas pour préserver les intérêts fondamentaux du pays, mais pour dissimuler les motifs contestables ou l'incompétence des preneurs de décision. Que la raison d'État impose une discrétion, personne ne le conteste. Ce qui en revanche est inquiétant, c'est que le secret induise l'effacement de la responsabilité. D'abord il faut justifier le secret qui, s'il est parfois nécessaire, empêche quoi qu'il en soit « de se former une opinion ». Le choix du secret doit être une exception justifiable. Par ailleurs le secret laisse penser que la prise de décision peut être confiée à certains qui n'auront pas à rendre de comptes. Les parlementaires ne peuvent consentir à demeurer « tranquillement plongés dans leur ignorance ». La transparence intégrale est impossible, mais cela appelle en contrepartie une grande vigilance de la part de ceux autorisés à demander des justifications, comme les parlementaires. Cela suppose qu'ils se saisissent du pouvoir d'enquête que les institutions leur donnent.

Utilisation dans les dissertations

► **Les démocraties peuvent elles aussi être menacées par des dérives autoritaires.** La justification par la raison d'État dilue la responsabilité politique et menace l'équilibre démocratique, le peuple étant supposé trop sot pour comprendre.

► **Le culte du secret n'est pas dans la nature de la démocratie**. En effet le fait même de la déclassification des documents montre que subsistent toujours en démocratie, et peut-être est-ce là un réflexe enfoui dans la conscience de chacun, des réflexes vitaux propres à empêcher que le pouvoir s'exerce sans contrepartie.

La tromperie de soi

Hannah Arendt, « Vérité et politique » : de « *La possibilité de mensonge complet et définitif* » à « *la tromperie, sans tromperie de soi est presque impossible* ». (section IV).

Compréhension

▹ Jusqu'à quel point un peuple est-il complice de son aveuglement ?

Cet extrait met en évidence un paradoxe démocratique : En démocratie « le gouvernement n'a pas monopolisé le pouvoir de décider ou de dire ce qui est » et par conséquent la perspective d'un « mensonge complet et définitif » est improbable. Pourtant Arendt, au début de l'extrait, évoque bien cette possibilité d'une « manipulation moderne des faits » pouvant conduire à une propagande très efficace à l'intérieur même « du monde libre ». Nous sommes donc conduits à questionner la vulnérabilité propre à « la démocratie de masse ». Nos sociétés libres ont érigé comme principes la liberté individuelle et la satisfaction d'intérêts propres. Sur le plan économique, le principe de la libre entreprise permet à quiconque de se lancer dans les affaires. Les différentes crises créent des phénomènes de concentration de capitaux qu'Arendt appelle des « gigantesques organisations d'intérêts ». La conquête de nouveaux marchés suppose des stratégies de communication agressives, d'après les « méthodes de Madison Avenue » (la célèbre rue New-Yorkaise où siègent de nombreuses boutiques de luxe et d'agences publicitaires). Les gouvernements ont emprunté ces « usages du business » afin de conduire des politiques de désinformation dans le cadre de relations internationales (à l'encontre de pays soviétiques durant la guerre froide) ou dans une situation exceptionnelle de « danger clair et actuel ». Mais le pouvoir s'est aussi mis à utiliser ces techniques à des fins de contrôle interne. Ce que décrit Arendt à ce moment-là est particulièrement frappant : les représentations véhiculées par les communicants ont été parfaitement intégrées à telle enseigne que « l'effort principal à la fois du groupe trompé et des trompeurs eux-mêmes visera à la conservation intacte de l'image de propagande ». On a donc des principes démocratiques qui se retournent contre eux-mêmes : la liberté d'opinion devient liberté de communiquer même des mensonges, et « les diseurs de vérité de fait » deviennent des personnes « hostiles ».

Les systèmes de distribution des fonctions de connaissances dans les universités, les médias, les citoyens, ne parviennent plus à empêcher une sorte de connivence dangereuse entre les « persuadeurs cachés » (1957) et leurs « victimes possibles ».

Réflexion

▹ En quoi la démocratie s'apparente-t-elle, par certaines tendances, aux régimes autoritaires ?

La tromperie de soi, cette propagande à usage interne, a pour effet de rendre les populations en partie complices de leur propre aveuglement. En effet, les sociétés démocratiques demeurent des sociétés où l'information circule. Les *Pentagon papers* prouvent d'ailleurs l'appétence du journalisme américain pour le travail d'investigation. On peut donc toujours s'informer dans une société libre. Céder aux récits de circonstances, consommer des images factices du monde indique une forme de connivence. Mais dans les pays autoritaires, la libre information est une menace : les médias, les intellectuels sont donc mis au pas. La population n'est pas complice de la manipulation. Ainsi, on peut parvenir à des situations de contrôle social apparentées en démocratie et en régime autoritaire, mais pour des raisons différentes.

Par ailleurs, les démocraties ne doivent pas regarder « les diseurs de vérité » comme des menaces. La façon de traiter ces « lanceurs d'alerte » est un marqueur des sociétés démocratiques définies par l'acceptation de la pluralité. On sent qu'Arendt s'inquiète du glissement conduisant à les assimiler à des ennemis de l'intérieur.

Utilisation dans les dissertations

► **La communication menace la politique.** L'exercice du pouvoir suppose une prudence évidente dans la diffusion des informations au public ; la classification d'informations sensibles n'est pas remise en question. Ce qui est questionné par Arendt, ce n'est pas le principe du secret, mais à l'inverse le principe d'une communication ni loyale ni sincère destinée à façonner l'imaginaire social.

► **La démocratie a besoin de contre-pouvoirs**, par exemple des « lanceurs d'alerte ». Cela la distingue des régimes autoritaires. Les objecteurs de conscience ont montré qu'on pouvait servir son pays tout en refusant de servir dans l'armée. On peut être un patriote et refuser de croire aux récits officiels.

Exercices d'argumentation

Dans vos dissertations, chaque thèse doit être appuyée par deux exemples tirés de deux œuvres différentes. Vous trouverez ici des illustrations des principales thèses. D'autres exemples sont possibles pour chaque thèse et chaque exemple peut a priori illustrer plusieurs thèses.

I Rôles et fonctions du faire croire

Faire croire permet de parvenir à des fins personnelles

C'est tout l'enjeu des intrigues des *Liaisons dangereuses* : Mme de Merteuil réclame d'emblée à son ancien amant resté complice, le vicomte de Valmont, de séduire la fille de Mme de Volanges parce qu'elle veut se venger de l'homme qui doit l'épouser[1]. Valmont décide de séduire la vertueuse Mme de Tourvel, initialement par défi et désœuvrement[2], mais aussi pour posséder de nouveau Mme de Merteuil, qui le lui promet en récompense[3], même s'il s'agit sans doute d'une manipulation de plus[4].

Dans *Lorenzaccio* le personnage titre en est un exemple, sauf que son but, né de l'ambition d'être « Brutus »[5], est aussi politique. Le cardinal Cibo œuvre lui par ambition personnelle[6], alors que la marquise Cibo se cherche un but[7].

Dans « Du mensonge en politique », Arendt montre comment la conduite de la guerre du Vietnam par le gouvernement américain a bénéficié à quelques-uns : communicants, responsables gouvernementaux transformés en « spécialistes de la solution des problèmes »[8], élus inquiets de leur image et de celle du pays – tous ont fait disparaître les enjeux véritables de cette guerre du débat public. « Vérité et politique » explore en profondeur les mécanismes conduisant à cette situation : le mensonge est inévitable en politique puisqu'elle est le jeu des « différents intérêts »[9].

Faire croire est indispensable pour rallier et mener les hommes

La marquise de Merteuil empêche Cécile Volanges de se confier à sa mère en lui faisant croire que cette dernière la trompe[10]. À côté des cas individuels, soulignons l'importance de la réputation dans la vie aristocratique, comme l'explique la marquise[11] et comme en témoigne le sort de Prévan[12], réhabilité par Danceny[13].

[1] lettre 2 [2] lettre 3 [3] lettre 20 [4] lettre 5 [5] III, 3 [6] II, 3 [7] II, 3 ; III, 6 ; IV, 4
[8] section I [9] section III [10] lettre 105 [11] lettre 81 [12] lettres 85–87 [13] lettre 169

Lorenzo s'en rend compte lorsqu'aucun Florentin ne veut croire qu'il tuera Alexandre[14], mais plus encore lorsque les Huit le condamnent pour assassinat[15]. Pierre Strozzi doit aussi constater que sans son père, il ne peut rallier personne à sa vendetta contre Alexandre[16].

Le propos d'Arendt dans « Vérité et politique » permet de comprendre que l'excès de mensonge, notamment pour rallier, conduit au « cynisme, au refus absolu de croire en la vérité d'aucune chose »[17]. « Du mensonge en politique » illustre le propos en montrant que l'image de l'action et de la décision politique est au cœur de la gestion du conflit vietnamien.

Il vaut mieux faire croire que contraindre physiquement

Les souffrances finales de Mme de Tourvel et de Cécile Volanges peuvent servir de contre-exemples. D'ailleurs, Valmont pratique tout un éventail de contraintes : chantage[18], incitation à la boisson[19], corruption[20] – elles abondent jusque dans ses conquêtes érotiques, que ce soit Cécile[21] ou la présidente[22]. Mme de Merteuil n'est pas aveugle aux moyens physiques, relayés par l'ordre social, dont disposent et usent non seulement Valmont mais tous les hommes ; ses moyens, plus doux – ainsi pour sa femme de chambre[23] – seraient plus efficaces.

La pièce de Musset montre aussi une forme de continuité entre la séduction des femmes et la violence à leur égard, et l'exemple de Louise Strozzi est le plus clair : on peut le suivre tout au long de la pièce[24]. Certes, les républicains et les bannis disent refuser le règne par la force d'Alexandre, mais ils n'aboutissent à rien.

Les analyses d'Arendt conduisent aussi à dénoncer la violence que représentent les techniques modernes de manipulation : « La différence entre le mensonge traditionnel et le mensonge moderne revient le plus souvent à la différence entre cacher et détruire. »[25]

II Comment faire croire ?

Faire croire dépend d'un désir de croire de l'interlocuteur

Les questions que posent Mme de Tourvel à Mme de Volanges [26] ou qu'elle adresse à Valmont[27] sur sa réputation sont une indication de son désir de croire ses déclarations, mais témoignent aussi de ses doutes. Cécile Volanges aussi est heureuse des confidences de Mme de Merteuil[28], elle à qui sa mère n'explique rien[29].

[14] IV, 7 [15] V, 2 [16] IV, 8 [17] section IV [18] lettre 44 [19] lettre 47 [20] lettre 101 [21] lettre 97 [22] lettre 125 [23] lettre 81 [24] I, 1 ; I, 5 ; II, 7 ; III, 7 ; IV, 1 [25] « Vérité et politique », IV [26] lettres 8, 11, 22, 37, 45 [27] lettre 67 et suivantes [28] lettres 12, 14 [29] lettre 7

Les indices de la supercherie de Lorenzo ne manquent pas, non plus que les avertissements à Alexandre. Est-il un « butor »[30] ? Certes écouter l'obligerait à se dédire et confronter sa crédulité : « [C]'est justement [parce que c'est bien fort] que j'y crois. »[31] Mais tout le monde y croit, sauf Philippe[32] !

Dans ses deux articles, Arendt décrit un univers où il ne s'agit pas tant de vouloir croire que de ne pas attacher de valeur à la vérité des faits [33]. Dans « Du mensonge en politique » elle fait aussi observer que « [l]es hommes d'action [...] seront tentés de faire concorder la réalité envisagée par eux [...] avec leurs théories, écartant ainsi mentalement sa contingence déconcertante »[34].

Faire croire dépend d'une intelligence manipulatrice du locuteur

Que faire croire soit un acte réclamant de l'intelligence et du calcul est bien la conviction des protagonistes principaux de Laclos : voir par exemple la profession de foi de Mme de Merteuil[35]. Mais on peut penser à des agissements moins spectaculaires, comme Mme de Tourvel faisant suivre Valmont sans le dire à Mme de Volanges[36].

L'intelligence manipulatrice de Lorenzo[37], de Salviati [38], du cardinal Cibo[39] et de la marquise Cibo[40] ne fait aucun doute, non plus que certains échecs, pour Lorenzo[41], la marquise[42] et le cardinal[43].

Arendt reconnaît aussi des agissements à l'œuvre, dans « Vérité et politique », où mentir est nécessairement une « forme d'*action* » [44], comme dans « Du mensonge en politique », où pour les mêmes raisons les hommes d'action et les politiques mentent[45]. Mais son intérêt est plutôt pour les conditions systémiques et intellectuelles qui leur permettent d'être crus.

On peut faire croire en disant la vérité

La sincérité de Mme de Tourvel envers Valmont, comme celle entre Cécile et Danceny, n'empêche pas les personnages d'être pris dans des relations humaines qui impliquent d'agir les uns sur les autres et de provoquer des effets de croyance ou de doute : on peut penser aux échanges entre les jeunes gens[46], ou entre la présidente et Valmont[47]. Y a-t-il cependant utilisation de la vérité pour faire croire dans le but de duper ? La lettre 48 et ses implicites fournit un exemple. Enfin, on peut penser que

[30] II, 5 [31] I, 4 [32] II, 5 [33] « Vérité et politique », section III [34] section I [35] lettre 81 [36] lettres 15 et 22 [37] III, 3 ; IV, 11 [38] II, 7 [39] I, 3 ; V, 1 [40] III, 5 [41] IV, 7 [42] III, 6 [43] IV, 4 [44] section IV [45] section I [46] lettres 46 et 49 [47] lettres 67 et 68

les lettres de Valmont à la présidente de Tourvel décrivent authentiquement son désir, de même qu'il décrit réellement sa frustration à Mme de Merteuil lorsqu'elle se refuse alors qu'il lui a sacrifié la présidente.

Comme le dit Lorenzo au duc, « Si vous saviez comme cela est aisé de mentir impudemment au nez d'un butor ! »[48] Mais le cardinal Cibo manipule les Huit en leur disant la stricte vérité pour faire élire Côme de Médicis [49], Lorenzo est sincère avec Philippe[50], les Florentins[51], la marquise avec Alexandre[52] et son mari[53].

Les analyses d'Arendt dans « Vérité et politique » concernent les conditions qui permettent aux « diseurs de vérité » de se faire entendre, donc de faire croire. Dans les conditions modernes, la première règle est de n'avoir aucun intérêt à cette vérité, donc ne pas être dans le politique – « être aussi indépendante des vœux et des désirs des citoyens que la volonté du pire des tyrans »[54]. On voit dans « Du mensonge en politique » que l'expertise interne au gouvernement des services secrets pourtant bien renseignés n'a aucun poids face à d'autres experts, eux, en image et analyse électorale[55].

III Conséquences du faire croire

Faire croire détruit la confiance sociale

Les manigances de Valmont se fondent sur une observation minutieuse des rituels sociaux et de leurs codes, comme la façon dont il oblige Mme de Tourvel à recevoir sa première lettre, posée sur son lit et qu'elle doit par bienséance cacher[56]. Danceny ne procède pas autrement pour communiquer avec Cécile[57], et Mme de Merteuil s'exclame « [q]u'il est commode d'avoir affaire à vous autres gens à principes ! » [58] Mais aucun scandale ne change cette société, qui exclut le fautif, que ce soit Prévan[59] ou Mme de Merteuil [60], et reprend son chemin.

Lorenzo non plus n'a pas le moindre effet sur son milieu – peut-être un peu sur Alexandre, qui le mord au doigt en laissant une trace de bague bien symbolique, mais c'est au moment de son assassinat[61].

Seule Arendt estime que le mensonge systématisé, le « lavage de cerveau » a pour résultat « le plus sûr à long terme [...] le cynisme »[62] et que les sociétés occidentales ont besoin d'une sphère de recherche gratuite de la vérité qui ne soit justement pas politique[63], sphère représentée dans « Du mensonge en politique » par le « quatrième pouvoir » du journalisme[64] et dans « Vérité et politique » par un certain nombre d'institutions

[48] II, 4 [49] V, 1 [50] III, 3 [51] IV, 7 [52] III, 6 [53] IV, 4 [54] section III [55] fin de la section II [56] lettre 25 [57] lettre 16 [58] lettre 85 [59] lettres 86 et 87 [60] lettre 175 [61] IV, 11 [62] « Vérité et politique », IV [63] section V [64] section V

dont « le judiciaire » et « les institutions d'enseignement supérieur » ainsi que les « raconteurs d'histoire »[65].

Faire croire n'a aucune conséquence tant qu'il est invisible

Les Liaisons dangereuses finissent par la révélation des activités cachées des uns et des autres : on le voit une première fois quand Mme de Volanges découvre la liaison entamée entre Danceny et sa fille [66]. Sans la cascade de vexations mutuelles qui conduit à leur désaccord, la marquise et Valmont auraient pu continuer leur mystification. On imagine que Prévan va reprendre sa carrière[67]. Pour un Valmont mort, combien de Prévan ? La remarque concernant Mme de Merteuil – la vérole a mis « [son] âme sur sa figure »[68] – sonne faux, tant cette coïncidence tombe à pic.

C'est le contraire dans *Lorenzaccio*, où le héros ne peut que constater que le rôle qu'il a adopté pour s'approcher d'Alexandre l'a modifié pour toujours, pour lui-même[69] mais aussi pour les autres[70].

Pour Arendt, le mensonge « fait pour ainsi dire un trou dans le tissu des faits »[71] : il y a toujours incongruité, incohérence, par quoi se trahit le mensonge. Le problème est celui de l'intérêt à le débusquer, et de sa valeur. Les responsables de la guerre du Vietnam savaient ce qui se passait sur le terrain : cela ne les intéressait pas[72].

Faire croire fait croire surtout celui qui le pratique

Valmont est le cas emblématique : on peut se demander s'il n'est pas tombé amoureux de la présidente à force d'énergie pour la conquérir. C'est ce que dit Mme de Merteuil[73], mais c'est surtout pour l'humilier. En faisant croire qu'il ne peut aimer, il finit par croire en son personnage de virilité absolue sans dépendance féminine.

La marquise Cibo semble une bonne candidate pour cette thèse dans *Lorenzaccio*[74], quand elle se prend au jeu du cardinal et de ses propres convictions politiques. Il faut aussi réfléchir à ce qui pousse Lorenzo à continuer alors même qu'il dit ne plus croire que son geste aura une efficacité politique. N'y croit-il pas encore un peu ?

Chez Arendt, l'anecdote médiévale qu'elle répète dans ses deux essais, où une sentinelle qui, ayant réussi à lancer une fausse alerte, finit par suivre ceux à qui il a fait prendre peur[75], soutient l'idée que dans le monde moderne le menteur doit croire son mensonge pour être crédible.

---

[65] section V [66] lettre 61 [67] lettre 169 [68] lettre 175 [69] III, 3 ; V, 7 [70] II, 4 ; II, 5 ; IV, 7 ; V, 2 ; V, 8 [71] « Vérité et politique », IV [72] « Du mensonge en politique », fin de la section II [73] lettre 145 [74] III, 5 et 6 [75] « Vérité et politique », IV et « Du mensonge en politique », IV

Faire croire nous cache la structure matérielle du monde et empêche de le changer

L'univers des apparences de la société des *Liaisons dangereuses* est difficile à percer à jour et encore plus à changer. Quand Mme de Merteuil promet des livres à Cécile pour la déniaiser[76], c'est encore sous son contrôle. La malheureuse, n'ayant rien appris, ne peut rien apprendre, même pas qu'elle fait une fausse couche[77].

Le rôle que Lorenzo joue pour changer le monde lui dévoile « [l]a monstrueuse nudité » de l'humanité[78], dans laquelle il englobe républicains et bannis, alors que son idéalisme la lui cachait. Cela dit, il a voulu faire croire ne croire qu'à la force, donc connaître cette structure matérielle du monde.

Chez Arendt, le danger du mensonge est clairement de détourner des enjeux matériels de la survie d'une entité politique[79], avec pour cas d'étude l'inutile guerre du Vietnam[80].

IV Y croire ou pas

Le mensonge ressemble à la vérité

Le meilleur exemple de ce phénomène est celui de la lettre 48, dont on peut généraliser la leçon à toute la correspondance de Valmont à Mme de Tourvel. Pour tromper, plutôt que mentir, mieux vaut tenir des paroles dont on peut affirmer que c'était la vérité : « ce n'est pas qu'on ne se serve des mêmes mots, mais on ne les arrange pas de même, ou plutôt on les arrange, et cela suffit »[81].

Salviati, lorsqu'il ment à Alexandre en prétendant avoir poursuivi la jeune fille pour le compte du duc et non de lui-même[82], a bien l'air de dire vrai, puisqu'il est dans le contexte, comme Lorenzo dans son rôle[83].

Même si Arendt n'a pas besoin de constater ce qui pour elle est un truisme, elle affirme cependant la différence ontologique entre vérités de fait et mensonges, qui seuls peuvent se ressembler[84].

Faire croire est nécessaire quand faire savoir est impossible

Le monde des *Liaisons dangereuses* ne se pose pas de questions sur la connaissance. Il faut donc pour illustrer cette thèse s'en remettre aux relations sociales : on ne peut jamais vraiment savoir ce que l'autre pense. Tout le dispositif des lettres permet au lecteur d'entrer en connivence

[76] lettre 38 [77] lettre 140 [78] III, 3 [79] « Vérité et politique », V [80] « Du mensonge en politique », II [81] lettre 33 [82] II, 7 [83] I, 4 [84] « Vérité et politique », IV

avec les personnages. Ainsi, comme on ne peut prouver la vérité de ses sentiments, on ne peut qu'y faire croire[85].

De même, pour Musset il ne s'agit pas de partager ce qui serait une bonne pratique politique mais de montrer des êtres eux-mêmes perdus, mus autant par ce qu'ils savent que par ce qui les fait douter. Ainsi, Lorenzo ne sait plus vraiment ce en quoi il croit[86] mais préfère y croire pour donner sens à ce qu'il fait. Quand un personnage sait quelque chose, il n'arrive jamais à convaincre un autre et doit toujours avoir recours à des méthodes plus retorses : les Cibo vis-à-vis d'Alexandre et Lorenzo vis-à-vis des Strozzi.

Il y a chez Arendt une réflexion sur la manière dont le politique estime peu la vérité. Pour elle, le danger le plus grand serait que « [la vérité soit] toujours en danger d'être mise hors du monde, par des manœuvres, non seulement pour un temps, mais, virtuellement, pour toujours »[87]. Il n'est donc pas possible d'avoir recours au faire croire comme substitut au faire savoir.

Douter est la meilleure réaction face à toute communication

Le doute est salutaire : les personnages de Laclos connaissent tous une fin terrible, punis symboliquement pour ne pas avoir assez douté et avoir cédé aux avances de ceux qui les manipulent. Font exception les libertins : la marquise de Merteuil, qui évite le piège de Prévan[88], est condamnée pour son absence de morale. Valmont, qu'il agisse en fin de parcours par vengeance ou par scrupules, accepte les conséquences [89].

Alexandre ne doute jamais de son cousin malgré la cotte de mailles volée sous son nez, les remarques de ses courtisans et son renvoi de la cour papale ; il meurt honni. Philippe Strozzi en est la figure inversée : il doute de Lorenzo, qui vient du camp opposé avec une réputation désastreuse. Il faut la scène la plus longue de la pièce pour le convaincre de ses véritables intentions, et son idéal perdure.

La publication des documents confidentiels du Pentagone qui fait l'objet « Du mensonge en politique » montre que, à l'instar de personnes en haut lieu qui ont mis en cause la pratique mensongère du pouvoir par le gouvernement américain, le doute est salutaire : « Sans cette liberté mentale de reconnaître ou de nier l'existence [...] il n'y aurait aucune possibilité d'action. »[90]

---

[85] lettres 67 et 68 [86] IV, 9 [87] « Vérité et politique », I [88] lettres 74 et 85 [89] lettre 155
[90] I

V Faire croire et créer

L'art ne fonctionne que si on fait croire à l'œuvre

Le roman épistolaire se présente comme un recueil de lettres écrites par des correspondants réels. Pourtant, l'« avertissement de l'éditeur » prévient « le lecteur trop crédule » que ce n'est pas le cas. Ainsi le lecteur est pris entre deux feux : croire aux personnages ou croire qu'ils ne sont que personnages. La lecture du roman fonctionne comme une expérience où on recherche dans les personnages un fond de vérité sur la psychologie humaine.

La même expérience double est à l'œuvre au théâtre. En effet, on sait qu'un acteur joue un personnage et pourtant on croit à cette incarnation. C'est pourquoi Musset fait de Lorenzo un acteur, « un masque pareil à leurs visages »[91], comme un indice qu'il faut toujours faire croire à son personnage.

Puisque Hannah Arendt n'évoque pas la question artistique, en dehors de l'exemple de Karen Blixen[92], il faut fonctionner par analogie : comme en art, en politique on fait croire au récit échafaudé par le pouvoir, sans quoi ce dernier disparaît.

Faire croire, en art, c'est dévoiler la vérité

Laclos souhaite qu'on adhère à son roman « pour l'instruction »[93] : il y a donc un enjeu didactique dans ce texte si immoral. En effet, « les aventures rapportées dans cet ouvrage ont un fonds de vérité » [94] mais pour ce faire, il faut croire aux personnages et à leurs aventures, même si parfois le roman cède à l'invraisemblable, notamment dans le dénouement. Cela reste « rendre un service aux mœurs, que de dévoiler les moyens qu'emploient ceux qui en ont de mauvaises pour corrompre ceux qui en ont de bonnes »[95].

Il y a plusieurs scènes de reconnaissance dans *Lorenzaccio*, et toutes cherchent à savoir qui est vraiment « Renzo », « Lorenzo », « Lorenzetta » et finalement « Lorenzaccio »[96]. Ce masque finit par lui coller à la peau au point qu'il ne sait plus quelle est sa nature profonde. Le meurtre, accomplissement de ce pourquoi il joue un tel rôle, lui permet une forme d'adéquation entre son rôle et son être : le duc peut demander « C'est toi, Renzo ? » et Lorenzo de répondre « Seigneur, n'en doutez pas ». [97]

Chez Arendt, ce paradoxe ne fonctionne pas. Celui qui trompe finit toujours par se tromper lui-même, ce qui renvoie aux hommes politiques mais aussi aux artistes.

---

[91] IV, 5 [92] « Vérité et politique », V [93] page de titre [94] « Avertissement de l'éditeur »
[95] « Préface du rédacteur » [96] I, 4 [97] IV, 10

Faire croire n'est pas de l'art, c'est de la technique

Pas nécessairement pour les libertins sublimes de Laclos qui élèvent leur pouvoir de séduction[98] au rang d'art par la performance et l'ingéniosité qu'elle nécessite, les succès qu'elle leur procure : « vous attendez chaque jour mes compliments et mes éloges » dit Valmont à la marquise[99].

Lorenzo explique longuement à Philippe Strozzi ce qu'il a dû faire pour se créer un rôle de débauché[100]. La pièce détaille toutes les étapes du stratagème autour de la cotte de mailles[101], pour montrer les méthodes et techniques du faire croire. La figure du peintre Tebaldeo, qui a toujours une réponse aux sarcasmes de Lorenzo[102], dessine une figure opposée à la sienne, mais Lorenzo se sert de lui pour faire poser le duc qui retire donc sa cotte. Ainsi, le faire croire et l'art, d'abord opposés, finissent par faire bon ménage.

L'absence de référence à l'art est significative chez Arendt : elle ne considère pas l'art comme un domaine à part entière digne d'être évoqué. Pour elle, le faire croire relève fondamentalement du politique, alors que la vérité est le domaine du philosophe : « car l'opinion, et non la vérité, est une des bases indispensables de tout pouvoir »[103]. C'est pourquoi dans « Du mensonge en politique », elle détaille les techniques du faire croire, et le mécanisme psychique à l'œuvre aussi bien chez ceux qui croient que ceux qui font croire.

---

[98] lettres 21, 25, 33, 34 [99] lettre 96 [100] III, 3 [101] II, 6 [102] II, 2 [103] « Vérité et politique », II

Notions abordées : force, persuasion, idéologie, gouvernement, politique

Sujet 1
« Sur quoi l'on doit ajouter que les peuples sont naturellement inconstants, et que, s'il est aisé de leur persuader quelque chose, il est difficile de les affermir dans cette persuasion : il faut donc que les choses soient disposées de manière que, lorsqu'ils ne croient plus, on puisse les faire croire par force. » (Machiavel, *Le Prince*, 1513) Dans quelle mesure ces propos éclairent-ils les œuvres au programme ?

Corrigé proposé par Catherine-Clarisse Fournier-Bidoz

I Analyse du sujet

1 Analyse des termes du sujet

La citation repose sur un constat initial : l'instabilité des opinions populaires, les peuples étant décrits comme faciles à endoctriner et prompts à se dédire par nature. « Faire croire par la force », c'est-à-dire en usant de la contrainte et du contrôle, est donc le remède permettant de garantir la stabilité politique que la persuasion ne saurait assurer seule, selon cette anthropologie pessimiste.

Repérez bien la force logique qui verrouille le syllogisme : les peuples sont inconstants, les peuples sont influençables, il est donc nécessaire pour maintenir l'ordre politique d'utiliser la force.

Ce syllogisme au présent de vérité générale où « faire croire » ricoche en obligation civique de croire invite à réfléchir sur la continuité que Machiavel institue entre la rhétorique de la persuasion et le contrôle étatique des consciences. Ce contrôle se caractérise par son impersonnalité (« on », « il est », et l'admirablement serein « il faut donc que les choses soient disposées de manière que ») et le temps long, le temps immobile qu'il vise, par opposition à la mobilité et à l'inconstance des peuples.

2 Confrontation aux œuvres

Dans ses articles « Vérité et politique » et « Du mensonge en politique », **Hannah Arendt** analyse en profondeur les rapports du politique au mensonge, faisant apparaître leur nature commune là où la tradition condamnait une faute morale irrecevable, et donc indigne d'être expertisée. La distorsion que le pouvoir politique impose aux faits, plus qu'un moyen d'action, est donc la règle de son jeu, car ce jeu s'exerce dans la sphère des vérités factuelles. Par suite, l'action de faire croire génère un horizon de croyance dans laquelle sont aussi pris ceux qui en sont les instigateurs au point d'en devenir parfois aussi les dupes. L'espace démocratique est celui qui garantit le droit de regard, où aucune force ne parvient à rendre invisibles ses agissements.

Lorenzaccio articule aussi une réflexion sur la dialectique du faire croire et du croire. La croyance initiale du héros en un idéal politique se mue en la tentative de faire croire qu'il est un dévoué serviteur du duc. La violence de ce faire croire, comme de se faire croire, cependant corrode le croire initial, dont la positivité se dérobe à tout jamais. C'est le rapport rompu ou corrompu de l'idéal politique à la force qui ruine sur scène les figurations politiques héroïques (Lorenzo, les Strozzi) aussi bien que celle du tyran (Alexandre).

Les Liaisons dangereuses témoignent de la puissance du faire croire à régir la sphère de la séduction, où tous les coups sont permis aux yeux des libertins sans scrupules que sont Valmont et Merteuil, de préférence ceux qui font mentir la morale ordinaire de leurs victimes. L'excitation que leur procure la violence psychologique qui régit leur rapport avec elles et entre eux est l'enjeu principal de ces liaisons mortifères.

3 Problématisation

Deux thèses apparaissent en filigrane du sujet : celle d'une similitude de visée et d'action entre force et persuasion, celle de leur antinomie. Comment comprendre que l'emploi de la force puisse s'apparenter à une consolidation de la persuasion, alors même que l'usage de la force semble compromettre tout assentiment durable ?

II Plan détaillé

I Forcer l'assentiment est la vocation naturelle de la persuasion
1. Pérenniser un pouvoir : faire croire à ses bonnes intentions
2. Pour cela, le maître du jeu use d'un art d'agréer
3. C'est toujours un art de faire agréer, de gré ou de force

La persuasion inclut un art de la manipulation, mais l'usage explicite de la force rompt avec tout consentement, eût-il été obtenu par le pire mensonge.

II L'usage de la violence remplace le faire croire par un faire craindre
1. La violence morale ou physique signe la faillite de toute persuasion
2. La force ne produit qu'un simulacre de l'adhésion : l'aliénation
3. La force crée la résistance là où la persuasion la lève

Si la force parvient à faire faire, dans une logique d'aliénation, elle échoue toujours à instaurer un régime de croyance authentique.

III La force ne persuade qu'elle-même
1. La force méconnaît l'imprévisibilité des événements
2. La force révèle un système idéologique en déni de réalité
3. La force ne fait croire au triomphe que celui qui l'emploie

III Dissertation rédigée

POUR l'historien et sociologue contemporain Pierre Rosanvallon, le recours à l'article 49 alinéa 3 de la Constitution pour faire adopter un projet de loi est un passage en force qui signe l'échec de l'appel au consensus, le mépris de la contestation nationale et suscite de sérieux doutes sur la légitimité du gouvernement qui y recourt. Accroche

Le premier politologue de l'histoire moderne, Machiavel, aurait plutôt salué en l'occurrence la manière la plus efficace de gouverner un peuple qui refuse sa confiance : « Sur quoi l'on doit ajouter que les peuples sont naturellement inconstants, et que, s'il est aisé de leur persuader quelque chose, il est difficile de les affermir dans cette persuasion : il faut donc que les choses soient disposées de manière que, lorsqu'ils ne croient plus, on puisse les faire croire par force », écrit-il dans *Le Prince* en 1513. Si passer en force est l'*ultima ratio* de tout gouvernement soucieux d'affirmer son pouvoir, le premier mouvement de ce dernier tend à la recherche d'un assentiment, serait-ce au prix de sophismes relevant de la démagogie ou de la propagande. Tout consentement individuel ou collectif s'adosserait donc, selon Machiavel, à un faire croire docile ou extorqué selon une gradation qui ferait passer insensiblement de la persuasion à l'usage de la force pour l'ordonnancement des affaires humaines. Citation et analyse

Comment comprendre que la force puisse être la continuation de la persuasion par d'autres moyens, alors même que l'usage de la force semble briser durablement tout assentiment ? Pbmatique

Nous explorerons d'abord les présupposés de la persuasion et sa vocation à faire croire, à forcer l'assentiment. Dans un deuxième temps, nous examinerons la ligne de fracture qui sépare faire craindre et faire croire. Pour finir, nous interrogerons le caractère durable du « faire croire par la force », qui en menaçant ou en dissolvant l'intersubjectivité annule sur le long terme toute crédulité chez celui qui subit, toute crédibilité pour celui qui l'impose, enfermant ce dernier dans un déni de réalité. Plan

L'ART de persuader n'a jamais fait mystère de sa vocation à générer l'assentiment en forçant adroitement les réticences de l'interlocuteur.

En effet, tout pouvoir se pérennise quand il réussit à faire croire à ses bonnes intentions grâce à la rhétorique, par laquelle le démagogue persuade la multitude selon Platon. « L'opinion et non la vérité est une des bases indispensables de tout pouvoir », écrit Hannah Arendt, reprenant l'analyse platonicienne dans « Vérité et politique »[1]. Les vérités factuelles sujettes à interprétation ou falsification font les délices des bourgeois de *Lorenzaccio*, se moquant des badauds toujours « plus heureux d'apprendre et de répéter »[2]. Lorenzo est passé maître dans l'art de paraître « fieffé poltron[,] une femmelette[,] l'ombre d'un ruffian énervé[,] un rêveur qui marche nuit et jour sans épée, de peur d'en apercevoir l'ombre à son côté ! »[3] : la maîtrise des apparences favorables à son entreprise est l'enjeu de toute persuasion.

Pour persuader, le maître du jeu politique, social ou littéraire pratique un art d'agréer fondé sur les conventions et l'emphase, en particulier l'amplification des mérites de sa dupe, comme Mme de Merteuil dans *Les Liaisons dangereuses* : d'emblée, elle propose à Valmont une aventure « digne d'un héros » qui méritera d'être imprimée dans les « Mémoires » d'un libertin d'exception[4]. Sur la scène théâtrale, la double énonciation dévoile avec une ironie fracassante, et pour le plus grand plaisir du spectateur, la supériorité éhontée de celui qui manipule aussi bien les explicites que les implicites du discours : « [S]i vous saviez comme cela est aisé de mentir impudemment au nez d'un butor ! », déclare Lorenzo au duc, qui félicite de sa rouerie celui qui le trompe[5]. En comparaison, les propos de la marquise Cibo, qui engage le duc à réfléchir rationnellement à la réalité de sa situation, paraissent aussi naïfs et ridicules à celui-ci qu'au spectateur : « [T]u n'es pas méchant ; non, sur Dieu, tu ne l'es pas, tu ne peux pas l'être. Voyons ! fais-toi violence – réfléchis un instant [...] N'y a-t-il rien dans tout cela ? »[6] Rien n'y relève de cet art d'agréer indispensable pour disposer l'interlocuteur à entrer dans une croyance.

Pour Arendt, dans « Vérité et politique », il n'y a en effet que niaiserie dans cette approche du politique (ou des rapports humains) comme miroir d'une moralité ou d'un ordre divin. Car l'art d'agréer dans les sphères du pouvoir doit toujours se comprendre comme un art de faire agréer, un art de l'action oratoire au risque de manipuler les esprits à leur insu, mais aussi de susciter une prolifération bienvenue de discours contraires. L'entrecroisement des récits divergents dans l'espace public est le terreau de toute vie politique. Dans *Les Liaisons dangereuses*, le concert des voix épistolaires discordantes est à même de promouvoir un horizon de vérité du même ordre, mais seulement pour le lecteur. Ainsi, quand Valmont utilise les armes les plus sophistiquées de la persuasion pour se faire agréer de la présidente de Tourvel, allant jusqu'à créer l'illusion d'un geste spectaculaire de charité, le double récit qui en est fait, par lui-même à la marquise de Merteuil[7] et par Mme de Tourvel à Mme de

[1] section II [2] acte I, scène 5 [3] acte I, scène 4 [4] lettre 2 [5] acte II, scène 4 [6] acte III, scène 6 [7] lettre 21

Volanges[8], matérialise la coexistence des sordides calculs de l'un et de l'envie de croire de l'autre. « [J]e ne puis penser que celui qui fait du bien soit l'ennemi de la vertu », écrit Mme de Tourvel, confirmant pour le lecteur cette volonté de croire à la « rare candeur » qu'elle pensait déjà déceler chez le vicomte[9], malgré les démentis de Mme de Volanges. Selon qui en fait le récit, l'art que déploie Valmont pour se rapprocher de Tourvel est outrageuse imposture ou accouchement chez la prude d'un désir d'idéal amoureux qui n'attendait que son heure pour se manifester.

La persuasion inclut un art de la manipulation, mais l'usage explicite de la force rompt avec tout consentement, eût-il été obtenu par le pire mensonge.

« FAIRE croire par la force » est à la persuasion ce que la terreur est à la rhétorique : un mode qui nie l'usage de la parole et toute forme, même ténue, d'adhésion volontaire.

Le recours à la violence physique ou morale signe la faillite de toute rhétorique et de tout discours. L'état de sidération de Mme de Tourvel après sa possession par Valmont en est un redoutable exemple : « Figurez-vous une femme assise, d'une raideur immobile et d'une figure invariable ; n'ayant l'air ni de penser, ni d'écouter, ni d'entendre [...] à cette apparente apathie succédaient aussitôt la terreur, la suffocation, les convulsions, les sanglots et quelques cris par intervalles, mais sans un mot articulé. »[10] À contresens du récit de la passion victorieuse qu'en fait Valmont, le texte laisse interpréter l'événement comme un viol, privant Mme de Tourvel de tout langage capable de donner un sens à ce qui a eu lieu. De même, le meurtre anonyme de Louise Strozzi à la scène 7 de l'acte III ruine définitivement toute parole politique dans le cœur de son père : ce meurtre « gratuit » a une importance dramaturgique égale au meurtre du duc qui irrigue toute l'intrigue, car il met hors de course le vieux Strozzi, seul capable de rassembler le camp républicain après la disparition du tyran : « Je m'en vais [...] laissez-moi m'en aller [...] Je m'en vais ». C'est ce meurtre qui, indirectement, accomplit la prophétie lancée par Lorenzo : « [S]i les républicains se comportent comme ils le doivent, il leur sera facile d'établir une république, la plus belle qui ait jamais fleuri sur la terre. [...] Je te gage que ni eux ni le peuple ne feront rien. »[11] En aucun cas la violence ne saurait donc pérenniser une vérité politique ou personnelle.

En effet, la force ne peut pas faire croire, mais seulement produire un simulacre de l'adhésion, qui est l'aliénation. « La persuasion et la violence peuvent détruire la vérité mais ils [sic] ne peuvent la remplacer », écrit Hannah Arendt[12]. C'est là le nœud de *Lorenzaccio* : la violence que

---

[8] lettre 22 [9] lettre 9 [10] lettre 125 [11] acte III, scène 3 [12] « Vérité et politique », section V

Lorenzo s'est lui-même infligée a détruit en lui l'idéal politique qui était la vérité de sa jeunesse, et rien ne peut le remplacer. On peut légitimement invoquer aussi chez Mme de Tourvel une perte définitive d'identité après sa possession par Valmont, et une forme de soumission, consécration ou aliénation à celui qui l'a abusée, entre l'amour mystique et le syndrome de Stockholm : « je ne puis plus supporter mon existence qu'autant qu'elle servira à vous rendre heureux. Je m'y consacre tout entière »[13]. La question pour elle de savoir si elle a été abusée par amour ou non ne se pose plus, il s'agit d'obtenir que l'abuseur croie au sien : « s'il est forcé de reconnaître que je l'aimais, je serai suffisamment justifiée »[14]. En tant que sujet, Mme de Tourvel s'est mise entre parenthèses de sorte à se faire l'objet d'une jouissance sans entrave pour le vicomte.

Forcer la réalité court-circuite toute possibilité d'entente commune et suscite à terme la révolte de l'opinion, comme le montre Arendt dans « Du mensonge à la violence ». La violence, toujours légitime aux yeux de celui qui en use, loin de frayer le passage aux ambitions rationnelles qui ont pu en préconiser l'emploi, les invalide. Penser la raison d'État comme seule détentrice de la vérité politique, c'est-à-dire la force comme unique source du droit, telles sont les contre-vérités dont l'administration Johnson s'abreuve en voulant en abreuver l'opinion américaine pendant la guerre du Vietnam, comme le révèle l'étude des documents du Pentagone « "Persuader le monde" ; prouver que "les États-Unis étaient" [...] prêt[s] à "frapper durement l'ennemi" [à] "aider une nation à affronter une guerre communiste de libération" [...] "la plus grande puissance du monde" »[15]. Il s'agit d'orchestrer en gigantesque campagne de promotion intérieure un désastre de politique extérieure associé à la mort de milliers de jeunes gens, au massacre à l'arme chimique et au napalm. Cette imposture de la nation moderne emblématique de la liberté démocratique trouve un écho aussi effrayant que caricatural dans les propos de l'orfèvre florentin de *Lorenzaccio* dénonçant la violence militaire d'Alexandre de Médicis, qui a rompu toute attache avec le peuple qu'il gouverne : « Les familles florentines ont beau crier, le peuple et les marchands ont beau dire, les Médicis gouvernent au moyen de leur garnison ; ils nous dévorent comme une excroissance vénéneuse dévore un malade »[16].

Si la force parvient à faire faire, dans une logique d'aliénation, elle échoue toujours à instaurer un régime de croyance authentique.

SI ELLE peut imposer ses diktats sur le court terme, la force n'est jamais susceptible de les affermir sur le long terme, car elle ne persuade qu'elle-même.

[13] lettre 125 [14] lettre 128 [15] section II [16] acte I, scène 2

En effet, la force, par nature, méconnaît l'imprévisibilité des événements et l'irréversibilité des conséquences de l'agir, comme le montre l'analyse de Hannah Arendt dans « Vérité et politique ». Elle les méconnaît, car elle prétend se rendre maîtresse de l'avenir en paralysant le présent. Or la relation, politique ou non, se joue toujours au présent, et par essence elle enveloppe une imprévisibilité qui est autant celle des faits que celle des vérités factuelles qu'établissent les hommes. C'est dans cette imprévisibilité que s'enracine la fameuse inconstance déplorée par Machiavel. La pièce de Musset fait la démonstration par l'absurde d'une violence a priori légitime, puisqu'elle entend mettre fin à une violence illégitime, mais incapable de donner naissance à rien de stable ni de nouveau : l'assassinat longuement ourdi du tyran demeure un acte sans postérité politique et de ce fait se mue en un acte apolitique, car il n'a pas d'accroche avec le présent et les vivants de Florence. Ce meurtre d'un « diseur de vérité » est inutile, parce qu'il vient au monde comme l'acte désenchanté d'un homme isolé, dénué de crédibilité politique[17], ce que souligne le protagoniste lui-même : « [M]on orgueil restait solitaire au milieu de tous mes rêves philanthropiques. [...] [I]l faut que le monde sache un peu qui je suis et qui il est. [...] [J]e jette la nature humaine à pile ou face sur la tombe d'Alexandre. »[18]

La force est toujours le symptôme d'un système idéologique en lutte avec la réalité et dont les jours, par suite, sont comptés. Si Lorenzo est incapable de faire croire à un avènement démocratique au camp républicain, il n'est pas le seul : « [R]ien d'arrêté ? pas de plan, pas de mesures prises ? Ô enfants, enfants ! », se désespère le vieux républicain Strozzi[19] devant l'incurie de ses fils, qu'il partage par ailleurs. Ce ne sont guère les bras qui manquent à Philippe Strozzi, pas plus qu'à ses fils ou à Lorenzo, c'est la capacité de composer concrètement avec la pluralité des intérêts dispersés dont témoigne le chœur des artisans de Florence durant toute la pièce. Cette capacité concrète à entrer dans les intérêts de chacun et à faire entrer chacun dans les intérêts de l'autre est justement celle que déploie la rhétorique de la persuasion dans son œuvre de langage, qui suppose le respect des conditions d'une intersubjectivité, même minimale. Cet espace d'intersubjectivité heureuse fait cruellement défaut aussi aux libertins, qui se refusent à penser ce qu'ils disent, dans *Les Liaisons dangereuses*. Les dupes sont finalement plus vivantes de leur vie propre que les roués, qui ne sont que les rouages d'un système de pouvoir qu'ils ont contribué à construire et qui les a broyés.

Finalement, l'usage de la force berne surtout celui qui l'emploie, le ravalant à une barbarie qui lui interdit d'accéder à sa propre vérité et le prive d'avenir. Dans sa profession de foi de la célèbre lettre 81,

[17] acte IV, scène 7 [18] acte III, scène 3 [19] acte III, scène 2

où se déploient tous les outils de la persuasion au service de l'affirmation d'une puissance absolue sur soi et le monde, Mme de Merteuil s'illusionne sur ce que peut la guerre à mort d'une femme contre les hommes et le genre humain. La défiguration finale de la marquise, borgne, hideuse et condamnée à la fuite, est la rançon de sa subjectivité absolue, du délire de toute-puissance qu'instaure le mensonge devenu système. Privé de partage véritable et de limites, le personnage de fiction paie plus cher dans la fable romanesque ou théâtrale son déni de réalité que l'élite du Pentagone, que Hannah Arendt décrit dans « Du mensonge en politique » comme enfermée dans une rhétorique perverse de l'autocélébration : le plus mal informé de la réalité finit par y être celui qui occupe le plus haut poste de l'État... Un peu à la manière d'Alexandre de Médicis dans la pièce de Musset disant à la marquise : « Tu te figures que les Florentins ne m'aiment pas ; je suis sûr qu'ils m'aiment, moi. Eh ! parbleu ! quand tu aurais raison, de qui veux-tu que j'aie peur ? »[20]

Réponse

LA FORCE ne peut donc pas être la continuation de la persuasion par d'autres moyens, malgré qu'en aient Machiavel et les temps troublés qu'il a traversés sa vie durant. Si la persuasion, par sa vocation naturelle à faire croire, paraît souvent forcer l'assentiment, un gouffre sépare le faire craindre du faire croire. L'emploi de la force nie toute rhétorique de la persuasion, car elle n'accède pas au sens propre, au langage. La volonté de faire croire par la force dissout les conditions de l'intersubjectivité nécessaire à toute véritable communication. Elle isole le forcené qui y recourt dans une temporalité immobile où l'autre, l'événement et le flux historique sont niés. Finalement, la force ne persuade qu'elle-même.

Ouverture

N'est-ce pas là la terrible faiblesse de toute idéologie, celle qui n'épargne pas même les systèmes d'idées aux apparences les moins autoritaires, comme cette « fin de l'Histoire » prophétisée par Francis Fukuyama en 1992 au terme, selon lui, de la victoire planétaire et définitive de la démocratie libérale ?

IV Éviter le hors-sujet

Attention à ne pas confondre le problème articulé par ce sujet avec celui que pose l'adage : « Gouverner, c'est faire croire », traditionnellement attribué à Machiavel. Si les deux sujets peuvent se recouper étroitement, « Gouverner, c'est faire croire » exige une réflexion qui interroge la notion de consentement et de consensus plus que celle de contrainte par la force, qui n'en est qu'un des aspects et ne peut donc faire l'objet de plus d'une partie du devoir.

[20] acte III, scène 6

Notions abordées : vérité, plaisir, désir, doute, science, morale, possibilité

Sujet 2
« Je ne jurerais pourtant pas que cela fût vrai, mais je le tiens pour vrai, parce qu'il me fait plaisir à croire ». (Fontenelle, *Entretiens sur la pluralité des mondes*, 1686)
Vous examinerez la pertinence de ce propos en le confrontant aux trois œuvres au programme.

Corrigé proposé par Alexis Tytelman

I Analyse du sujet

Ce sujet est une citation qui peut impressionner : en effet, on n'en connaît pas le contexte immédiat ; sa brièveté et son ton lapidaire peuvent dérouter. Pourtant, plus la citation est courte et notre ignorance des intentions de l'auteur est grande, plus la pluralité interprétative s'impose.

1 Analyse des termes du sujet

Cette déclaration de Fontenelle, extraite des *Entretiens sur la pluralité des mondes* (petit essai de vulgarisation scientifique présenté comme un dialogue libertin) commence par une proposition en apparence paradoxale – tenir pour vrai ce qu'on refuserait de jurer – et se poursuit par une explication. Le locuteur affirme que même si l'on doute de quelque chose, on peut tout de même le tenir pour vrai, car cette croyance lui procure du plaisir. Immédiatement surgit un problème : comment peut-on tenir pour vrai ce dont on refuserait d'affirmer avec certitude la vérité ? Que je veuille y croire suffit-il à induire en moi cette croyance ? Pour surmonter ce paradoxe, il est important de montrer que d'autres interprétations sont possibles. Par exemple, « tenir pour vrai » peut implicitement signifier « vouloir croire ». Ou encore, renvoyer à un refus pragmatique d'assumer une opinion susceptible de valoir des ennuis à celui qui la défend.

Le sujet nous invite à interroger le lien entre croyance et plaisir et, implicitement, entre le fait de croire et le désir de croire. Enfin, entre doute et certitude. Les concepts principaux pour problématiser ce sujet sont des formes verbales. Le verbe « jurer » signifie engager sa parole. Dans le vocabulaire juridique, il correspond à l'acte de mettre sa responsabilité en jeu. Le locuteur affirme qu'il ne jurerait pas, qu'il ne s'engagerait pas à affirmer sa certitude à ce sujet. En somme, qu'il doute de la vérité de cette proposition. « Tenir pour vrai », pourtant, renvoie au croire – considérer une proposition comme vraie. Enfin, le plaisir se définit comme une sensation agréable que l'on a tendance à rechercher. La formule « il me fait plaisir à croire » pourrait être reformulée, dans un vocabulaire contemporain, en « cela me fait plaisir d'y croire ».

2 Confrontation aux œuvres

Lorenzaccio met en scène des personnages dont certains, et en particulier Lorenzo, se mentent à eux-mêmes. Ce dernier, dans plusieurs passages, semble essayer de se convaincre de l'impossibilité de sortir de l'immoralité dans laquelle il s'est volontairement plongé pour accomplir une tâche qu'il considère nécessaire. De même, il semble chercher à se persuader que les humains sont vils pour se dédouaner de ses propres vices. Il est donc aisé d'illustrer le paradoxe soulevé par la citation de Fontenelle en évoquant ses tourments intérieurs.

Dans ***Les Liaisons dangereuses***, la duperie et l'ambiguïté du discours sont omniprésentes. Les personnages, à plusieurs reprises, paraissent se fourvoyer sur la nature de leurs sentiments et de leurs désirs, sur leur capacité à surmonter leur condition ou l'attachement que leur portent leurs amis et amants. Personne n'incarne mieux ce paradoxe que la présidente de Tourvel, qui doute des beaux discours de Valmont, et prend plus de plaisir à les croire qu'à les réfuter, même si cela finit par lui coûter la vie. Le registre religieux permet quant à lui de questionner la nature de la foi comme élan optimiste face au doute et au désespoir.

Enfin, les articles de **Hannah Arendt** insistent sur le fait que la vérité doit s'imposer à l'esprit dès lors qu'elle est aperçue. Par conséquent, le doute apparaît comme un obstacle très fort à la croyance. Mais ils illustrent également la différence entre l'attitude scientifique, où ce qui est douteux semble a priori devoir être rejeté, et l'attitude politique qui, en pratique, doit se doter de principes d'actions forts et d'une capacité à dissimuler ses convictions.

3 Problématisation

Peut-on, parce que cela nous fait plaisir ou parce que nous le désirons, choisir nos croyances ? La présence du doute ou de la certitude – qui sont des sentiments – ne devrait-elle pas, en théorie, nous priver de cette liberté ? Ne s'agit-il pas plutôt, dans cette déclaration, de l'expression d'un simple désir de croire ou d'une forme de prudence ?

II Plan détaillé

I Le doute peut engendrer une souffrance dont nous cherchons à nous débarrasser en considérant des propositions réconfortantes ou plaisantes
1. Le doute est un désagrément dont nous cherchons à nous débarrasser
2. Il nous arrive d'essayer de nous convaincre de quelque chose parce que cela nous réconforte
3. Ou d'essayer de nous persuader de la vérité d'une idée séduisante

D'un côté, il nous arrive régulièrement de tenter de nous convaincre de quelque chose, car cela conforte nos désirs ou nous procure un plaisir intellectuel. Les raisons de croire ne sont pas, à première vue, exclusivement théoriques. Mais de l'autre, peut-on vraiment considérer qu'un individu puisse, au sens fort, croire ce qu'il sait faux ou douteux ?

II Mais au sens strict, nous ne pouvons pas croire ce dont nous doutons
1. Croire vrai ce qu'on sait faux ou douteux est un non-sens
2. En matière scientifique, il faut rejeter ce qui est douteux
3. En matière pratique, le doute peut paralyser l'action

S'il ne faut pas confondre la volonté de croire et la croyance en tant que telle, cela signifie-t-il que, d'un point de vue pratique, il soit nécessaire de ne soutenir que ce dont nous sommes certains ?

III Il est parfois utile et fécond de simuler la croyance
1. Les scientifiques partent souvent d'hypothèses et de postulats incertains
2. En morale, il est salutaire d'afficher une forme d'optimisme de principe
3. Parfois, il est préférable de ne pas afficher ses croyances publiquement

III Dissertation rédigée

DANS ses *Méditations métaphysiques*, René Descartes affirme vouloir faire table rase de toutes les opinions douteuses qu'il a reçues durant son éducation afin de reconstruire les sciences de la nature sur une base indubitable. Accroche

D'un côté, une idée sur laquelle nous ne serions pas prêts à engager notre responsabilité dans une discussion rationnelle semble, en ce sens, correspondre à une idée dont nous suspectons qu'elle pourrait se révéler fausse. En ce sens, ce n'est pas parce que je pense qu'il y a de fortes Citation et analyse chances pour qu'une théorie scientifique soit vraie que je soutiens sa vérité sans réserve. Dès lors, tenir pour vrai – c'est-à-dire croire et défendre cette croyance – semble distinct du simple fait de vouloir croire ou d'espérer. Mais de l'autre, la citation de Fontenelle semble suggérer qu'un agent puisse décider de tenir pour vraie une idée en dépit de son absence de certitude. Interprétée au sens littéral, elle nous invite à considérer la possibilité de décider de croire en ce dont nous doutons parce que, écrit-il, cela nous ferait plaisir. Certes, je peux essayer de me convaincre que la paix internationale adviendra un jour en dépit de mes interrogations sur la capacité des humains à cesser de s'entretuer. De même, la foi religieuse peut être considérée comme une croyance réconfortante que l'on adopte pour surmonter une forme de désespoir face à l'absurdité apparente de la vie. Ainsi, une compatibilité entre croyance et doute serait envisageable.

Pbmatique Peut-on, parce que cela nous fait plaisir ou parce que nous le désirons, choisir nos croyances ? La présence du doute ne devrait-elle pas, en théorie, nous priver de cette liberté ? En d'autres termes, dire que l'on tient pour vrai quelque chose parce que cela procure un plaisir, n'est-ce pas exprimer un désir de croire ou, dans une perspective pratique, une tentative prudente de dissimuler ses convictions ?

Plan Si le doute peut engendrer une souffrance dont nous cherchons à nous débarrasser en considérant des propositions réconfortantes ou séduisantes, il est contradictoire que doute et conviction se rapportent à la même proposition pour un agent. Cela ne signifie pas pour autant que simuler la croyance ne soit jamais utile ou fécond.

CERTES, le doute est un désagrément dont nous cherchons à nous débarrasser.

Douter, c'est ou bien ne pas connaître la réponse à une question, ou bien être incapable de choisir entre des réponses incompatibles. De là naît une perplexité plus ou moins désagréable que Danceny, dans la lettre 80 des *Liaisons dangereuses*, associe explicitement au malheur : « tout est privation, tout est regret, tout est désespoir [...]. Je pense à vous sans cesse, et n'y pense jamais sans trouble », s'exclame-t-il en évoquant ses doutes à propos des sentiments de Cécile Volanges. Les libertins, dans le roman, prennent un malin plaisir à alimenter cette détresse pour manipuler les ingénus. De même, dans *Lorenzaccio*, la marquise Cibo se mortifie d'avoir plongé son mari dans la perplexité : « Ô mon Laurent ! J'ai perdu le trésor de ton honneur, j'ai voué au ridicule et au doute les dernières années de ta noble vie »[1].

Pour sortir d'un tel doute, les humains recherchent la douceur d'idées réconfortantes : « la réalité ne dérange pas moins la tranquillité du raisonnement de bon sens qu'elle ne dérange l'intérêt et le plaisir », écrit en

---

[1] acte III, scène 4

ce sens Hannah Arendt dans la quatrième section de l'article « Vérité et politique ». Les faits, remarque-t-elle, se dressent en permanence contre nos désirs et intérêts. Par exemple, le désir de devenir un grand poète peut se heurter à un manque de talent littéraire. Il sera alors salvateur de tenter de se convaincre que l'échec rencontré provient d'un autre facteur – comme un contexte défavorable. De même, dans la lettre 60, Danceny écrit que « le seul soulagement » dont il dispose dans son malheur est la considération de l'amitié du vicomte de Valmont. Considération, c'est-à-dire examen d'une proposition, et non croyance.

Enfin, il nous arrive d'essayer de nous persuader de la vérité d'une idée perçue comme séduisante. En effet, séduisante est la perspective du salut de Lorenzo évoquée par Philippe lors de leur discussion : « si tu es honnête, quand tu auras délivré ta patrie, tu le redeviendras », lui lance-t-il sur un ton optimiste avant de lui promettre, sur un ton prophétique, qu'il « redeviendra aussi pur que les statues de bronze d'Harmodius et d'Aristogiton »[2]. Y croit-il vraiment ? Rien n'est moins sûr. En outre, cette tendance humaine à l'autopersuasion et au déni de réalité s'applique également aux gouvernants. Les politiciens professionnels, affirme Arendt dans « Du mensonge en politique », « croient en la toute-puissance de la manipulation sur l'esprit des hommes et pensent qu'elle peut permettre de dominer réellement le monde ». Mais y souscrivent-ils vraiment, ou ne s'agit-il que d'une posture ?

D'un côté, il nous arrive régulièrement de tenter de nous convaincre de quelque chose, car cela conforte nos désirs ou nous procure un plaisir intellectuel. Les raisons de croire ne sont pas, à première vue, exclusivement théoriques. Mais de l'autre, peut-on vraiment considérer qu'un individu puisse, au sens fort, croire ce qu'il sait faux ou douteux ?

IL NE semble pas possible pour l'homme de croire tout et n'importe quoi.

Premièrement, croire vrai ce qu'on sait faux ou douteux est un non-sens. Vouloir croire n'est pas croire. Confondre les deux, c'est prendre ses désirs pour des réalités. Et s'il nous arrive de commettre des erreurs, c'est-à-dire de prendre le faux pour le vrai ou inversement, croire qu'une proposition est vraie revient par définition à l'adopter. Comme l'écrit Arendt : « la vérité porte en elle-même un élément de coercition »[3]. Elle s'impose à notre esprit. Mais alors, comment interpréter la déclaration de Fontenelle ? Nous pourrions d'abord y voir l'expression d'une croyance portant sur le possible. Une seconde interprétation consisterait à soutenir que, lorsqu'un individu affirme qu'il croit quelque chose car cela lui fait

[2] acte III, scène 2 [3] « Vérité et politique », III

plaisir, il n'exprime que son désir ou sa volonté de croire. Ainsi, dans la lettre 32 des *Liaisons dangereuses*, Mme de Volanges exprime-t-elle sa volonté de croire aux bonnes intentions de Valmont : « je veux croire qu'elles sont louables », écrit-elle à la présidente de Tourvel qui s'interroge au sujet de son prétendant.

S'il est donc impossible, à moins d'être en présence d'un esprit scindé en deux, de croire ce dont on doute au moment où l'on en doute, l'exigence intellectuelle passe par le rejet des opinions incertaines et la recherche scrupuleuse de la vérité. Il s'agit, dans les sciences, de ne pas se leurrer, ne pas endosser des prémisses douteuses pour garantir la certitude de la conclusion. Dans « Du mensonge en politique », Arendt cite le philosophe Hegel affirmant que « l'unique intention de la contemplation philosophique est l'élimination de l'accidentel »[4], c'est-à-dire la recherche de l'exactitude dans le domaine du savoir. La raison cherche, si l'on en croit Arendt, ce qui ne peut pas ne pas être, ce qui est nécessaire. Et, par là, à surmonter les interrogations qui mettent en marche l'esprit pour mieux, dans certains cas, résoudre les problèmes auxquels nous faisons face. C'est ainsi que, grâce à ses connaissances médicales, le vicomte de Valmont parvient à déceler le mensonge de Mme de Tourvel sur son état de santé[5].

Dans l'action, mieux vaut en effet disposer de certitudes. Le doute, par nature, est susceptible de paralyser l'action et, lorsqu'il intervient *a posteriori*, de nous faire regretter nos actes. De cette méfiance indispensable témoignent les efforts démesurés de Lorenzo pour convaincre son oncle de sa loyauté : « Je suis des vôtres, mon oncle. [...] N'en doutez pas un seul instant ; l'amour de la patrie respire dans mes vêtements les plus cachés »[6]. S'il y a, comme le soutient Arendt dans « Vérité et politique », conflit entre la valeur de sincérité et l'activité politique, il n'y en a pas entre la politique et la détermination à agir. Que de tels principes d'actions existent ou non, il est nécessaire de les rechercher ou, *a minima*, d'être convaincu de l'existence d'un choix optimal pour prendre une décision. Pour cette raison, souligne-t-elle en faisant référence à Platon, « aux opinions toujours changeantes du citoyen sur les affaires humaines, [...] le philosophe opposa la vérité » afin d'en « faire dériver des principes pour stabiliser les affaires humaines »[7].

S'il ne faut pas confondre la volonté de croire et la croyance en tant que telle, cela signifie-t-il que, d'un point de vue pratique, il soit nécessaire de ne soutenir que ce dont nous sommes certains ?

[4] fin de la section I [5] lettre 25 [6] acte II, scène 4 [7] début de la section II

Après tout, simuler la croyance peut s'avérer utile et même fécond. Il est parfois nécessaire de faire comme si certaines propositions étaient vraies. C'est même le propre de la science : en effet, dans les sciences expérimentales comme dans les sciences formelles, les chercheurs partent d'hypothèses de travail dont ils n'ont pas encore apporté de preuves définitives. Il s'agit, par la démonstration ou l'expérience, d'en confirmer la véracité ou la fausseté. Comme l'écrit Arendt, le spécialiste des sciences de la nature « attendra que ses théories ou ses explications hypothétiques aient été confirmées ou réfutées par les faits »[8] avant de s'engager sur la vérité de ses théories. L'œuvre littéraire aussi part d'un postulat – celui de l'écrivain, et l'on peut dire que l'œuvre cherche à l'éprouver, notamment par l'expérience de la lecture ou du spectacle théâtral. Ainsi, la « Préface du rédacteur » des *Liaisons dangereuses* explique que, dans ces lettres, « on y trouvera aussi la preuve et l'exemple de deux vérités importantes qu'on pourrait croire méconnues, en voyant combien peu elles sont pratiquées ».

De même, dans le domaine de l'action, il est parfois salutaire d'afficher un optimisme de principe, ou d'endosser des principes forts pour fonder des actions que nous considérons bonnes sans pouvoir en établir la moralité par démonstration. « Je crois à tout ce que tu appelles des rêves ; je crois à la vertu, à la pudeur et à la liberté »[9], clame Philippe contre le cynisme moral de Lorenzo. Autant il semble impossible de prouver la liberté par démonstration, autant nous ne pouvons visiblement pas vivre sans cette croyance – qui est au cœur de tous nos jugements pratiques. Nous devons, pour vivre ensemble, considérer la possibilité qu'ont les humains de se perfectionner et de se repentir, que « l'humanité n'est parfaite dans aucun genre, pas plus dans le mal que dans le bien » car, explique Mme de Volanges à la présidente de Tourvel, « cette vérité me paraît d'autant plus nécessaire à croire, que c'est d'elle que dérive la nécessité de l'indulgence pour les méchants comme pour les bons »[10].

Enfin, d'un point de vue pragmatique, il vaut mieux parfois ne pas soutenir publiquement ce que l'on tient pour vrai. Pour le dire autrement, il est possible d'interpréter la citation de Fontenelle comme un mensonge. On sait qu'à son époque, il est préférable de ne pas considérer trop publiquement des propositions nouvelles, sans quoi on risque censure et persécution. Sans doute, en ce sens, Musset chercha-t-il à se réfugier derrière la mise en scène théâtrale pour formuler une critique acerbe de la Restauration en prenant moins de risques en transposant ses réflexions politiques dans la Florence de la Renaissance. Censurée au motif qu'elle inciterait au régicide, il fallut attendre 1896 pour que la première véritable représentation ait lieu. De là, nous pouvons dire avec Arendt

---

[8] « Du mensonge en politique », II [9] acte III, scène 3 [10] lettre 32

que « la véracité n'a jamais figuré au nombre des vertus politiques »[11]. Que ce soit du côté des gouvernants – qui mentent parfois au nom de ce qu'ils pensent être l'intérêt général – que des gouvernés – qui dissimulent les opinions qui pourraient leur attirer les foudres du pouvoir.

Réponse

BIEN que nous ayons tendance à considérer certaines idées afin de soulager notre conscience ou d'en jouir intellectuellement, il est impossible de croire et de douter d'une proposition en même temps. Pour réaliser cette prouesse, il faudrait ou bien être fou – auquel cas il n'y aurait pas croyance au sens strict – ou bien y croire et en douter successivement – auquel cas le paradoxe est dissous.

Ouverture

Il nous faut certes nous concentrer sur ce dont nous sommes certains. Mais en d'autres circonstances, simuler la croyance peut être utile. Que ce soit dans le domaine des sciences, de la morale ou de la politique, nous sommes incapables de fonder l'ensemble de nos actions et de nos théories sur des principes indubitables. Et cela n'est pas toujours un mal : l'action et la recherche de la vérité humaine sont en partie un saut dans l'inconnu.

IV Éviter le hors-sujet

Pour éviter le hors-sujet, il faut toujours se méfier de la nature paradoxale de la citation soumise à notre sagacité. Mais dans le cas des propos de Fontenelle, il fallait aussi tenter de résoudre le paradoxe en envisageant une pluralité d'interprétations de la formule. Le jury attend, face à ce type de sujet, que le candidat émette des hypothèses pour dépasser le paradoxe, et non qu'il défende dogmatiquement une des thèses du paradoxe au détriment de l'autre. On peut penser que la citation de Marivaux « Je vous crois, puisque vous dites »[12] ressemble à celle de Fontenelle parce que dans les deux cas, l'absence de justification au croire est au cœur du sujet. Cependant, chez Marivaux, l'adhésion du locuteur repose sur la confiance et la connivence entre deux êtres alors que c'est sur le seul « plaisir » du locuteur que reposait notre sujet. En outre, ce terme ne doit pas donner lieu à un traitement exclusivement moral du sujet, qui comporte aussi d'autres dimensions.

---

[11] « Du mensonge en politique », I [12] dissertation 14

Notions abordées : foi, esprit critique, scepticisme, incrédulité, naïveté

Sujet 3
« On est bien près de tout croire, quand on ne croit en rien. » (Chateaubriand, *Génie du christianisme*, 1802)
Dans quelle mesure votre lecture des œuvres au programme vous permet-elle de souscrire à ce jugement ?

Corrigé proposé par Christine Baycroft

I Analyse du sujet

1 Analyse des termes du sujet

Dans cet aphorisme du *Génie du christianisme*, Chateaubriand, quand il évoque ceux qui « ne croi[en]t en rien », parle avant tout de ses contemporains qui ont perdu leur foi religieuse traditionnelle. Ayant totalement rejeté le christianisme dans lequel ils ont été élevés, beaucoup sont, selon lui, « bien près de tout croire » et de trouver refuge dans des superstitions totalement infondées, des idolâtries à la mode ou des utopies politiques hasardeuses.

Ce propos peut aisément être élargi à la perte de toute croyance, collective ou individuelle, religieuse ou non. Celui qui « ne croit en rien » et dont l'esprit critique remet tout en cause, cette personne habitée d'un soupçon perpétuel envers ceux qui prétendent lui faire croire quoi que ce soit, sont-ils vraiment sur un chemin de liberté et d'autonomie intellectuelle ? Ne sont-ils pas plutôt les futures victimes de leur propre incapacité à distinguer le croyable de l'incroyable et ultimement le vrai du faux ? Pour Chateaubriand, les personnes qui naïvement s'imaginent qu'elles « ne croi[en]t en rien » sont précisément celles qui courent le plus grand risque de « tout croire ».

On peut en effet soutenir que ceux qui ne croient en rien ni en personne n'ont pas su établir la moindre distinction entre les différentes modalités du croire et du faire croire. Ils n'ont, en outre, compris ni la nécessité de la croyance ni le sens de notre besoin de croire. Dans ce passage, Chateaubriand nous engage ainsi à réexaminer notre hostilité moderne et rationaliste à la foi et à la croyance, pour éviter de tomber dans les bras du premier flatteur venu qui saura s'appuyer sur notre ignorance en matière de croyance pour nous faire croire littéralement en n'importe quoi.

2 Confrontation aux œuvres

La satire sociale présentée dans ***Les Liaisons dangereuses*** semble a priori contredire le jugement de Chateaubriand. C'est parce que les religieuses chargées de son éducation ne lui ont rien enseigné, sinon à croire, que Cécile Volanges se révèle si crédule et si manipulable, tandis que Valmont et Merteuil, qui ne croient en rien mais savent faire croire beaucoup de choses, ont su se construire une vie de succès et de plaisirs. Leur échec final ne s'explique d'ailleurs que par un rare manque de lucidité qui les rend ultimement dupes l'un de l'autre, et surtout d'eux-mêmes.

Dans ***Lorenzaccio***, Musset souligne les relations complexes de la croyance (ici l'adhésion à l'idéal républicain de Florence battu en brèche par la réalité) et l'incroyance (le rejet de cet idéal au nom du concret, du culte du plaisir ou de la soif du pouvoir). Alexandre de Médicis, tyran sans idéal et sans imagination, finit assassiné par son cousin Lorenzo, bras droit et compagnon de débauche, sans que le camp républicain ne sache en tirer parti. Le duc, parce qu'il était une brute satisfaite de ne croire en rien, n'aura pas su discerner le pouvoir des idéaux, même vains, et même chez ceux qui, comme Lorenzaccio, n'y croient plus.

Lorsqu'elle étudie la crise de confiance vis-à-vis du politique qui caractérisait déjà son époque, **Arendt** décrit une réalité qu'entrevoyait peut-être Chateaubriand. Elle nous présente le monde moderne où nul ne croit plus en quelque vérité absolue que ce soit, où toutes les opinions se valent et où l'action politique justifie toutes les manipulations et tous les mensonges. Arendt suggère que, même si l'existence de la sphère politique repose sur la capacité des politiciens à croire et à faire croire qu'« un autre monde est possible », ceux qui, au nom de l'action et de la liberté, refusent d'admettre la moindre vérité, sont menacés de sombrer dans la violence et le chaos.

3 Problématisation

On devine facilement le contraste entre la foi naïve de ceux qui croient et la réflexion critique et rationaliste de ceux qui remettent tout en cause et ne croient en rien. Toutefois, est-il vraiment légitime d'opposer ainsi radicalement croyance d'un côté et incrédulité de l'autre ? N'existe-t-il pas plus profondément un rapport dialectique entre ces deux attitudes, un rapport qui nous ferait systématiquement basculer d'un excès à l'autre ?

II Plan détaillé

I Ne rien croire, c'est se protéger de la manipulation en privilégiant l'intelligence critique

1. La crédulité c'est l'ignorance
2. La crédulité c'est l'impuissance
3. La crédulité c'est le renoncement à la liberté

Pourtant, « ne rien croire » ne permet pas, en tant que tel, d'accéder au savoir ni au pouvoir. C'est même peut-être une illusion que de s'imaginer cela, une illusion infiniment plus absurde et dangereuse que les autres.

II Ne rien croire est illusoire et repose sur une mécompréhension du rapport entre la raison et la foi

1. Méconnaissance des rapports entre réflexion et action
2. Méconnaissance des rapports entre savoir et croyance
3. Le refus de croire comme orgueil autodestructeur

Refuser de croire se révèle ultimement comme une nouvelle forme du croire tout aussi naïve, soumise et autodestructrice que les autres. Comment alors renoncer aux credo sceptiques, tout en échappant à notre propre crédulité et aux manipulations de ceux qui voudraient nous faire croire n'importe quoi ?

III Plutôt que de ne rien croire, il faut sans cesse interroger les modalités mêmes de notre croire

1. Qu'il faut savoir ce qui relève de la croyance plutôt que de la connaissance
2. Qu'il faut savoir qui on croit
3. Qu'il faut savoir jusqu'où on croit

III Dissertation rédigée

Accroche

En octobre 2017, les réseaux sociaux américains ont relayé un message signé « Q » annonçant l'imminente arrestation de Hillary Clinton. Ce fut l'origine du vaste mouvement conspirationniste « Q-anon ». Il est difficile de comprendre la genèse de ce genre de mouvement capable de faire croire à ses adeptes absolument n'importe quoi.

Citation et analyse

Dans *Génie du christianisme*, Chateaubriand suggère que c'est parfois le scepticisme excessif de ceux qui « ne croi[en]t en rien » qui les conduit « bien près de tout croire » et de trouver refuge dans les superstitions, les idolâtries et les aberrations les plus folles. Ceux qui prétendent ne croire absolument en rien ni en personne se privent peut-être de toute capacité d'établir des distinctions et des gradations entre les différentes modalités du croire et du faire croire. Ils ne comprennent pas la nécessité de la croyance et ne s'intéressent pas au sens de notre besoin de croire. En ce sens, le rejet total et chimérique de toutes les formes de croyances conduirait ultimement à la vulnérabilité et à la crédulité.

Pbmatique Est-il vraiment légitime d'opposer radicalement croyance naïve d'un côté et incrédulité réfléchie de l'autre ? N'existe-t-il pas plus profondément un rapport dialectique entre ces deux attitudes, un rapport qui nous ferait systématiquement basculer d'un excès à l'autre ?

Plan L'esprit critique est certes ce qui nous permet de remettre en cause nos croyances afin de nous libérer de notre ignorance et de notre impuissance, mais ce même esprit critique devrait aussi peut-être s'exercer sur l'intenable scepticisme radical vers lequel il pourrait nous conduire. Plutôt que de se transformer en rejet systématique de toute croyance, l'esprit critique devrait plutôt constituer une interrogation constante de nos croyances.

NE RIEN croire, c'est se protéger de la manipulation en privilégiant l'intelligence critique et remplacer la crédulité par la connaissance, la puissance et la liberté.

Analysant les documents du Pentagone révélés dans la presse en 1971, Hannah Arendt souligne que « le problème fondamental posé par [ces documents] est celui de la tromperie »[1]. Le but de la communication des autorités américaines au sujet de la guerre du Vietnam était d'entretenir un « mythe » (celui de la grandeur américaine) et non d'essayer d'appréhender de complexes « réalités historiques, politiques et géographiques »[2]. Ce lien entre la croyance et le refus de la connaissance se retrouve chez Laclos, dans son évocation critique de l'éducation, centrée sur la foi chrétienne et l'ignorance des choses du monde, que proposaient les couvents et qu'a reçue Cécile Volanges. Lorenzaccio est au contraire un héros lucide. Sa lucidité s'enracine dans le fait que chez lui, la connaissance a remplacé les croyances de sa jeunesse. Comme il le dit lui-même : « maintenant je connais les hommes »[3].

Cette crédulité et ce rejet de la connaissance conduisent souvent à l'impuissance. Les autorités américaines, en choisissant la foi patriotique plutôt que la réflexion critique, sont tombées dans l'« inaptitude à [...] tirer la leçon de l'expérience »[4]. Musset le dit explicitement aussi : pendant longtemps, Lorenzo n'a fait que rêver. Un jour, « pour [s]on malheur éternel [il] a voulu être grand »[5]. Il a commencé à agir et il a perdu la foi. Toute croyance authentique est, en dernière analyse, une rêverie faible

---

[1] « Mensonge et violence », I [2] « Du mensonge en politique », III [3] III, 3 [4] « Du mensonge en politique », IV [5] III, 3

et impuissante. Cette faiblesse peut même être dangereuse, comme le suggère la marquise de Merteuil décrivant l'aveuglement des femmes « sensibles » qui « ne craignent pas de confier » aux hommes qu'elles aiment (et dont elles ne peuvent croire qu'ils sont de « futurs ennemis ») des preuves écrites de leur amour[6].

À terme, accepter une existence ou une société basée sur la croyance, c'est renoncer à sa propre liberté. Le choix ultime de la marquise de Merteuil de « la guerre »[7] plutôt que des accommodements raisonnables avec Valmont en atteste : le but de sa vie de lucidité et de calcul, plus encore que le plaisir c'est la liberté. Chez Musset, ceux qui, tel Philippe Strozzi, croient – et même croient précisément en la liberté – se révèlent totalement incapables de la faire advenir. Comme le souligne Arendt, les « mensonges » des croyants, tels ceux des papiers du Pentagone qui n'avaient pas pour but d'« abuser l'ennemi » mais de s'abuser soi-même, conduisent au « désastre »[8].

Pourtant, « ne rien croire » ne permet pas, en tant que tel, d'accéder au savoir ni au pouvoir. C'est même peut-être une illusion que de s'imaginer cela, une illusion infiniment plus absurde et dangereuse que les autres.

NE RIEN croire est illusoire et repose sur une mécompréhension du rapport entre la raison et la foi.

Nulle existence humaine ne peut se passer totalement de croyances et s'appuyer exclusivement sur la connaissance et le savoir. Comme l'explique Arendt, agir, plutôt que simplement réagir, présuppose toujours d'« imaginer » autre chose et d'y croire[9]. C'est d'ailleurs la « différence » entre ses « discours » et ses « actions » qui permet à la marquise de Merteuil de comprendre les émotions et les sentiments inavoués qui meuvent Valmont, avant qu'il ne les comprenne lui-même[10]. Même Lorenzo lorsqu'il tue le duc n'agit pas par raison ou par absence de foi : « ce meurtre [...] c'est tout ce qui [lui] reste de sa vertu » et de l'idéalisme de sa jeunesse[11].

La raison doit donc reconnaître ses limites et faire une place à la foi et à la croyance. Comme le souligne Arendt, succomber à la pire manipulation, au « lavage de cerveau ultime », c'est choisir « le refus absolu de croire » en quoi que ce soit, y compris en la vérité ; c'est adopter le « cynisme »[12]. C'est ce cynisme que rejette la présidente de Tourvel quand elle évoque les « raisons » de son pardon : « l'esprit les apprécierait mal », car « c'est au cœur de les apprécier »[13]. Même le rusé cardinal Cibo

[6] lettre 91 [7] Réponse à la lettre 153 [8] « Du mensonge en politique », II [9] « Du mensonge en politique », I [10] lettre 141 [11] III, 3 [12] « Vérité et politique », IV [13] lettre 139

ne parvient pas à convaincre un rustre comme le duc de se méfier de son favori, parce que celui-ci « aime Lorenzo »[14].

Que signifient donc l'aveuglement volontaire sur les pouvoirs de la raison et le refus total de la croyance ? Peut-être reposent-ils sur cette faiblesse que la marquise de Merteuil a su détecter chez Valmont : c'est sa « vanité » et son orgueil qui l'ont empêché de reconnaître l'amour « fou » et parfaitement irrationnel qu'il porte à la présidente[15]. On peut interpréter dans ce sens l'analyse que fait Lorenzo de sa personnalité et de ses mobiles devant Philippe Strozzi. Il ne croit plus en rien, il a tout perdu, mais il lui reste l'orgueil : « Crois-tu que je n'ai plus d'orgueil parce que je n'ai plus de honte [...] ? »[16] Arendt le souligne aussi. Le danger qui nous menace n'est pas seulement « l'arrogance du pouvoir » qui s'imagine que tout est possible ; c'est aussi « l'arrogance de l'esprit, une confiance totalement irrationnelle dans la possibilité de mettre la réalité en équations »[17].

Refuser de croire se révèle ultimement comme une nouvelle forme du croire tout aussi naïve, soumise et autodestructrice que les autres. Comment alors renoncer aux credo sceptiques, tout en échappant à notre propre crédulité et aux manipulations de ceux qui voudraient nous faire croire n'importe quoi ?

PLUTÔT que de ne rien croire, il faut sans cesse interroger les modalités mêmes de notre croire.

S'il est absurde et dangereux de s'imaginer qu'on ne croit rien, on doit néanmoins savoir distinguer ce qui relève de la croyance et ce qui relève de la connaissance. Cette distinction, évoquée dans chacun de nos textes, se révèle difficile à établir. La première scène de *Lorenzaccio* est une scène allégorique de carnaval, qui pose de manière comique la question de l'illusion, des apparences et du faire croire. Le duc et Lorenzo y sont déguisés en nonnes, et un bourgeois y fait remarquer que « faire du jour la nuit et de la nuit le jour, c'est un moyen commode de ne pas voir les honnêtes gens »[18]. Arendt propose de distinguer certaines choses qui relèvent effectivement du savoir et de la vérité : « le passé » et « les faits » par exemple, et d'autres qui concernent le croire : « l'avenir » et « le contingent »[19]. C'est aussi le sens de la dernière lettre des *Liaisons dangereuses*. Si la raison est déjà bien en difficulté pour « prévenir » les malheurs, « elle l'est davantage encore pour en consoler »[20]. Dans ce domaine, elle ne peut donc que laisser place à la fiction, comme la littérature par exemple.

[14] I, 4 [15] lettre 145 [16] III, 3 [17] « Du mensonge en politique », IV [18] I, 1
[19] « Du mensonge en politique », I [20] lettre 175

Il nous faut aussi savoir qui croire. Dans *Lorenzaccio*, le duc, qui pourtant ne croit pas en grand-chose, ne parvient pas à voir en son compagnon de débauche, « ce lendemain d'orgie ambulant » qu'est Lorenzo, « un homme à craindre »[21]. De la même manière, Valmont et Merteuil finiront par se perdre, du fait qu'ils ont eu tort de se faire confiance l'un à l'autre et de permettre que « chacun a[it] en main tout ce qu'il faut pour perdre l'autre »[22]. Paradoxalement, ces personnages qui ne croient en rien se retrouveront victimes d'avoir mal placé leur confiance. Arendt revient sur cette question à propos de Socrate et des raisons pour lesquelles il accepta son injuste condamnation à mort. Selon elle, il choisit par là « un mode inhabituel de persuasion » : l'exemple. En « jou[ant] sa vie sur [la] vérité », Socrate a voulu montrer qu'on pouvait légitimement le croire[23].

Ne faut-il pas aussi poser des limites à la croyance et à la loyauté aveugle ? Dans *Lorenzaccio*, l'existence même de ces limites est contestée. Le problème des républicains sincères mais idéalistes comme Philippe Strozzi, c'est peut-être qu'ils n'ont pas cru en la République jusqu'au bout. Philippe n'est pas allé jusqu'à défendre ses croyances par la violence : il a « fait le bien sans empêcher le mal »[24]. Chez Laclos, la violence, la mort et « la haine [...] douloureuse » qui « corrode le cœur qui la distille »[25] sont au contraire les conséquences désastreuses d'une croyance excessive et détrompée. Elles vont jusqu'à détruire les principaux personnages du roman. Arendt évoque elle aussi cette question de la violence engendrée par les idéaux politiques. Pour la limiter et la circonscrire, elle en appelle à « l'objectivité » et « l'impartialité ». Son modèle est Homère. L'*Iliade* est incontestablement une fiction patriotique grecque. Et pourtant elle n'exprime pas une loyauté totale ou une croyance absolue en la cause achéenne. Bien au contraire, Homère a « choisi de chanter les actions des Troyens, non moins que celles des Achéens et de célébrer la gloire d'Hector, l'adversaire et le vaincu, non moins que la gloire d'Achille »[26].

Réponse

CHATEAUBRIAND dans le *Génie du christianisme* tente de convaincre ses compatriotes de ne pas renier la foi chrétienne de leurs ancêtres. L'un de ses arguments est que prétendre être revenu de tout et ne plus croire en rien est absurde et dangereux. Comme nous l'avons vu, il y a incontestablement de l'ignorance, de la faiblesse et de la soumission chez ceux qui se contentent de croire. Mais ne rien croire est impossible. Prétendre le contraire relève d'une foi orgueilleuse qui pourrait se révéler plus corrosive encore que la première. Tant d'orgueil et tant de doutes

---

[21] I, 4 [22] lettre, 153 [23] « Vérité et politique », III [24] II, 5 [25] lettre 161 [26] « Vérité et politique », V

nous conduiront simplement à des superstitions, des utopies et des fanatismes nouveaux. De ce point de vue, le but de l'esprit critique ne devrait pas être de détruire toute croyance et tout idéal, mais de s'efforcer de les évaluer et les circonscrire.

Ouverture Comment éviter de tomber dans le cercle vicieux du scepticisme cynique et de l'adhésion aux théories conspirationnistes les plus folles comme celle que nous évoquions en introduction ? Il nous semble que ce qui nous menace le plus n'est ni la croyance ni l'esprit critique en tant que tels, mais le choix de les opposer radicalement et le refus d'accepter leur nécessaire complémentarité et leur laborieuse collaboration.

IV Éviter le hors-sujet

« Vivre signifie : croire et espérer, mentir et se mentir. » Cette définition proposée par Cioran dans son *Précis de décomposition* (1949) pourrait sembler proche de l'aphorisme de Chateaubriand. En effet, Cioran y affirme aussi l'impossibilité d'éradiquer toute croyance et toute espérance d'une vie vraiment humaine. Toutefois, la deuxième phrase du passage expose les croyances et les espérances humaines pour ce qu'elles sont selon lui : des mensonges et des illusions. Contrairement à Chateaubriand, Cioran ne cherche pas à convaincre un public rationaliste, défiant et sceptique de la menace que constitue pour la vérité et l'autonomie le refus de toute croyance, de tout idéal et de toute foi. Chez Cioran, la croyance n'est justifiée que parce que la vérité et l'autonomie elles-mêmes sont désavouées, au nom d'une vie humaine authentique.

Notions abordées : représentation, perception, confiance, imagination

Sujet 4
« Si je vous dis que le soleil dans la forêt / Est comme un ventre qui se donne dans un lit / Vous me croyez vous approuvez tous mes désirs [...] Mais si je chante sans détours ma rue entière / Et mon pays entier comme une rue sans fin / Vous ne me croyez plus vous allez au désert / Car vous marchez sans but sans savoir que les hommes / Ont besoin d'être unis d'espérer de lutter / Pour expliquer le monde et pour le transformer. » (Paul Éluard, « La poésie doit avoir pour but la vérité pratique », in *Deux poètes d'aujourd'hui*, 1947)
Vous commenterez cette citation à la lumière des œuvres au programme.

Corrigé proposé par Lydie Niger

I Analyse du sujet

1 Analyse des termes du sujet

L'extrait qui compose cette citation comporte trois tercets en alexandrins sans rime. Ils s'articulent autour d'une opposition, marquée par la conjonction de coordination « mais ». Le premier tercet exploite les images traditionnelles de la poésie. Un locuteur, probablement le poète, énonce une vérité en employant le verbe « être » au présent de vérité générale et convoque la nature (« le soleil dans la forêt »), qu'il compare et associe en parallélisme de construction à un intérieur érotisé (« un ventre qui se donne dans un lit »). L'hypothèse d'une telle formulation est complétée par la proposition principale : « vous me croyez ». Un prolongement inattendu la parachève, qui double la croyance d'un assentiment et d'une généralisation, « tous mes désirs », formulation qui reprend les éléments érotiques de l'hypothèse. Le lecteur est pris à partie par la double interpellation opérée par la deuxième personne du pluriel. Il suffit au poète de formuler cette image pour la rendre crédible et désirable.

À cette hypothèse s'opposent les deux tercets suivants, composés d'une seule phrase répartie en trois temps. Dans un premier temps, nous retrouvons une hypothèse. Elle s'oppose à la précédente en ce que la métaphore des espaces se fait moins poétique, « sans détours ». La conséquence immédiate en est le deuxième temps de la phrase, la principale présentant l'absence de crédit accordé à cette nouvelle affirmation. Ce discrédit est expliqué par une double méconnaissance de ce qui meut les hommes : avoir une perspective et être unis par un but qui les pousse à se dépasser.

C'est donc une proposition ironiquement contradictoire qui est faite par Éluard. D'un côté, le lecteur reproche au poète de lui dépeindre la réalité sous des dehors mensongers grâce auxquels il rêve mais n'agit pas. D'un autre côté, la description crue de la réalité, sans perspective, ne le fait plus rêver et ne lui permet pas de se dépasser. Pour le conduire à l'action, faut-il agir sur ses représentations, voire le manipuler et lui présenter des perspectives qui seraient fallacieuses, suivre ses désirs pour l'amener précisément où il doit aller ? Ou faut-il réenchanter le monde pour qu'il y adhère et y voie un intérêt collectif au-delà d'un certain désenchantement personnel ?

2 Confrontation aux œuvres

Le libertin qu'est le vicomte de Valmont dans ***Les Liaisons dangereuses*** va de défi en défi : c'est l'espoir de reconquérir la marquise de Merteuil qui, en tout cas au début, le pousse à séduire Cécile et la présidente de Tourvel. Cependant, les masques qu'il revêt servent davantage de révélations que de falsifications, les croyances alléguées se faisant peu à peu professions de foi ; à force de jouer l'amour pour sa présidente, mais pour de bonnes raisons, il l'aime vraiment.

Dans ***Lorenzaccio***, le duc et ses acolytes errent de maîtresse en maîtresse sans but réel. Mais dès que les Strozzi, par exemple, se trouvent un but, un idéal, leur vie prend un sens, l'action devient possible. Encore faut-il identifier cette occasion et faire groupe pour transformer en action politique une possibilité qui s'offre, ce à côté de quoi passent les républicains malgré l'alerte de Lorenzo.

Hannah Arendt dans ses articles « Vérité et politique » et « Du mensonge en politique » reconnaît que les théories, les calculs et les discours sont des prétextes à l'action, sans relation réelle avec la réalité. C'est alors la perspective qu'ils dessinent qui importe plus que l'action elle-même, ce qui peut comporter de nombreux dangers.

3 Problématisation

Est-on capable de se projeter sans accepter une part de mensonge, celui dont est porteur l'avenir, possible quoiqu'encore incertain ? En quoi faire croire en un avenir est-il nécessaire à tout dépassement humain ?

II Plan détaillé

I La représentation du réel comme moteur de l'action collective
1. Une opération qui donne sens au réel
2. Qui dessine une perspective
3. Qui rassemble autour de désirs communs

La représentation du réel permet donc de rassembler les hommes en s'appuyant sur leurs désirs tout en leur laissant entrevoir la possibilité de leur réalisation effective. Mais c'est négliger la dimension individuelle de chacun et la multiplicité des aspirations.

II Des limites de l'action collective : individu et aspirations propres
1. La représentation du réel n'est qu'un exercice de communication
2. Des interprétations différentes selon chaque interlocuteur
3. De la perte de repères du manipulateur face à la vérité

Loin d'être à la gloire du poète ou du leader charismatique, la représentation du réel peut donc être comprise comme une tromperie de plus ou moins grande envergure, pour le public mais aussi pour le manipulateur, qui se retrouve victime de lui-même. Il faut alors se rendre maître de la représentation illusoire afin d'en juguler les effets pervers, ce qui n'est pas toujours facile.

III De la représentation, même illusoire, à l'origine d'une action confiante
1. La représentation du succès reste indispensable à toute entreprise
2. De la possibilité de transformer le réel
3. De la confiance collective pour mener un public à se dépasser

III Dissertation rédigée

« LA TERRE est bleue comme une orange »[1] : ainsi commence l'un des plus célèbres poèmes de Paul Éluard. En 1929, il s'agit pour lui non de remettre en question les savoirs scientifiques, mais de tester l'appréhension du réel par ses contemporains. Et si la poésie donnait plus à voir que le réel ? Et si faire croire en la forme d'une orange était chose plus accessible que l'image d'une sphère aplatie aux deux pôles pour parler de la « planète bleue » ? Accroche

C'est le même principe qu'il exploite en 1947 dans « La poésie doit avoir pour but la vérité pratique » de *Deux Poètes d'aujourd'hui* : « Si je vous dis que le soleil dans la forêt / Est comme un ventre qui se donne dans un lit / Vous me croyez vous approuvez tous mes désirs [...] Mais si je chante sans détours ma rue entière / Et mon pays entier comme une rue Citation et analyse

[1] *L'Amour la poésie*

sans fin / Vous ne me croyez plus vous allez au désert/ Car vous marchez sans but sans savoir que les hommes / Ont besoin d'être unis d'espérer de lutter / Pour expliquer le monde et pour le transformer ». Le poète reprend à son compte le détour par l'imagination, en quoi il excelle, pour faire rêver ses contemporains et les entraîner à sa suite. Poète militant, Éluard sait aussi qu'il faut faire croire en un avenir plus radieux pour unir les hommes et leur faire construire une société meilleure.

Pbmatique Mais est-ce les manipuler, les bercer d'illusions, ou les amener à se dépasser pour qu'ils construisent eux-mêmes cet avenir meilleur ? En quoi faire croire en un avenir est-il nécessaire à tout dépassement humain ?

Plan Nous observerons d'abord que la représentation du réel par la parole est un moteur nécessaire à l'action collective, puis que cette action collective a pour limites les aspirations propres à chaque individu. Nous verrons enfin que l'illusion est nécessaire comme préalable à toute action sur le réel.

LA représentation du réel par la parole est un moyen de le percevoir, de s'y repérer et d'agir sur lui, voire de le maîtriser.

La représentation du réel peut s'avérer une opération qui donne du sens au réel dans le présent. Le réel n'est pas pour l'être conscient qu'est l'être humain simplement un objet de perception. L'être humain se distingue par le fait que le monde qui l'entoure est le produit d'une élaboration de cette perception. Le sens qu'on donne au réel est une construction et non une révélation : « L'époque moderne [...] croit en effet que la vérité n'est ni donnée ni révélée à l'esprit humain, mais produite par lui »[2], indique Hannah Arendt dans « Vérité et politique ». Le dialogue maïeutique pratiqué par Socrate est un moyen de donner au réel le sens dont jusqu'alors il semblait manquer. Poser des mots sur des faits les transforme en réalité pensable[3], non sans exposer au risque du mensonge ou de l'erreur. Ainsi pour l'événement qui fait sortir Cécile Volanges du couvent : si elle sait que c'est son prochain mariage qui en est la cause[4], ce n'est que lorsque quelqu'un d'autre le représente en mots qu'il advient. C'est le rôle joué par Mme de Merteuil[5] qui, certes, lui présente la réalité – Gercourt – sous une apparence haïssable, mais c'est bien alors que la réalité acquiert pour elle tout son sens.

Présenter le réel sous un autre jour est également une opération qui dessine une perspective, sans laquelle toute issue semble impossible, et l'avenir réduit à un « désert ». Tel est le rôle de Lorenzo dans *Lorenzaccio*. Bien que tous les opposants à Alexandre s'accordent sur la nécessité de limiter son pouvoir, voire de le remettre en question, aucun ne se projette

[2] fin de section I [3] section II [4] lettre 7 [5] lettre 39

suffisamment pour agir ; ainsi les Strozzi sont-ils en désaccord même une fois assurés d'avoir été l'objet d'un affront[6]. Il faut toute la duplicité de Lorenzo pour servir de catalyseur et trouver une issue : le meurtre du tyran. Il en est de même pour l'action des États-Unis au Vietnam, selon l'interprétation des documents du Pentagone que propose Arendt dans « Du mensonge en politique ». La question n'est pas celle du discours qui a motivé cette action. La question est la capacité des États-Unis à agir ainsi en dépit de l'inutilité de cette action. Arendt propose une solution assez simple : il y a eu action parce qu'elle était possible : « comment ont-ils pu » ?[7] La simple projection de cette possibilité l'a rendue possible.

Le travestissement de la réalité n'est possible, enfin, que s'il s'appuie sur les désirs communs des hommes et les rassemble. Malgré leurs travers, la marquise de Merteuil et le vicomte de Valmont correspondent à des modèles qu'il faut rechercher ou fuir, selon Mme de Volanges[8], chacun dans son domaine. Elle reconnaît à l'une la retenue et l'habileté en société qu'elle-même n'a pas, et semble désirer, à l'autre une aura destructive qui la fascine. C'est pourquoi elle conseille à la présidente de se tenir à distance d'un pareil homme, sans soupçonner la femme par laquelle en réalité le mal arrive. Lorenzo a aussi cet atout de se trouver à la croisée de tous les partis, et, par la mansuétude de Philippe Strozzi (« Si Lorenzo est ici, c'est que j'ai de bonnes raisons pour l'y recevoir. »[9]), d'être reçu de lui malgré sa proximité avec Alexandre[10]. Sans que Philippe se l'explique, il reconnaît que cela lui permet de fonder quelque espoir en ce singulier personnage : « J'ai toujours eu confiance en toi, et cependant je crois rêver. »[11] Telle ou telle représentation du réel est d'autant mieux acceptée qu'elle œuvre à la satisfaction de désirs inavoués.

La représentation du réel permet donc de rassembler les hommes en s'appuyant sur leurs désirs tout en leur laissant entrevoir la possibilité de leur réalisation effective. Mais c'est négliger la dimension individuelle de chacun et la multiplicité des aspirations.

La représentation du réel se révèle parfois aussi trompeuse, en ce qu'elle déforme plus qu'elle ne devrait, en fonction des aspirations bien différentes de chacun, de leurs interprétations, aux dépens même de celui qui prend l'initiative de telles représentations.

L'atteinte au réel confine à la tromperie lorsque le discours est considéré comme un outil de communication qui s'adapte à la variété des publics. Il en est ainsi des discours tenus aux publics pour présenter la guerre du Vietnam, d'après Arendt dans « Du mensonge en politique », selon qu'il concernait « les communistes », les Sud-Vietnamiens, ou des

[6] acte II, scène 5 et acte III, scène 2 [7] section IV [8] lettre 32 [9] acte II, scène 5
[10] acte I, scène 1 [11] acte III, scène 3

alliés[12]. La représentation de la réalité détourne donc le sens en matière de stricte communication pour servir de purs calculs, de purs intérêts. Cette dimension mensongère se retrouve avec le cardinal Cibo, qui agit auprès de sa belle-sœur comme agent des souhaits de l'empereur et du pape à des fins politiques, en dépit de tout honneur familial. Ainsi, il varie son discours entre la scène 3 de l'acte I, où il s'adresse à la seule marquise, et la scène 4 de l'acte IV, où, parce qu'elle n'accepte plus de le servir, il la contraint à révéler à son frère son propre déshonneur. Il s'agit là d'un opportunisme pur, et non plus d'une perspective qui tend à permettre de se dépasser.

La représentation du réel fait alors de celui qui en est l'auteur le détenteur de clés de compréhension qui lui donnent un pouvoir dont il peut abuser. C'est le cas de Lorenzo. Au cœur de toutes les intrigues, il détient les clés du désir d'Alexandre, quand bien même ce dernier nuirait à ses proches. C'est ainsi qu'il faut interpréter le fait qu'Alexandre jette son dévolu sur la tante de Lorenzo[13]. Si ce choix peut être perçu comme une ultime atteinte à l'honneur de Lorenzo, elle lui fournit surtout l'occasion qu'il attendait de tendre un piège à son cousin, sous prétexte de lui ménager le rendez-vous galant sollicité[14]. Cette toute-puissance du détenteur de la vérité et de sa représentation se retrouve pour le lecteur des *Liaisons dangereuses* à propos de la séduction de Cécile. Cécile décrit une scène de viol dans la lettre 97 à Mme de Merteuil, Valmont de badinerie[15], Mme de Volanges d'inquiétude maternelle, constatant la mine « triste et chagrine » de sa fille[16]. La perspective change en fonction des apparences et de la connaissance que le lecteur en a.

Il en va tout autrement lorsque le manipulateur, pour finir, perd la maîtrise du jeu, consciemment ou non. Le cas le plus manifeste de cette perte de maîtrise est celui de Valmont qui, malgré ses dénégations, se met à aimer sincèrement et passionnément la présidente de Tourvel. Ainsi la lettre de rupture que Mme de Merteuil lui remet pour cette dernière[17] est-elle davantage une preuve de l'implication de celui-ci que de son détachement. Ce qui n'était qu'un défi pour Mme de Merteuil devient pour lui un point d'honneur défendu sans respect pour ses conséquences : il est plus pressé de démentir ses sentiments que de mesurer l'impact de cette lettre sur la présidente. Il en va de même pour l'exemple cité à deux reprises[18] par Arendt, du veilleur qui donne faussement le signal d'une attaque ennemie et qui est quand même parmi les premiers à prendre la fuite. Il n'est pire falsification du réel que celle à laquelle on participe et croit, en se bernant soi-même sur la réalité des faits.

---

[12] fin de section I [13] acte II, scène 4 [14] acte IV, scène 11 [15] lettre 99 [16] lettre 98
[17] lettre 141 [18] « Du mensonge en politique », section IV ; « Vérité et politique », section IV

Loin d'être à la gloire du poète ou du leader charismatique, la représentation du réel peut donc être comprise comme une tromperie de plus ou moins grande envergure, pour le public mais aussi pour le manipulateur, qui se retrouve victime de lui-même. Il faut alors se rendre maître de la représentation illusoire afin d'en juguler les effets pervers, ce qui n'est pas toujours facile.

LA REPRÉSENTATION illusoire du réel est certes blâmable, mais cela reste par elle que l'action peut se concevoir. La représentation de la réussite possible amorce toute action, permet d'envisager de dépasser l'actuel et crée le minimum de confiance collective capable de réaliser les projets les plus fous.

L'illusion de la réussite est à l'initiative de projets qui, sans cela, n'auraient pas même vu le jour. C'est l'objectif de la lettre 4, saturée de vocabulaire religieux, envoyée par Valmont pour annoncer à la marquise de Merteuil le projet de séduire Mme de Tourvel. Bien que mensonger dans un premier temps, sans cette supercherie, le travail sur lui-même et le dépassement relatif des vices de sa société n'auraient pu avoir lieu. Il en va de même de l'opposition tout artificielle entre la vérité de fait et la vérité politique selon Arendt : la vérité de fait est politique par nature, car la vérité de fait n'existe que dans la mesure où on en parle, dans la mesure où elle entre dans l'ère de l'interprétation malgré son évidence[19].

L'illusion a aussi cette vertu que, bien qu'elle n'appartienne pas encore au réel, elle a sur lui beaucoup d'effet. Il en est ainsi de la force coercitive de la vérité philosophique dans « Vérité et politique ». Malgré tous les discours affabulateurs possibles, la vérité philosophique, bien qu'elle échappe au politique, range derrière elle toutes les opinions, tout en les laissant exister par ailleurs. Les deux champs coexistent alors sans se mélanger, mais en accordant la supériorité de l'une sur l'autre[20]. Il en va de même des deux avenirs possibles de Lorenzo, l'étudiant studieux et le dépravé. Tous deux représentent deux manières pour le personnage de se dépasser : « Je puis délibérer et choisir, mais non revenir sur mes pas quand j'ai choisi. »[21] L'illusion, l'opinion et, en dernier ressort, son choix lui permettent de se forger un avenir assumé.

En fin de compte, la confiance collective mise en place par le champ des possibles permet au public de se dépasser, de puiser dans l'autre la force nécessaire à ce dépassement. C'est en ce sens qu'il faut comprendre l'échec du ralliement demandé par Lorenzo au moment de passer à l'acte[22]. Faute de confiance, du fait d'une transformation radicale, il ne parvient pas à rassembler les républicains au moment du

[19] fin de la section II [20] début de la section III [21] acte IV, scène 5 [22] acte IV, scène 7

meurtre d'Alexandre, et l'occasion de choisir à la tête de Florence quelqu'un d'indépendant des pouvoirs papal et impérial, ouverte par la mort d'Alexandre, est confisquée par les manigances du cardinal Cibo. Inversement, c'est du fait de la confiance en son bon sens et en son expérience que Mme de Rosemonde[23] sera la destinataire des lettres de la fin des *Liaisons dangereuses*, devenant ainsi la dépositaire de toutes les manigances et supercheries sans lesquelles un retour à la « normale », à une société tout du moins pacifiée est inenvisageable. La maîtrise des différents moyens de faire croire pour que l'homme atteigne le meilleur de lui-même semble donc l'ultime recours pour une société qui œuvre efficacement à son dépassement.

Réponse TRANSFIGURER le réel dans ses représentations est donc indispensable au progrès historique. Mener des hommes sans leur tracer un chemin, une perspective, revient à les conduire au « désert ». Seuls les poètes et les meneurs d'hommes proposent du rêve, ou tout du moins un idéal en lequel croire et pour lequel tout mettre en œuvre. Seuls les méchants pervertissent cette faculté humaine à des fins personnelles, sans en mesurer toujours les conséquences.

Ouverture Cette capacité à réenchanter le monde et, plus largement, à y faire croire, pose la question du libre arbitre. Quel crédit suis-je prêt à accorder à qui me vend l'amour en flacon ou la possibilité d'un monde meilleur ? De l'imagination à l'action, il n'y a qu'un pas, que les plus grands révolutionnaires n'ont jamais craint de franchir.

IV Éviter le hors-sujet

« Quand les Grands espèrent faire croire qu'ils ont quelque bonne qualité qu'ils n'ont pas, il est dangereux de montrer qu'on en doute : car en leur ôtant l'espérance de pouvoir tromper les yeux du monde, on leur ôte aussi le désir de faire de bonnes actions qui sont conformes à ce qu'ils affectent », nous dit une des maximes de la marquise de Sablé. On retrouve dans cette citation de nombreux éléments communs aux vers de Paul Éluard. En effet, l'illusion et la manipulation comme dynamiques d'un dépassement de soi utile à la société sont mises en lumière.

L'attention se porte cependant davantage sur la dynamique impulsée par le trompeur que sur celle produite en retour par le trompé. Éluard pose comme principe le fait qu'un bon meneur, qu'il soit poète ou politique, se mesure à la dynamique qu'il impulse par sa puissance créatrice, non par son charisme personnel. C'est en agissant sur le désir du groupe, non sur le sien propre, que l'illusionniste parvient à « faire croire », dans les deux cas pour le progrès de l'Histoire.

[23] lettre 169

Notions abordées : émotion, croyance, vérité, vraisemblance, plaisir

Sujet 5
« L'esprit n'est point ému de ce qu'il ne croit pas. » (Boileau, *L'Art poétique*, 1674, chant III)
En quoi ce vers permet-il d'éclairer les œuvres au programme ?

Corrigé proposé par Catherine-Clarisse Fournier-Bidoz

I Analyse du sujet

1 Analyse des termes du sujet

La citation est une sentence au présent de vérité générale qui relie deux notions, l'émotion et la croyance, pour définir le fonctionnement cognitif de l'esprit humain. « Être ému », notion passive, et « croire », notion active, sont mis en parallèle par une double négation qui invite à lire la sentence comme un constat issu de l'observation, une vérité concrète de l'expérience.

Pour autant cette double négation ne confond pas les deux termes : « n'est point ému de ce qu'il ne croit pas » ne signifie pas « est toujours ému par ce qu'il croit ». L'énoncé nous dit que la croyance est une condition nécessaire pour susciter l'émotion mais pas qu'elle est suffisante.

Par ailleurs l'agent (« de ce qu'il ne croit pas » est complément d'agent) et l'agi (« être ému », étymologiquement « être mis en mouvement », est une tournure passive) entretiennent des relations ambiguës. Là encore la citation est à double détente : la croyance agit sur les émotions qui agissent sur l'esprit. Ainsi se trouvent en partie exhibés les ressorts du « faire croire ».

2 Confrontation aux œuvres

« Vérité et politique » et « Du mensonge en politique » d'**Hannah Arendt** interrogent le couple orageux du mensonge et de la vérité dont les rejetons colonisent l'opinion politique. Les vérités factuelles qui la mettent en mouvement sont aussi des vérités émotionnelles où la rationalité du savoir scientifique ou philosophique n'a véritablement pas sa place. Dans l'espace démocratique où l'émotion est reine, croire et faire croire suscitent les mouvements nécessaires aux commencements. Mais en distinguant ce que l'on ne peut pas changer, ce sur quoi la parole ne peut pas agir, Arendt maintient la possibilité d'un pouvoir politique en tension avec le réel et par là la valeur d'existence de la vérité.

Lorenzaccio permet d'explorer les interférences souvent contradictoires de la croyance et de l'émotion : au plan esthétique il s'agit de la création de l'illusion de vérité grâce à une dramaturgie éclatée et de la réalisation de la parole performative dans le sillage du mensonge ; au plan psychologique on peut observer la distorsion entre les croyances et les affects chez de nombreux personnages et au plan politique la fracture entre les idéaux et la possibilité de mettre en mouvement des hommes pour les défendre.

Dans ***Les Liaisons dangereuses*** la puissance de la croyance et de la passion chez les victimes des libertins trouve son pendant dans l'impassibilité et les calculs de leurs bourreaux. La jouissance de croire des innocents équilibre la perversité de faire croire des roués. Ces derniers, par la maîtrise émotionnelle de leur visage ou de leurs discours, se croient à l'abri de succomber eux-mêmes à leurs affects. Mais la discordance entre système de croyance et émotions conduit à l'implosion de la stratégie libertine.

3 Problématisation

Si Boileau fait de la croyance une condition nécessaire pour susciter l'émotion, la croyance ne détermine pas à elle seule nos émotions.

Dans quelle mesure les liens étroits que l'expérience humaine constate entre croyance et émotion peuvent-ils être interprétés en termes de causalité stricte puisque les affects qui modulent nos réponses cognitives ne sont pas en mesure de les déterminer totalement, et qu'on ne peut disqualifier le choix que comporte toute croyance ?

II Plan détaillé

I L'esprit est ému par ce qu'il croit vrai

1. Il faut croire à la vérité pour y adhérer émotionnellement
2. Au contact de l'émotion la croyance se fait confiance
3. Le vraisemblable suscite croyance et émotions plus que le vrai

Si croyance et émotion produisent conjointement l'adhésion au réel sans toutefois pouvoir en garantir l'authenticité, est-ce à dire que l'esprit humain ne pourrait pas plus les dissocier que leur échapper ?

II L'esprit peut être ému et mu aussi par ce à quoi il ne croit pas

1. L'esprit peut être plus choqué de savoir que de croire
2. L'esprit peut être ému même quand il a cessé de croire
3. L'esprit peut être ému a contrario de ce qu'il croit

Si croyance et émotion ne peuvent être mises en stricte équivalence, faire croire en agissant sur les affects demeure un outil très puissant.

III L'esprit est toujours en danger d'être mu à son insu

1. Pour agir sur les esprits, il suffit d'agir sur leurs affects
2. Tout savoir est le pendant du contrôle des affects
3. Annihiler la croyance, c'est condamner le libre jeu de la sensibilité

III Dissertation rédigée

Accroche

« Je suis l'esprit qui toujours nie » déclare Méphistophélès sous la plume de Goethe dans la première partie de son *Faust*.

Citation et analyse

La figure impitoyable du diable, Esprit du mal pétri de négations, semble donner raison à Boileau pour qui « L'esprit n'est point ému de ce qu'il ne croit pas ». L'alexandrin de Boileau, en forme de sentence au présent de vérité général, apparaît au chant III de *L'Art poétique* pour relier émotion et croyance, la première étant la conséquence de la seconde ; ainsi se trouve affirmé ce qu'en termes actuels l'on nommerait une hypothèse sur le fonctionnement cognitif de l'esprit humain. Si le vers de Boileau est catégorique et fait de la croyance une condition nécessaire pour susciter l'émotion, il n'affirme pas que l'émotion suffit à créer mécaniquement une emprise sur la psyché. Car si la croyance agissait à tous les coups sur les émotions, et que les émotions déterminaient parfaitement l'esprit humain, faire croire, dans la vie politique ou l'écriture de fiction, ne requerrait ni art, ni critique, ni dissimulation ; il serait la facette banale d'un déterminisme de la condition humaine auquel nul ne pourrait échapper. Or la croyance comme le refus de croire relèvent aussi de choix existentiels, stratégiques ou transcendants, sécurisants ou vindicatifs, pour un esprit capable d'interroger ce qui le meut.

Pbmatique

Dans quelle mesure les liens étroits que l'expérience constate entre croyance et émotion peuvent-ils être interprétés en termes de causalité stricte, puisque les affects qui modulent nos réponses cognitives ne sont pas en mesure de les déterminer totalement, et qu'on ne peut disqualifier le choix que comporte toute croyance ?

Plan

Nous verrons d'abord pourquoi la croyance enflamme les sentiments en créant les conditions d'une réalité plus facile à habiter car plus vraisemblable, puis comment l'individu peut être ému, ou mu, par ce que à quoi il ne croit pas. Enfin on interrogera le danger d'être mu à son insu par la manipulation de ses affects et la volonté en retour de l'esprit de tout maîtriser par le savoir, au risque d'une insensibilité ou d'un cynisme aussi obtus que le « faire croire » qu'il redoute.

L'esprit est ému par ce qu'il croit vrai.

Il faut croire à la vérité de ce qui est ou est dit pour y adhérer émotionnellement. Le contrat tacite de la fiction qui engage le spectateur à croire ce qui se passe sur scène, le lecteur à se laisser prendre par ce qui se passe dans le livre, a été édicté il y a vingt-cinq siècles par Aristote : la « Préface du rédacteur » des *Liaisons dangereuses* y souscrit longuement, pour le plus grand plaisir d'un lecteur qui accepte de suspendre son incrédulité face aux déclarations multipliées de franchise de celui qui feint de n'avoir rien inventé : « [R]eplacer par ordre les Lettres [...] [m]a mission ne s'étendait pas plus loin [...] qu'on ne prenne pas cette sincérité de ma part pour la modestie jouée d'un Auteur ». Celui qui cherche à plaire, à émouvoir et enseigner doit d'abord faire croire, c'est-à-dire rendre son propos crédible : voilà le fond de tout art poétique dont la citation de Boileau se fait l'écho. Dans un registre proche mais différent, car il n'est plus celui de la fiction qui se sait telle et joue de ses pouvoirs, Hannah Arendt restitue dans « Du mensonge en politique » la fabrication du récit de propagande que l'état-major américain tisse à grand renfort d'émotions patriotiques, pour faire croire à la grandeur de son engagement au Vietnam[1]. Ce récit fabriqué et diffusé par ses soins dans une « atmosphère digne d'Alice au pays des merveilles », il en est la première puis la dernière et finalement la seule dupe.

L'émotion en effet renforce la croyance de l'esprit en la réalité ou ses substituts. Si la croyance suscite l'émotion, l'émotion consolide la croyance, la prolonge en confiance. La fiction utilise à plein rendement cette navette du faire croire pour tisser (c'est son métier) ses représentations et les émotions qu'elles suscitent. Au contact de ce qui est vécu comme une possibilité d'existence plus intense ou une parabole éclairante du vécu, l'adhésion génère spontanément de multiples élans émotionnels, qui tricotent les identifications des lecteurs-spectateurs ou trouent les personnages en quête d'agissements extraordinaires. La marquise Cibo dans *Lorenzaccio* croit pouvoir sauver Florence en se jetant dans les bras du duc. Si elle croit cet adultère nécessaire, elle est aussi confiante en ses émotions qu'incertaine de ses motivations véritables : « Ah pourquoi y a-t-il dans tout cela un charme inexplicable qui m'attire ? [...] Florence ? Qui est-ce donc que j'aime ? Est-ce toi, est-ce lui ? »[2] De même si Mme de Merteuil réussit à faire croire à Cécile qu'elle ne doit pas croire sa mère si elle veut épouser Danceny, mais lui faire confiance à elle, c'est parce qu'elle prend appui sur la réalité des émotions amoureuses de la jeune fille, qui lui font croire complices les intentions duplices de la marquise : « Quand elle m'en parlera, puisque c'est pour m'attraper, je vous promets que je saurai mentir. »[3]

Le vraisemblable suscite plus aisément croyance et émotion que le vrai. L'impossibilité pour le protagoniste de *Lorenzaccio* de faire accepter une vérité authentique, d'obtenir qu'elle soit crue, en renouvelle la démonstration dans la scène 7 de l'acte IV de *Lorenzaccio* : les bourgeois de Florence s'y moquent de Lorenzo venu les avertir du meurtre imminent du duc. « Tu veux tuer le duc, toi ? Allons donc ! Tu as un coup de vin dans la tête [...] Qui doit tuer le duc ? [...] Tu es fou, drôle, va-t'en au diable ! [...] Si tu es gris, va plaisanter ailleurs. » Cette impossibilité de faire croire

[1] II [2] acte III, scène 2 [3] lettre 109

une vérité incroyable, énoncée par un diseur de vérité suspect, porte à la scène une subtile reformulation du paradoxe du menteur. Lorenzo la commente pour soi mais aussi à l'attention du spectateur, sur le mode d'un aparté qui est aussi une double énonciation amusée : « Peut-être que j'ai tort de leur dire que c'est moi qui tuerai Alexandre car tout le monde refuse de me croire [...] Il est clair que si je ne dis pas que c'est moi, on me croira encore bien moins. » Selon la même logique, la fragilité des vérités factuelles qu'explore Arendt dans « Vérité et politique » résulte du fait qu'elles heurtent de front les vraisemblances admises : « Dans la mesure où la vérité de fait est exposée à l'hostilité des teneurs d'opinion, elle est au moins aussi vulnérable que la vérité philosophique rationnelle. »[4] L'illusion n'est pas toujours là où l'on croit.

Si croyance et émotion produisent conjointement l'adhésion au réel sans toutefois pouvoir en garantir l'authenticité, est-ce à dire que l'esprit humain ne pourrait pas plus les dissocier que leur échapper ?

L'INDIVIDU peut être ému et mû par ce à quoi il ne croit pas.

L'esprit peut être plus choqué de savoir que de croire car la croyance procède d'un assentiment anticipé qui prépare à ce qui arrive. L'empoisonnement de Louise Strozzi dans *Lorenzaccio*[5] est un moment d'émotion paroxystique pour ceux qui y assistent et qui usent de toutes les croyances à leur disposition pour le nier : « Ce n'est peut-être qu'un étourdissement [...] Elle ne peut pas être morte ainsi tout d'un coup. [...] Mon enfant es-tu morte ? es-tu morte ? » Le désespoir vient après, qui est savoir de la vérité, puis la folie, qui est incapacité de le supporter : « J'en ai assez, je m'en vais d'ici [...] Ne le laissez pas sortir, il a perdu la raison ! » De son côté, Mme de Tourvel est anéantie par la charge émotionnelle liée au fait de connaître la conduite ignoble de Valmont. Elle fera tout pour y échapper : la gradation ascendante du savoir et de la colère, « Il me trompe, il me trahit, il m'outrage », de la lettre 135 se réinvente en gradation apaisée de l'aveuglement consenti dans la lettre 139 : « Oui, tout est oublié, pardonné ; disons mieux tout est réparé. » L'émotion létale de ce savoir la rattrapera définitivement cependant[6].

L'esprit peut donc être ému même quand il a cessé de croire. Ce savoir imprescriptible de la bassesse humaine que Lorenzo a conquis au fil de son existence sacrifiée à la réalisation d'un assassinat politique a annihilé en lui toutes les promesses vertueuses de sa croyance à la République. C'est dans le halo d'une émotion poignante, qui spécifie le personnage, que s'est franchi le pas de la croyance au savoir : le désenchantement. « [J]'ai été honnête. J'ai cru à la vertu, à la grandeur humaine, comme

---

[4] III [5] acte III, scène 7 [6] lettre 143

un martyr croit à son Dieu. [...] [J]'ai été honnête. La main qui a soulevé une fois le voile de la vérité ne peut plus le laisser retomber. »[7] Hannah Arendt accorde un pouvoir de désillusion semblable à la presse américaine qu'elle salue comme le « quatrième pouvoir » dans « Du mensonge en politique »[8], mais avec des conséquences politiques et émotionnelles bien différentes de celles qu'exemplifie la pièce de Musset : en portant à la connaissance du public des faits contradictoires avec ceux énoncés par les pouvoirs publics, en produisant une enquête dans le but d'édifier un savoir impartial, le *New York Times* a ému l'opinion américaine et a conforté sa confiance en la démocratie.

L'esprit peut, en outre, être ému a contrario de ce qu'il croit ou professe de croire. Le personnage de Valmont dans les *Liaisons dangereuses* en fournit un bel exemple. S'il se déclare, pour badiner, au début du roman « étonné du plaisir qu'on éprouve en faisant le bien »[9], il se dit véritablement inquiet à la fin d'être « maîtrisé comme un écolier, par un sentiment involontaire et inconnu »[10]. Les lettres qui décrivent l'admirable passion de Mme de Tourvel pour lui et le non moins étonnant bonheur qu'il en conçoit donnent raison au persistant et lucide persiflage de la marquise de Merteuil. « Or, est-il vrai, Vicomte, que vous vous faites illusion sur le sentiment qui vous attache à Mme de Tourvel ? C'est de l'amour, ou il n'en exista jamais : vous le niez bien de cent façons ; mais vous le prouvez de mille. »[11] L'émotion de l'amour, révélatrice de la sphère intime, ne parvient pas cependant à invalider la croyance du libertin au plaisir de la cruauté. La catharsis n'a donc pas lieu pour Valmont, mais pour le lecteur qui ne l'envie plus. En cela, Laclos accède à cette fonction politique qu'Arendt reconnaît au « raconteur d'histoire – historien ou romancier – [...] enseigner l'acceptation des choses telles qu'elles sont. »[12]

Si croyance et émotion ne peuvent réellement être mises en équivalence, faire croire en agissant sur les affects demeure un outil très puissant.

L'ESPRIT est toujours en danger d'être mu à son insu.

Pour agir sur les esprits, il suffit en effet d'agir sur leurs affects. Lorenzo en fait la démonstration dès la scène 4 de l'acte I de *Lorenzaccio* en feignant un évanouissement de poltron qui impressionne le duc et provoque le soupçon du cardinal Cibo : « Vous croyez à cela Monseigneur ? / Je voudrais bien savoir comment je n'y croirais pas ? / Hum ! C'est bien fort. / C'est justement pour cela que j'y crois. » C'est que le duc, qui croit aussi qu'une cotte de mailles suffit à le protéger, ne doute jamais de rien.

[7] acte III, scène 3 [8] V [9] lettre 21 [10] lettre 125 [11] lettre 134 [12] « Vérité et politique », V

Le délire qui s'empare de l'état-major américain dont Arendt analyse la communication dans « Du mensonge en politique » semble de même nature que cette cotte de mailles, un substitut de gouvernementalité mêlant dérisoire auto-persuasion et anticommunisme primaire. Dans *Les Liaisons dangereuses*, la marquise de Merteuil est plus lucide et stratégique sur sa communication, mais elle fait aussi une confiance démesurée à sa « cotte de mailles », cette armure émotionnelle par laquelle elle maîtrise chaque trait de son discours et de son visage, de façon à se mettre à l'abri des prédateurs mâles et ne pas succomber à ses propres affects.

La volonté de tout savoir est le pendant de la mise sous contrôle des affects et des apparences. « Sciences », « études », « règles », « savoir », « principes », sont les mots qui scandent la lettre 81 de la marquise de Merteuil, dont les manipulations régentent le réel selon une loi inflexible qui interdit les associations de longue durée, même entre malfaiteurs. Le cardinal Cibo n'est pas en reste, qui entend faire obéir le duc « à son insu » et proclame qu'« un confesseur doit tout savoir parce qu'il peut tout diriger » dans la scène 3 de l'acte II, où le mot « savoir » apparaît cinq fois. Cibo affirme même savoir des choses « que Dieu lui-même ne saura jamais »[13]. La sécheresse d'âme, la dureté des deux personnages, leur revendication de la « prudence », mot sur-employé dans la correspondance de Mme de Merteuil et qui désigne la qualité politique par excellence depuis Machiavel, en font des incrédules qui ne raisonnent qu'en termes de savoir et de manipulation. « Faire croire » suppose en effet de n'accorder aucune valeur de vérité à la croyance et de disposer d'un savoir pragmatique dénué de doute sur lui-même dont la visée totalisante n'est jamais très loin d'être totalitaire. Cette visée totalisante est aussi celle du diseur de vérité selon Arendt dans « Vérité et politique » : « du point de vue politique la vérité a un caractère despotique (...) une force coercitive »[14] à l'opposé de l'action politique pour laquelle tout est faits, conflits et recherche de consensus.

Annihiler en soi la croyance met finalement en crise l'individu et la collectivité car elle condamne par ricochet la sphère des affects au profit d'un scepticisme ou d'un scientisme, au péril d'un savoir tout-puissant, sans contre-pouvoir, sinon celui du cynisme. Si dans l'univers libertin des *Liaisons dangereuses* il est dangereux de croire ce que l'on veut vous faire croire, il est aussi dangereux de ne croire personne : « [j]e meurs pour ne vous avoir pas cru » dit Mme de Tourvel à Mme de Rosemonde[15]. Les croyances dangereuses de Mme de Tourvel s'inversent tout du long du roman en croyances christiques qui font crédit au menteur, par amour, et charité aussi : elle discerne en ce Judas (Valmont) la possibilité de surpasser les diktats du libertinage et prie pour que lui soient remis ses

[13] acte IV, scène 4 [14] III [15] lettre 147

fautes au moment de sa mort. En ce sens elle propose un contrepoids parfait à l'insensibilité cynique de la marquise. Comme le remarque Arendt, « le résultat à long terme le plus sûr du lavage de cerveau est un genre particulier de cynisme – un refus absolu de croire en la vérité d'aucune chose, si bien établie que puisse être cette vérité ».[16] De ce point de vue la possibilité de croire et de faire croire, à l'égal du mensonge en politique, « fait partie des quelques données manifestes et démontrables qui confirment l'existence de la liberté humaine »[17].

Réponse LES LIENS étroits que l'expérience humaine constate entre croyance et émotion, liens qu'instrumentalise toute tentative de faire croire, ne peuvent jamais être interprétés en termes de causalité stricte, sinon dans la perspective d'un art poétique ou d'un libertinage qui ferait des apparences du vrai, du vraisemblable, leur credo. En effet toute croyance comporte, à un moment, le choix de s'y abandonner : confiance aveugle ou suspension volontaire d'incrédulité, le doute est librement rejeté. Par suite les affects qui modulent les réponses cognitives collectives ou individuelles, les biais qui s'y rapportent, ne sont pas en mesure de les déterminer absolument ou automatiquement. Mais le danger pour l'esprit d'être mu à son insu par la manipulation de ses affects et d'être ainsi induit en croyance l'amène parfois à développer une méfiance pathologique assortie à une volonté de tout savoir et de tout dominer qui pourrait le faire basculer dans une insensibilité tyrannique ou un cynisme quasi satanique.

Ouverture La croyance éclairée et l'expression des émotions ne sont-elles pas aussi pour l'esprit humain une manière essentielle d'apprivoiser ou d'habiter le réel ?

IV Éviter le hors-sujet

Ce qui fait sujet ici, et donc problème, est l'affect, l'émotion, présentée comme préalable cognitif nécessaire, mais non suffisant, du « faire croire ». Attention à ne pas flirter avec la question de cours vue en Terminale sans prêter attention à cet aspect ! En outre on attend de vous une dissertation de « littérature comparée » nourrie de références aux œuvres du programme, qu'il faut faire dialoguer entre elles, et non un devoir général et linéaire de type bac sur un sujet comme « Savoir, est-ce ne rien croire ? » (baccalauréat technologique, 2021)

[16] « Vérité et politique », IV [17] « Vérité et politique », IV

Notions abordées : mensonge, intérêt, faire semblant, pouvoir

Sujet 6

« L'un des mensonges les plus fructueux, les plus intéressants qui soient, et l'un des plus faciles en outre, est celui qui consiste à faire croire à quelqu'un qui vous ment qu'on le croit. »

(Sacha Guitry, *Toutes réflexions faites*, 1947)

Vous analyserez et commenterez cette réflexion à la lumière des œuvres au programme.

Corrigé proposé par Jacques Bianco

I Analyse du sujet

1 Analyse des termes du sujet

Sacha Guitry décrit la célèbre situation de l'arroseur arrosé : le menteur n'est pas trompeur, mais trompé ; celui à qui l'on a essayé de faire croire (en vain) fait croire (avec succès) qu'il est dupe. Le menteur initial, qui pense avoir un coup d'avance, en a un de retard – c'est cette différence de deux coups (alors qu'un mensonge classique, lorsqu'il est cru, n'en donne qu'un) qui fait dire à Guitry que ce type de mensonge compte parmi les plus « fructueux », « intéressants ». La métaphore est pécuniaire : celui qui identifie un mensonge a l'occasion d'un gain plus avantageux. En outre, cette contre-attaque est « facile » : plus discrète que le mensonge initial, elle se nourrit de lui et n'éveille pas les soupçons ; elle a la vertu de satisfaire le menteur originel et d'endormir sa vigilance ; sûr de sa supériorité, celui-ci laisse sa prétendue victime intriguer en liberté. Tout au plus ce mensonge facile requiert-il une modeste aptitude à jouer la naïveté, à faire semblant.

Ce procédé paraît donc opérer un renversement dans le rapport de domination. Toujours est-il que le second menteur se nourrit du premier, c'est-à-dire qu'il dépend de lui, n'existe que par lui : le renversement hiérarchique n'est plus si net. Le second menteur prend-il le dessus sur le premier, ou ne fait-il que tâcher de résister à sa puissance, discrètement, sans risque ? Faire croire au menteur qu'on le croit, c'est consentir silencieusement à sa puissance, lui céder intellectuellement : peu importe que le mensonge soit cru pour de bon ou non, s'il a libre cours dans les faits.

2 Confrontation aux œuvres

Le libertin, dans ***Les Liaisons dangereuses***, est par excellence celui qui anticipe, qui prévoit le mensonge et le redouble. Là est toute la différence de langage entre Cécile de Volanges ou Danceny, qui écrivent sans fard ce qu'ils sentent, et Valmont ou Merteuil, qui se prêtent au jeu de leur correspondant pour mieux en triompher. Mais ces derniers ne feignent pas tant de croire à des mensonges – leurs correspondants ne mentent que bien peu – qu'à des systèmes et des valeurs ; ou alors, ils feignent de croire à des mensonges par omission, quand on veut leur cacher un sentiment honteux qu'ils ont deviné, voire provoqué. La mésaventure de Prévan vis-à-vis de Merteuil, un libertin trompé par une libertine, confirme en outre le propos.

Notre sujet rencontre un écho certain dans les analyses d'**Hannah Arendt**, mais il est plutôt démenti. Dans « Vérité et politique », on trouve bien un exemple éloquent d'un mensonge qui n'est pas cru : il s'agit de la fausse duperie des camps. Mais le peuple qui feint d'ignorer est loin du mensonge fructueux dont parle Guitry : c'est un aveu de faiblesse et un consentement à l'horreur. Dans « Du mensonge en politique », Arendt montre que le gouvernement américain faisait semblant de croire à un mensonge dont il n'était pas originellement dupe – avant de s'autopersuader du contraire : mais cette lucidité vis-à-vis du mensonge n'a pas permis le triomphe ; elle a fini par s'endormir et précipité le désastre au Vietnam.

À première vue, ***Lorenzaccio*** se prête mal à l'analyse d'un tel sujet : le duc est dupe du double jeu de Lorenzo, et n'anticipe pas son mensonge. Toutefois, l'intrigue secondaire concernant le cardinal et la marquise Cibo s'y conforme davantage : le cardinal fait semblant de croire sa belle-sœur quand elle lui dit qu'elle se prépare à recevoir une amie, elle qui s'apprête à accueillir Alexandre (III, 5) ; et celle-ci feint d'abord de ne pas comprendre que son beau-frère la manipule, pour qu'elle-même manipule le duc.

3 Problématisation

Nous avons vu que mentir au menteur en faisant semblant de le croire induit nécessairement un rapport de force. Dans quelle mesure celui qui fait semblant de croire à un mensonge renverse-t-il le rapport de domination vis-à-vis du menteur ?

II Plan détaillé

I Faire semblant de croire au mensonge donne l'avantage sur le menteur
   1. L'hypocrisie permet d'intriguer en toute liberté
   2. La vigilance du menteur s'endort
   3. Le pouvoir est affaire de lucidité

Nous voyons que le renversement du rapport de force appelle un triomphe immédiat de celui qui ne se laisse pas duper. Sinon, peu importe qu'il soit crédule ou non : il laisse le menteur jouir de son pouvoir.

II Laisser mentir le menteur, c'est lui laisser le pouvoir
1. Malgré la connaissance du mensonge, le doute peut persister
2. Faire semblant de croire sans agir, c'est consentir à la tyrannie
3. Le danger de l'autopersuasion

Les écueils qui menacent celui qui redouble le mensonge nous empêchent de conclure au renversement du rapport de force. En réalité, celui-ci est biaisé dès lors où le pouvoir repose sur le mensonge : pour être fort, il doit se construire sur la revendication de la vérité.

III Le pouvoir sur le menteur se conquiert par la vérité
1. Mentir au menteur, un « honteux avantage »
2. Une lutte stérile qui se conclut par un *statu quo*
3. Faire savoir au lieu de faire croire, le triomphe du contre-pouvoir

III Dissertation rédigée

Accroche

TOUTE l'intrigue du film *L'Arnaque* de George Roy Hill repose sur la fausse crédulité du mensonge : l'arnaqué feint de croire à l'arnaque, et peut à son tour arnaquer les arnaqueurs. Feindre de croire le menteur, c'est le doubler.

Citation et analyse

C'est exactement la perspective de Sacha Guitry lorsqu'il écrit, dans *Toutes réflexions faites* : « L'un des mensonges les plus fructueux, les plus intéressants qui soient, et l'un des plus faciles en outre, est celui qui consiste à faire croire à quelqu'un qui vous ment qu'on le croit. » Si ce mensonge est si intéressant, c'est parce qu'il permet au dupé de doubler le dupeur, d'avoir un coup d'avance sur celui qui pensait en infliger un de retard – d'où l'image financière de l'intérêt, de la fructification. Si ce mensonge est « facile », c'est parce qu'il est discret : faire semblant de croire le menteur le satisfait. Cette attitude induit donc un renversement du rapport de force : le trompeur devient trompé, et perd lorsqu'il croyait triompher. Mais ce renversement ne va pas de soi : le second mensonge dépend du premier, et lui est donc hiérarchiquement soumis ; il risque de se contenter de lui résister. Faire croire au menteur qu'on le croit, c'est peut-être consentir silencieusement à sa puissance : il y aurait donc deux mensonges qui ne se rencontrent pas.

Pbmatique

Dans quelle mesure celui qui fait semblant de croire à un mensonge renverse-t-il le rapport de domination vis-à-vis du menteur ?

Plan Certes, faire croire au menteur qu'on le croit semble retourner contre lui l'effet du mensonge. Mais c'est aussi le laisser intriguer et risquer de subir les méfaits du mensonge. Dès lors, il s'agit de prendre le pouvoir sur le menteur en lui opposant la vérité.

FAIRE croire au menteur qu'on le croit, c'est en effet l'opportunité d'un renversement à la fois fructueux et facile de son ascendant.

Non content de jouir d'un coup d'avance, celui qui ne se laisse pas duper par le mensonge a toute la liberté de préparer le sien. C'est ainsi qu'agit Valmont vis-à-vis de la présidente de Tourvel : sa manipulation à son endroit provoque le mensonge qu'il ne croira pas, et renforce ainsi le sien. Il prévoit par exemple son émoi à son retour chez sa tante, que la présidente justifie maladroitement : « Vous n'avez pas craint de m'exposer à une surprise dont l'effet, quoique bien simple assurément, aurait pu être interprété défavorablement pour moi »[1]. Ce mensonge n'est non seulement pas cru par Valmont, mais il contribue même à sa victoire sur elle – il n'hésite d'ailleurs pas à s'en vanter auprès de Merteuil. L'hypocrisie permet bien d'intriguer en toute liberté : c'est ainsi que Lorenzo peut presque grossièrement voler la cotte de mailles qui protège habituellement le duc[2] ; celui-ci se doute que c'est son cousin qui l'a prise – « c'est toi qui l'as égarée » – mais ne pousse pas l'enquête. C'est que Lorenzo fait habituellement semblant de croire à la suprématie du duc, dont la vigilance est nulle auprès de son parent.

Ce qui rend le procédé exprimé par Guitry facile, c'est que la vigilance du menteur initial s'endort : satisfait, il croit avoir un coup d'avance, et se rend difficilement compte du revers de la situation dont il sera victime. L'exemple le plus éloquent est sans doute celui de Prévan : cachant naturellement à Merteuil l'intérêt qu'il a à la séduire, il ne se doute pas que Valmont lui a tout révélé[3]. Cela autorise la marquise à affirmer avec assurance : « je veux l'avoir et je l'aurai ; il veut le dire, et il ne le dira pas »[4]. Faire semblant de se prêter au jeu de Prévan permet à la marquise de mieux le piéger, en feignant, une fois Prévan dans sa chambre, un attentat à sa vertu[5]. Arendt, analysant l'attitude du gouvernement américain dans sa gestion du conflit vietnamien, et de l'orchestration de sa désinformation, montre qu'en effet le menteur sûr de son fait se fait piéger par son manque d'attention, y compris lorsque le secret du mensonge lui-même est en danger : « Comme de toute façon ils avaient choisi de vivre à l'écart des réalités, il ne leur paraissait pas plus difficile de ne pas prêter attention au fait que leur public refusait de se laisser convaincre que de négliger les autres faits »[6].

---

[1] lettre 78 [2] II, 5 [3] lettre 70 [4] lettre 81 [5] lettre 85 [6] « Du mensonge en politique », IV

Le pouvoir est donc affaire de lucidité : il appartient à celui qui anticipe le mieux les mensonges et les actions de son adversaire. Le cardinal Cibo l'a bien compris, qui compte sur sa belle-sœur pour séduire le duc et infléchir sa politique ; il connaît les mœurs dépravées du souverain et tâche d'en tirer profit : « Alexandre aime ma belle-sœur ; que cet amour l'ait flattée, cela est croyable ; ce qui peut en résulter est douteux ; mais ce qu'elle en veut faire, c'est là ce qui est certain pour moi »[7]. Arendt montre bien que le pouvoir est affaire de lucidité, non de vérité. Il est possible, et même souvent recommandé pour le pouvoir en place, de mentir ; mais il s'agit alors de s'assurer de tous les moyens possibles pour que le mensonge soit cru, ou alors le pouvoir est menacé. Ainsi Arendt cite-t-elle Hobbes : « s'il eût été contraire [...] à l'intérêt des hommes qui détiennent la domination que les trois angles d'un triangle soient égaux à deux angles d'un carré, cette doctrine eût été [...] supprimée par la mise au bûcher de tous les livres de géométrie. »[8] Celui qui s'oppose au pouvoir du menteur en feignant sa crédulité se doit ainsi de renverser immédiatement le rapport de force, car il reste au menteur des armes pour jouir des effets de son mensonge.

Nous voyons que le renversement du rapport de force appelle un triomphe immédiat de celui qui ne se laisse pas duper. Sinon, peu importe qu'il soit crédule ou non : il laisse le menteur jouir de son pouvoir.

Faire croire au menteur qu'on le croit est un jeu dangereux : sans triomphe immédiat, le renversement du rapport de force n'est pas net, et la victime du mensonge, quoique non dupe de celui-ci, peut continuer à le subir.

En effet, faire semblant de croire sans agir peut être, au contraire, un signe de soumission, et donc d'assentiment, au mensonge. Dans « Vérité et politique », Arendt rappelle que les pouvoirs totalitaires nazi et stalinien, en niant la vérité des camps, ne dupaient personne, mais la terreur qu'ils exerçaient avait pour effet de faire ignorer cette vérité : « il était plus dangereux de parler des camps de concentration et d'extermination, dont l'existence n'était pas un secret, que d'avoir et d'exprimer des vues « hérétiques » sur l'antisémitisme, le racisme et le communisme »[9]. Cette politique de terreur, qui contraint ses sujets au silence, se vérifie dans la Florence des Médicis, dont nul n'ignore les vices et la tyrannie, mais contre lesquels nul ou presque n'ose se battre, c'est-à-dire contre lesquels nul ne sait s'exprimer, même en connaissance de cause : au tout début de la pièce, Maffio, qui s'interpose pour défendre l'honneur de sa sœur, est condamné à l'exil, et donc au silence. Ainsi la malhonnêteté du duc est-elle protégée.

---

[7] II, 3 [8] « Vérité et politique », I [9] « Vérité et politique », II

En outre, même si la victime du mensonge ne consent pas à se laisser faire, le doute, au-delà de la connaissance du mensonge, peut persister : et si le mensonge n'en était pas un ? Et si c'était la tierce personne, qui a révélé le mensonge, qui mentait réellement ? Ainsi la présidente de Tourvel, d'abord renseignée par Mme de Volanges sur la véritable nature de Valmont, refuse de croire à ses vices ; elle-même, émue par le délire amoureux de son amie, et alors même qu'elle sait Valmont menteur depuis le début, en vient à faire l'hypothèse de sa sincérité. Elle s'interroge auprès de Mme de Rosemonde : « Mais que direz-vous de ce désespoir de M. de Valmont ? D'abord faut-il y croire, ou veut-il seulement tromper tout le monde, et jusqu'à la fin ? »[10] Le prétendu éditeur de la correspondance s'amuse à laisser planer le doute chez le lecteur lui-même, en précisant, au moyen d'une note de bas de page, que rien dans la suite des lettres ne permet de répondre à la question... Il est en effet difficile, dans la situation délicate où se trouve le dupé, de garder la froideur nécessaire pour contrer le mensonge : ainsi le duc Alexandre se laisse-t-il piéger par Lorenzaccio alors même qu'il est mis au courant de l'attentat fomenté contre lui : « cela ne se peut pas »[11], répond-il au cardinal qui l'informe du guet-apens.

Cela nous conduit naturellement à l'ultime écueil qui guette le dupé : celui de l'autopersuasion. La présidente de Tourvel ne se contente pas de douter du mensonge supposé de Valmont : elle refuse d'y croire ; elle s'accroche à chaque prétexte de lire l'amour dans la tromperie. Après avoir déploré auprès de Mme de Rosemonde la trahison de Valmont, qu'elle a surpris avec Émilie[12], elle se repent de ses doutes et rebrousse chemin dès la lettre suivante : « Valmont est innocent ; on n'est point coupable avec autant d'amour »[13]. Or, l'autopersuasion guette à la fois le dupé et le menteur : ainsi Arendt explique-t-elle la débâcle américaine au Vietnam. À force de mentir à l'opinion, le gouvernement s'est illusionné lui-même : « plus un trompeur est convaincant et réussit à convaincre, plus il a de chances de croire lui-même à ses propres mensonges »[14]. Le secret, à force d'être protégé, a fini par en devenir un pour eux aussi. Dès lors, dans cette mécanique du mensonge redoublé, le même danger menace le menteur initial et le faux dupé : si le rapport de force est renversé, les atouts du contre-pouvoir le sont également, et le nouveau menteur risque de verser dans les mêmes écueils que le précédent.

Les écueils qui menacent celui qui redouble le mensonge nous empêchent de conclure au renversement du rapport de force. En réalité, celui-ci est biaisé dès lors où le pouvoir repose sur le mensonge : pour être fort, il doit se construire sur la revendication de la vérité.

---

[10] lettre 154 [11] IV, 10 [12] lettre 135 [13] lettre 139 [14] « Du mensonge en politique », IV

FAIRE semblant de croire le menteur est un jeu indubitablement dangereux : même en cas de succès, il peut se retourner contre le second menteur, lui-même trompé par la mécanique subversive de sa stratégie.

Que d'efforts, en effet, pour Lorenzo, et pour quel médiocre résultat ! Des années de double jeu, pour assassiner le duc, certes, mais sans parvenir à renverser la tyrannie florentine ; et quel triste dommage collatéral pour lui, qui déplore, à la fin de la pièce, que son rôle lui ait donné le goût de la débauche. Non seulement il assume l'échec politique (« que les républicains n'aient rien fait à Florence, c'est là un grand travers de ma part »[15]), mais lors de sa dernière apparition sur scène, il paraît las, désabusé, honteux d'avoir versé dans la corruption pour rien. Quand Danceny révèle à Valmont qu'il est instruit de son double jeu – le vicomte faisait semblant de croire aux mensonges du chevalier, qui lui cachait sa liaison avec Merteuil – il lui écrit : « je ne vous envie pas ce honteux avantage »[16]. Avantage, certes, qui a permis à Valmont d'intriguer sereinement de son côté, sûr de son avance sur le chevalier ; mais qui précipite également sa chute : le déshonneur, le duel et la mort.

Ce dernier exemple est éloquent : il montre que le jeu consistant à faire croire au menteur qu'on le croit est moins l'occasion d'un renversement du rapport de force que d'une opposition stérile se concluant par un *statu quo*. Valmont et Danceny s'affrontent et, au seuil de la mort du premier, se réconcilient, sans que nul n'en sorte grandi ou victorieux. Dans *Lorenzaccio*, les Cibo se tiennent sourdement tête à coup de mensonges jamais crus par l'autre : la marquise comprend aussitôt que ce n'est pas pour la confondre vis-à-vis de son mari que son beau-frère l'incite à répondre favorablement aux avances du duc[17] ; le cardinal sait que c'est Alexandre, et non une amie, que s'apprête à recevoir sa belle-sœur[18] ; intrigue vaine qui reste lettre morte, puisque la marquise avoue elle-même l'adultère à son mari, sans avoir infléchi en rien la politique du duc[19]. Faire semblant de croire à des mensonges tord la réalité et corrompt le rapport de force ; ainsi Arendt explique-t-elle la déroute au Vietnam : « Comment auraient-ils pu s'intéresser à une réalité aussi nettement définie que celle de la victoire, alors qu'ils poursuivaient la guerre sans en attendre de gains territoriaux ni d'avantages économiques [...] ? »[20] À force de mentir et de croire au mensonge, on en perd la réalité du conflit.

Dès lors, ce n'est pas tant en faisant croire qu'en faisant savoir que peut triompher le contre-pouvoir. Opposons ainsi la passivité de Philippe Strozzi, qui fait croire sans faire (« On croit Philippe Strozzi un honnête homme, parce qu'il fait le bien sans empêcher le mal ! »[21]), au courage du

[15] V, 7 [16] lettre 162 [17] II, 3 [18] III, 5 [19] IV, 4 [20] « Du mensonge en politique », IV
[21] II, 5

New York Times, qui a choisi, en 1971, de faire savoir pour mettre fin au mensonge : cela permet à Arendt de conclure son essai « Du mensonge en politique » par la démonstration de la nécessité d'une presse libre pour faire éclore la vérité, même dans un régime démocratique. Après avoir échoué à faire croire, c'est justement en faisant savoir la véritable nature de la marquise que Danceny et Valmont, réconciliés *in extremis*, empêchent cette dernière de triompher. Telle semble être la leçon universelle : le plus fructueux, le plus intéressant, est de faire savoir au menteur qu'il a tort.

Réponse APRÈS avoir justifié, non sans raison, l'avantage que prenait celui qui feignait de croire au mensonge sur le menteur, nous avons dû reconsidérer le rapport de force, sans omettre que le menteur, *in fine*, persiste à mentir si on le laisse faire. En outre, si le pouvoir est renversé, le nouveau menteur s'expose aux mêmes apories que le précédent...

Ouverture Ainsi, pour triompher du menteur démasqué, il s'agira donc de lui opposer la vérité, plutôt que redoubler le mensonge : telle est l'assise la plus certaine du pouvoir conquis.

IV Éviter le hors-sujet

À plusieurs reprises, dans *Les Caractères*, La Bruyère décrit la fausseté du courtisan, qui par essence fait semblant, mais dont l'hypocrisie ne trompe pas toujours ; par exemple : « Un homme qui sait la cour [...] dissimule les mauvais offices, sourit à ses ennemis, contraint son humeur, déguise ses passions, dément son cœur, parle, agit contre ses sentiments : tout ce grand raffinement [est] quelquefois aussi inutile au courtisan pour sa fortune, que la franchise, la sincérité et la vertu. »

Un tel propos est proche du nôtre : on reconnaît la tension du dupeur dupé, le thème de l'hypocrisie consistant à laisser libre cours aux mensonges du courtisan, en connaissance de cause et sans risque. Mais notre sujet diffère : il explore le rapport de force entre le menteur et celui qui n'en est pas dupe, tandis que le propos de La Bruyère renvoie dos à dos, dans le monde de faux-semblants de la cour, le dissimulateur et l'homme sincère. Peu importe alors, *in fine*, que le mensonge soit compris comme tel ou non.

Notions abordées : intrigue, mensonge, auto-persuasion

Sujet 7
« Intriguer tend toujours à *faire croire* quelque chose à quelqu'un ; toute intrigue est une architecture de mensonges. » (Malraux, préface des *Liaisons dangereuses*, éd. Folio classique)
Vous examinerez la pertinence de ce propos en le confrontant aux trois œuvres au programme.

Corrigé proposé par Benjamin Dufour

I Analyse du sujet

1 Analyse des termes du sujet

Le terme d'« intrigue » est polysémique. S'il désigne, dans son sens général, une série d'actions secrètes en vue d'une action, il peut également être employé au sens d'une « intrigue amoureuse ». Enfin, dans un sens littéraire, l'intrigue désigne le déroulement des faits narrés ou mis en scène. Il ne fait aucun doute que Malraux joue ici avec les trois sens du terme. André Malraux explique dans cette préface qu'intriguer implique nécessairement la duperie, l'acte de faire croire quelque chose à quelqu'un, proposant ainsi que nul ne saurait construire un projet secret en vue d'un objectif personnel sans mentir ou duper autrui. L'idée de construction du projet est incluse dans l'image de l'« architecture de mensonges », qui implique que l'accumulation de mensonges donne lieu à un ensemble non seulement cohérent, mais également ordonné.

Il est également important de noter que Malraux opère ici un glissement entre « faire croire » et « mensonges ». Ce glissement ne va pas de soi, et il est possible d'envisager des situations où quelqu'un aurait besoin de convaincre d'une vérité, non admise par tous, afin d'arriver à ses fins. Cela incite à réfléchir à l'hypothèse d'une intrigue – dans tous les sens du terme – sans duperie. De cette analyse du sujet se dégagent ainsi trois grandes idées directrices : les différents sens du terme « intrigue » ; la dimension construite et cohérente de l'intrigue, qui justifie l'utilisation de l'image de l'architecture par Malraux ; et le caractère systématique de la relation entre intrigue et mensonge – peut-on imaginer une intrigue honnête ?

2 Confrontation aux œuvres

Dans la mesure où la citation à commenter est directement extraite de la préface aux *Liaisons dangereuses*, il n'est pas surprenant que cette œuvre soit particulièrement pertinente pour illustrer la thèse de **Malraux**, d'autant plus que les trois sens du mot « intrigue » s'entremêlent à chaque page : que l'on songe par exemple que Valmont, pour se venger de Mme de Volanges (intrigue au sens général), séduit Cécile Volanges (intrigue amoureuse), en en faisant des récits (intrigue narrative) à la marquise de Merteuil. En suivant la correspondance des personnages, le lecteur peut suivre l'élaboration des projets, dans toute leur complexité, et cela rend ainsi visible toute l'architecture de mensonges requise par leurs intrigues respectives. La relation entre Cécile Volanges et le chevalier Danceny soulève par ailleurs la question de la frontière ténue entre honnêteté et mensonge.

Les écrits de **Hannah Arendt** nous fournissent un autre exemple d'intrigue reposant sur une construction de mensonges : les documents du Pentagone, tels qu'ils sont analysés dans l'essai « Du mensonge en politique », révèlent que le projet était plus de faire croire à l'hégémonie militaire américaine, que la victoire militaire en elle-même. Ce projet repose sur différents acteurs et différentes institutions, qui illustrent cette architecture évoquée par Malraux. Cet essai, de même que « Vérité et politique », invite également à problématiser le rôle de l'intrigant : pour que l'intrigue soit convaincante, ne faut-il pas que l'intrigant lui-même soit convaincu des mensonges qu'il emploie ?

Lorenzaccio, enfin, est une autre illustration des différents sens de l'intrigue, et de leurs liens respectifs avec le mensonge : la représentation théâtrale est, par nature, artificielle, dans la mesure où elle repose sur un texte créé de toutes pièces par l'auteur, avec des personnages qui jouent un rôle sur scène ; cette fiction est soulignée par les nombreuses références aux masques, aux déguisements, aux rôles à jouer, mais aussi par les anachronismes qui brisent l'illusion de réel, en rappelant au spectateur, à la manière de clins d'œil, l'artificialité de la pièce à laquelle il est en train d'assister. L'intrigue du meurtre du duc de Florence repose elle aussi sur une accumulation de mensonges et de *faire croire*, mais soulève également la question de la place de l'honnêteté dans l'intrigue.

3 Problématisation

Le point de discussion central nous semble être le rôle de l'intrigant ; il y a en effet une tension entre la vérité de l'intrigue et les mensonges de son architecte, de sorte que le vrai ne saurait se passer du faux. De même qu'il est toujours question de « faire croire » à quelqu'un, ne serait-il pas également nécessaire pour l'architecte de croire lui aussi à cette architecture de mensonges ? Si intriguer relève bien d'une duperie organisée, cet acte n'implique-t-il pas également un rôle spécifique pour l'intrigant, seul garant de la distinction entre réalité et mensonge ?

II Plan détaillé

I Intriguer, c'est toujours et nécessairement mentir à quelqu'un

1. L'intrigue comme suite nécessaire de mensonges
2. La nécessité de bâtir une construction cohérente de mensonges
3. Faire croire sans mentir : la possibilité d'une intrigue honnête ?

Si toute intrigue semble bel et bien reposer sur une accumulation ordonnée de mensonges, niant la possibilité d'une intrigue fondée sur l'honnêteté, la réussite de l'intrigue semble néanmoins reposer sur une duperie de l'intrigant par lui-même : *faire croire* inclut *se faire croire.*

II Intriguer, c'est également se persuader et se duper

1. La nécessité pour l'intrigant de croire à ses propres mensonges
2. L'intrigue s'impose parfois à son auteur, qui ne peut plus faire marche arrière
3. La confusion entre le mensonge et le réel

Ainsi, il semble que ce « faire croire » n'est pas seulement dirigé vers les autres, mais aussi vers soi-même. Cette tension prend également place dans l'intrigue, cette fois au sens littéraire du terme, où l'auteur, pour faire croire à la réalité de son œuvre, doit trouver un équilibre entre feinte adhésion à la fiction et distance critique.

III Le mensonge dans la création littéraire : faire croire à un récit

1. Tout récit crée une « image » à laquelle il faut faire croire
2. La feinte adhésion de l'auteur à l'intrigue
3. Une position qui trahit l'artificialité de l'intrigue ?

III Dissertation rédigée

Accroche

On prétend que Talleyrand, homme d'État et diplomate du tournant du XIXe siècle, aurait défini le ministre comme « un intrigant qui a réussi » ; il soulignait par cette formule le lien intrinsèque qui existe entre la réussite dans une carrière et la nécessité du mensonge et de la dissimulation.

Citation et analyse

Malraux, dans sa préface au roman de Laclos, part du même constat lorsqu'il écrit : « Intriguer tend toujours à *faire croire* quelque chose à quelqu'un ; toute intrigue est une architecture de mensonges. » Mais il ajoute à cette idée une exigence d'ordre : intriguer ne consiste pas seulement à mentir pour réussir, mais aussi à bâtir un système de mensonges qui soit cohérent et persuasif. Profitant de la polysémie du terme « intriguer », qui se rapporte aussi bien à une intrigue amoureuse, à un complot qu'à l'intrigue d'un récit, Malraux défend l'idée selon laquelle ces trois domaines seraient unis derrière la pratique du mensonge, qui serait la caractéristique première de l'intrigue. Mais l'intrigue ne serait pas seulement une suite décousue de mensonges ; au contraire, en recourant à l'image de l'architecture, Malraux nous invite à la considérer comme une construction, comme une succession élaborée et consciente de mensonges. Cette conception met en tension le rapport entre le réel et le mensonge, dans la mesure où l'intrigue, qui vise à modifier dans les faits la réalité, ne pourrait s'appuyer que sur le mensonge, rejetant ainsi l'hypothèse d'un intrigant qui aurait recours à la vérité et ferait preuve d'honnêteté pour agir sur le réel.

Pbmatique

Si intriguer relève bien d'une duperie organisée, cet acte n'implique-t-il pas également un rôle spécifique pour l'intrigant, seul garant de la distinction entre réalité et mensonge ?

Plan

Après avoir analysé dans quelle mesure l'intrigue implique nécessairement le mensonge, malgré des tentatives d'intrigue honnête, nous envisagerons plus en détail le statut de l'intrigant : intriguer, c'est aussi *se* faire croire quelque chose. Enfin, en nous interrogeant à nouveau sur la polysémie du mot « intrigue », nous développerons les raisons faisant de l'auteur le parangon de l'intrigant.

L'intrigue, pour suivre la conception de Malraux, se définit nécessairement comme une suite cohérente de mensonges, qui désamorce toute tentative d'intrigue fondée sur la vérité.

De fait, si nous définissons l'intrigue comme le fait de mener des pratiques secrètes dans le but de faire réussir une affaire, il en ressort immédiatement un lien avec la dissimulation, et, par suite, avec le mensonge.

En effet, comme le montre Hannah Arendt dans « Vérité et Politique »[1], la bonne foi ne permet pas en tant que telle de changer le monde et les circonstances dans lesquelles elle prend place. Dès lors que l'on souhaite modifier l'ordre en place, c'est par la dissimulation et le mensonge que l'on peut y parvenir. Songeons par exemple à Salviati prétendant que les Strozzi se sont offusqués du goût du duc pour leur sœur, afin de les faire condamner[2], quand le lecteur ou spectateur sait qu'il n'en est rien. Songeons également à la machinerie de Valmont pour convaincre de sa valeur la présidente de Tourvel afin d'amorcer avec elle une intrigue amoureuse : « J'ai voulu que ce moyen scandaleux tournât à l'édification publique, et voici ce que j'ai fait. J'ai chargé mon confident de me trouver, dans les environs, quelque malheureux qui eût besoin de secours. »[3]

Néanmoins, la seule accumulation de mensonges ne suffit pas. Il faut, dans les termes de Malraux, une « architecture », une construction pensée et ordonnée qui confère sa force à l'intrigue. La notion de « plan » apparaît à de nombreuses reprises dans *Les Liaisons dangereuses.* Elle souligne la construction des intrigues que fomentent Valmont et Merteuil : un exemple nous en est donné par la lettre 44, où Valmont expose à Merteuil tout son stratagème pour obtenir les lettres que la présidente cachait (« mon heureuse adresse a surpris son secret »). Il est intéressant de noter que cette construction ne se voit pas nécessairement couronnée de succès. À ce titre, les efforts vains du régime soviétique pour faire disparaître Trotski des mémoires, tels qu'ils sont décrits par Arendt, révèlent la complexité du dispositif nécessaire à la réalisation du projet[4].

Il arrive enfin que des individus tentent de fonder leur entreprise sur l'honnêteté. Un diseur de vérité peut certes perturber l'ordre établi « s'il lui arrive de s'opposer au profit et au plaisir d'un groupe donné »[5] ; toutefois, les œuvres que nous considérons tendent plutôt à montrer que ces tentatives n'aboutissent pas : lorsque Lorenzo annonce aux républicains qu'il est sur le point de tuer le duc, il n'est accueilli que par des moqueries : « Vraiment, Lorenzo ! Si tu es gris, va plaisanter ailleurs[6]. » De même, la présidente de Tourvel, malgré sa pruderie affirmée, fait suivre Valmont par un espion lors de ses parties de chasse, en mentant à son amie et confidente sur ses motivations (« un de mes gens devait aller du même côté que lui » ([7]).

Si toute intrigue semble bel et bien reposer sur une accumulation ordonnée de mensonges, niant la possibilité d'une intrigue fondée sur l'honnêteté, la réussite de l'intrigue semble néanmoins reposer sur une duperie de l'intrigant par lui-même : *faire croire* inclut *se faire croire.*

[1] IV [2] acte II, scène 7 [3] lettre 21 [4] « Vérité et politique », IV [5] « Vérité et politique », II
[6] acte IV, scène 8 [7] lettre 22

IL SEMBLERAIT que, pour qu'une intrigue puisse aboutir, son architecte ait besoin de croire lui-même à ses mensonges, ce qui le menace d'être dépassé par ses propres intrigues, et de confondre le réel avec le mensonge.

Dans les termes de Hannah Arendt, « plus un menteur réussit, plus il est vraisemblable qu'il sera victime de ses propres inventions[8]. » Cela est dû au fait que seul un menteur convaincu saura convaincre les autres des mensonges dont la crédibilité est requise pour accomplir l'intrigue. Dès lors, de même qu'il faut faire croire les autres, il faut également *se* faire croire afin de donner le plus de chances de réussite possible à l'intrigue. Dans *Lorenzaccio*, le monologue de Lorenzo[9] illustre parfaitement ce prérequis : le personnage alterne entre phases de détermination (« J'irai droit au cœur ; il se verra tuer ») et phases de doute (« Oh ! mon Dieu, oui, pur caprice de jeune fille ; et quel motif de croire à ce meurtre ? »), traduisant ainsi le besoin qu'a l'intrigant de se convaincre lui-même avant de mettre son plan à exécution.

Néanmoins, l'intrigant même perd parfois le contrôle, et l'architecture de mensonges s'impose à lui, sans qu'il ne puisse plus s'en défaire. Songeons par exemple à l'anecdote médiévale de la sentinelle faisant faussement sonner l'alarme, et accourant lui aussi aux portes de la ville, comme relaté dans les deux essais de Hannah Arendt. De même, le personnage de Lorenzo se lamente : « Il est trop tard. Je me suis fait à mon métier. Le vice a été pour moi un vêtement ; maintenant il est collé à ma peau[10]. » Pris dans ses mensonges et ses trames, le personnage ne peut plus reculer mais est devenu, pour ainsi dire, prisonnier de ses mensonges.

Cette puissance de l'intrigue qui s'impose pour ainsi dire à son propre auteur entraîne une confusion entre le mensonge et le réel. L'intrigue cesse d'être un objectif, mais s'impose comme une nouvelle réalité. Dans *Les Liaisons dangereuses*, enfin, certaines intrigues fonctionnent tellement bien que les intrigants eux-mêmes finissent par être dupés : prenons à titre d'exemple le fait que Valmont, souhaitant séduire la présidente comme un défi (lettre 4) finit par confesser : « Je ne sortis de ses bras que pour tomber à ses genoux, pour lui jurer un amour éternel ; et, il faut tout avouer, je pensais ce que je disais[11]. »

Ainsi, il semble que ce « faire croire » n'est pas seulement dirigé vers les autres, mais également vers soi-même. Cette tension prend également place dans l'intrigue, cette fois au sens littéraire du terme, où l'auteur, pour faire croire à la réalité de son œuvre, doit trouver un équilibre entre feinte adhésion à la fiction et distance critique.

[8] « Vérité et politique », IV [9] acte IV, scène 9 [10] acte III, scène 3 [11] lettre 125

L'auteur de récit a un statut spécifique : si le récit repose nécessairement sur des mensonges, l'auteur doit feindre la crédulité pour le rendre crédible aux yeux du lecteur. Tout écueil dans cette attitude dévoile l'artificialité de l'intrigue.

Toute intrigue, au sens narratif du terme, implique, comme le montre Hannah Arendt, la fabrication d'une « image » du réel à laquelle il faut faire croire, que ce soit par la construction d'un récit qui induise une lecture des événements, par exemple dans le cas de la guerre du Vietnam, ou par la diffusion de mensonges niant les vérités – comme un pouvoir qui souhaiterait défendre l'idée selon laquelle la Belgique aurait envahi l'Allemagne[12]. Cette dynamique de construction d'un récit ne saurait être aussi forte que dans la création littéraire, où l'auteur doit construire un monde crédible, quoique factice, qui « semble » réel au lecteur. Aussi Musset accumule-t-il les références au monde réel dans *Lorenzaccio*, en reprenant des personnages historiques (les Médicis, les Strozzi...), un événement historique (l'assassinat d'Alexandre de Médicis en 1537), mais également en insérant des jurons italiens pour accroître la vraisemblance de la pièce (« Par le corps de Bacchus ! », « Baste ! »[13]). Il ne s'agit pas seulement de donner quelques éléments de vraisemblance, mais il faut constituer une « architecture de mensonges » capable de soutenir la création littéraire.

Parfois, pourtant, la simple création d'un monde crédible ne suffit pas, et l'auteur, comme l'intrigant, se doit de feindre l'adhésion à cette crédibilité. À titre d'exemple, dans *Les Liaisons dangereuses*, Laclos parsème son œuvre de notes concernant les lettres, donnant l'illusion d'une correspondance réelle : en note de la lettre 16, par exemple, il écrit « La lettre où il est parlé de cette soirée ne s'est pas retrouvée. » Cette tension entre vérité et mensonge est explicitée dans l'avertissement de l'éditeur : « [M]algré le titre de cet ouvrage et ce qu'en dit le rédacteur dans sa préface, nous ne garantissons pas l'authenticité de ce recueil ». Nous voyons ainsi combien la création d'une intrigue requiert de l'auteur une virtuosité capable de faire croire à la réalité du monde construit.

Une lecture attentive permet néanmoins, pour filer la métaphore, de faire apparaître la charpente de ces intrigues. Le sort de Mme de Merteuil, qui est atteinte de la petite vérole et « en est revenue, il est vrai, mais affreusement défigurée ; et elle y a particulièrement perdu un œil [...] on m'a dit qu'elle était vraiment hideuse »[14], semble particulièrement invraisemblable ; il s'agit sans doute d'un moyen artificiel de clore le récit sur la victoire finale de la vertu sur le vice, afin de conformer l'œuvre aux exigences morales de l'époque. Dès lors que l'auteur n'est plus en mesure de nous faire croire à la véridicité de son intrigue, l'architecture s'écroule.

[12] « Vérité et politique », II [13] acte I, scène 2 [14] lettre 175

Réponse

Si intriguer repose bel et bien sur le fait de faire croire à une construction ordonnée de mensonges, nous avons établi qu'il ne s'agissait pas simplement de faire croire ces mensonges à autrui, mais également de *se* faire croire : seul un intrigant convaincu saurait être convaincant. Si cela a des implications politiques, comme l'a montré Hannah Arendt, c'est probablement dans le domaine littéraire que cela est le plus perceptible : l'auteur se doit de créer un réseau de mensonges afin de rendre crédible aux yeux du lecteur ou spectateur le monde qu'il construit, et la moindre imprécision ou le moindre manque de conviction brise l'illusion, et révèle l'architecture interne de l'intrigue.

Ouverture

Telle réflexion invite à considérer les différents écrits à la lumière de ce constat : tout texte, aussi ancré soit-il dans le réel, induit-il nécessairement une part de mensonge pour rendre son intrigue crédible ? Peut-on envisager un écrit qui ne requerrait pas une mise en récit des faits ? Dès lors, on pourrait s'interroger sur la valeur de vérité, et donc de scientificité, des sciences humaines passant par le récit des faits.

IV Éviter le hors-sujet

Le propos de Malraux met la fiction au service de l'effet esthétique. « Faire croire » aide à comprendre le tragique de certaines passions, ou au contraire ce qu'il peut y avoir d'épique dans le quotidien.

Aragon, lui aussi, dans *Le Mentir-vrai*, conçoit la littérature comme l'expression de l'écart avec le réel. Mais, pour Aragon, c'est la vie elle-même qui est romanesque, c'est-à-dire qui se déploie non pas dans le faux, mais dans le « non-vrai » ; c'est pourquoi le roman dit mieux parfois que le documentaire la réalité de la vie. Or cette perspective n'est pas celle de Malraux. Pour ce dernier, la vie n'est pas un roman, même si la puissance d'une intrigue peut transformer le réel. Chez Aragon, au contraire, l'intrigue romanesque tire sa force de la poétique de la vie ; l'intrigue littéraire fait croire à l'intrigue première, qui est la vie même.

Notions abordées : autorité, culpabilité, persuasion, politique, morale

Sujet 8
« Le secret d'une autorité, quelle qu'elle soit, tient à la rigueur inflexible avec laquelle elle persuade les gens qu'ils sont coupables. » (Raoul Vaneigem, *Le livre des plaisirs*, 1979)
Cette citation correspond-elle à votre lecture des ouvrages au programme ?

Corrigé proposé par Jacques Bianco

I Analyse du sujet

1 Analyse des termes du sujet

L'intitulé du sujet ne comprend pas les mots du programme, mais on peut aisément les retrouver dans « persuader » : ce terme n'est certes pas synonyme de « faire croire », mais la compréhension du propos autorise la substitution. Voilà pourquoi : si l'autorité se maintient en persuadant les gens qu'ils sont coupables, elle se range, en opposition, du côté d'une certaine innocence ; ainsi l'Église soumet-elle les pécheurs. Or cette dichotomie, dictée par un tel pouvoir, est tout à fait contestable : il n'y a pas de lien nécessaire entre la soumission et la culpabilité, et l'autorité est donc elle-même coupable dans sa manière de persuader, puisqu'il s'agit d'un leurre. Ainsi, persuader revient ici à faire croire – en l'occurrence quelque chose de faux, du moins de contestable, mais largement admis par les victimes de l'illusion, comme l'indique le mot « secret ».

Il faut distinguer l'autorité qui se donne pour vertueuse (les libertins des *Liaisons dangereuses*) et celle qui assume la débauche (le duc Alexandre). Dans le premier cas, l'autorité se maintient en dévoilant les fautes (réelles ou prétendues) de ses sujets, tout en cachant la malhonnêteté de son assise ; faire croire aux gens qu'ils sont coupables, c'est gagner leur soumission par la honte, ou l'assentiment à une fausse justice – bref, une manipulation à laquelle seul le faux coupable lucide saurait se soustraire, en dénonçant l'illégitimité de l'accusation. Dans le second cas, ce n'est pas la malhonnêteté de l'autorité qui est un secret ; c'est sa mécanique, qui consiste à identifier et accuser d'autres coupables, qu'il faut traquer et punir sans délai – ajournant ainsi l'éventuelle contestation du pouvoir. Les deux interprétations valident le propos de Vaneigem. Mais l'assise de l'autorité n'étant jamais légitime, elle est toujours attaquable et son secret toujours menacé.

2 Confrontation aux œuvres

L'assertion de Raoul Vaneigem a parfaitement été comprise par les libertins des ***Liaisons dangereuses***, qui bâtissent leur empire sur leurs victimes de cette manière : elles auront toujours tort de sentir, de consentir, quand bien même ces sentiments et ces actes leur auront été inspirés ou contraints. Pour Merteuil et Valmont, faire croire à ces individus qu'ils sont coupables a l'avantage certain d'assurer leur silence, et de maintenir une autorité, qui, en outre, est renforcée par la prétendue vertu qu'ils se targuent d'incarner.

La leçon a également été retenue par les Médicis, dans la Florence de ***Lorenzaccio*** : les opposants du duc – ennemis personnels ou républicains – sont condamnés à l'exil, c'est-à-dire déclarés coupables. Dans ce cas, la culpabilité des sujets n'est pas perçue comme telle mais dissuade les rebelles. Dans des intrigues secondaires, on rencontre des illustrations du phénomène décrit par notre sujet : ainsi, le cardinal Cibo tente d'asseoir son autorité sur sa belle-sœur en lui rappelant l'adultère dont elle s'est rendue coupable, alors même qu'il l'a encouragée à des fins politiques.

Enfin, les essais d'**Hannah Arendt** ne traitent pas directement de la question de la culpabilité, et n'illustrent qu'à moitié la thèse défendue par Veneigem, dans le sens où ils montrent bien que le pouvoir est trompeur par nature et a tendance à falsifier les faits : il peut donc tout à fait, dans cette perspective, faire croire à ses sujets leur prétendue culpabilité.

3 Problématisation

Pour une autorité, faire croire à ses sujets qu'ils sont coupables a la vertu d'assurer sinon leur assentiment, du moins leur silence, mais pour un temps seulement : l'illégitimité du procédé ne peut rester secrète. Dans quelle mesure l'autorité peut-elle se maintenir avec une persuasion malhonnête qui révèle son caractère infondé ?

II Plan détaillé

I Croire à sa culpabilité renforce sa soumission à l'autorité
1. Par le silence de la honte
2. Par le poids de l'opinion commune
3. Par respect d'une prétendue justice

Cette prétendue justice à laquelle se plient les victimes de l'autorité n'est pas nécessairement perçue comme vraie : c'est la limite du « secret » de l'autorité. Percevoir cette accusation comme fausse est l'occasion d'une contestation du pouvoir. Le secret de l'autorité a ses limites : dans le désigné coupable sommeille un opposant, dès lors qu'il a identifié le subterfuge.

II Les limites d'une autorité fondée sur le faire croire
1. La soumission au mensonge ne peut durer éternellement
2. L'invention d'une culpabilité provoque la rancœur et la réaction
3. Les vrais coupables n'en voient plus leur culpabilité

Faire croire à ses sujets qu'ils sont coupables est un danger pour l'autorité, elle-même perçue comme coupable : sa légitimité est assurée par une véritable justice et non en désignant des boucs émissaires.

III Un pouvoir stable s'assoit par l'affirmation d'une vérité
1. L'autorité fondée sur la persuasion protège les vrais coupables
2. L'autorité fondée sur la persuasion ouvre la voie à la démagogie
3. Le triomphe d'une autorité pérenne va de pair avec celui de la vérité

III Dissertation rédigée

Accroche

DANS *Le Procès* de Kafka, Joseph K. est déclaré coupable. Comme il ignore pourquoi, il commence par s'indigner ; mais ses protestations ne font qu'asseoir la légitimité de la prétendue justice qu'il combat ; et il en vient à accepter sa culpabilité et les conditions du procès, qui prononcera sa mise à mort.

Citation et analyse

Dans une perspective analogue, Raoul Vaneigem écrit, dans *Le livre des plaisirs* : « Le secret d'une autorité, quelle qu'elle soit, tient à la rigueur inflexible avec laquelle elle persuade les gens qu'ils sont coupables. » Faire croire aux gens qu'ils sont coupables, c'est les mettre face à la responsabilité de la faute – même sans preuve de cette dernière ; c'est provoquer sinon la honte et le remords, du moins le doute, et partant la soumission à l'autorité qui a identifié la faute. On reconnaît l'influence de l'Église : comment le pécheur peut-il contester l'autorité du prêtre ? Or, une autorité qui se maintient en persuadant ses sujets de leur culpabilité est elle-même coupable d'un procédé malhonnête : que la culpabilité adverse soit avérée ou non, elle ne la dénonce pas par justice, mais par intérêt ; là est son « secret ». Il faut certes distinguer l'autorité qui se prétend vertueuse et justifie son ascendant en se rangeant, en regard de la culpabilité qu'elle soumet, du côté d'une innocence exemplaire, et l'autorité qui accuse sans dissimuler ses propres vices. Mais dans les deux cas, le « secret » repose sur le système malhonnête qui, non content d'accuser, manipule. Il faut donc que l'autorité se trahisse ou soit combattue par des accusés qui, lucides, se révoltent et révèlent la supercherie – ce qui ne manque pas d'arriver en effet.

Pbmatique Dans quelle mesure l'autorité peut-elle se maintenir avec une persuasion malhonnête qui révèle son caractère infondé ?

Plan Certes, celui qui croit à sa culpabilité renforce dans un premier temps l'autorité qui l'accuse, mais une autorité fondée sur une telle manipulation a ses limites : le secret révélé, toute promesse de vraie justice est compromise. Dès lors, l'autorité doit se maintenir en contraignant ses sujets à assumer la vérité, et non une faute supposée qui se retournera contre elle.

En faisant croire à ses sujets qu'ils sont coupables, l'autorité se renforce par l'assentiment des accusés. Ceux-ci se taisent et se soumettent.

Les victimes d'une accusation injuste restent silencieuses : ce silence est une aubaine pour l'autorité, qui n'a même pas à combattre de rébellion. Si elles se taisent, c'est parce qu'elles acceptent la condamnation, mais surtout parce que l'autorité provoque leur honte. Telle est la stratégie de Valmont vis-à-vis de ses victimes dans *Les Liaisons dangereuses*. Tout en jouant le héros amoureux vertueux et désintéressé, il accuse sans cesse la présidente de Tourvel de la rigueur de ses procédés. C'est surtout à l'encontre de Cécile Volanges que la manipulation est criante : alors qu'il s'apprête à la violer, et elle à se débattre, il lui rappelle que c'est sa faute s'il a en sa possession la clé de sa chambre. Dénoncer le violeur, ce serait s'attirer les foudres de l'opprobre : « à qui persuaderez-vous que je ne sois pas ici de votre aveu ? »[1] Ainsi le cardinal Cibo agit-il à l'encontre de sa belle-sœur : pour asseoir son ascendant sur elle, et assurer la soumission à ses projets – lui qui veut, par l'entremise d'une liaison, infléchir la politique du duc – il appelle la marquise une « femme dépravée » et lui rappelle : « mon frère est votre mari »[2].

Si la provocation de la honte est une arme si forte, c'est que la victime est accusée d'une faute que réprouve la doxa : en effet, l'autorité se renforce de l'opinion commune, prompte à redoubler l'accusation et à prononcer elle-même l'acte d'accusation. C'est d'abord l'hypocrisie des libertins qui les sauve aux yeux du monde, juge absolu du destin des individus dans *Les Liaisons dangereuses* ; mais à la fin du roman, une fois les menteurs confondus, c'est bien l'opinion mondaine, autorité victorieuse, qui soumet la marquise de Merteuil, victime d'un on-dit, d'une rumeur plus blessante encore que peut l'être la maladie : « on sait [...] que la petite vérole s'est déclarée confluente et d'un très mauvais caractère. [...] On dit encore que toute cette aventure lui fera peut-être beaucoup de tort pour son procès. »[3] On voit bien l'influence de cette culpabilité à laquelle on ne fait que croire sur celle qu'une justice fiable doit discuter,

[1] lettre 96 [2] IV, 4 [3] lettre 173

et le pouvoir de l'autorité qui accuse. La doxa est bel et bien un renfort de poids pour l'autorité : ainsi le gouvernement américain a-t-il pu tromper son peuple en niant les faits au nom d'images, et justifiant la guerre au Vietnam par l'insoumission au communisme, mal du siècle, largement considéré comme tel dans toutes les couches de la société : « À la base de toutes les "théories" soutenues par Washington [...] on retrouve cette idéologie [l'anticommunisme]. »[4] L'idéologie, ayant remplacé les faits, a largement rencontré l'approbation de la population, protectrice malgré elle d'une autorité menteuse.

Les sujets de l'autorité étant leurrés, il est naturel qu'ils défendent le pouvoir qu'ils croient juste. Par respect d'une prétendue justice, les victimes elles-mêmes protègent le mensonge : « L'effort principal du groupe trompé et des trompeurs eux-mêmes visera à la conservation intacte de l'image de propagande », analyse Hannah Arendt[5]. Même si l'autorité ne jouit pas des avantages de la vertu, elle est fondée sur un système qu'acceptent ses victimes : « Si c'est devant [l'ordre des Huit], je n'ai rien à dire »[6], concède Pierre Strozzi aux officiers du duc qui viennent l'arrêter. Les Strozzi sont ennemis des Médicis et connaissent la débauche d'Alexandre : ici, le secret de l'autorité n'est pas la fausse vertu, mais l'accusation infondée, néanmoins légitimée par l'institution. Aussi Arendt ajoute-t-elle que ce n'est pas l'ennemi de l'autorité qui la met en danger : ce sont « ceux qui, à l'intérieur du groupe lui-même, sont parvenus à échapper à son influence et s'obstinent à parler des faits »[7] – en un mot, les lucides qui ont percé le secret à jour.

Cette prétendue justice à laquelle se plient les victimes de l'autorité n'est pas nécessairement perçue comme vraie : c'est la limite du « secret » de l'autorité. Percevoir cette accusation comme fausse est l'occasion d'une contestation du pouvoir. Le secret de l'autorité a ses limites : dans le désigné coupable sommeille un opposant, dès lors qu'il a identifié le subterfuge.

Le secret de l'autorité n'est pas nécessairement sa fausse vertu, mais sa propension à se maintenir grâce à l'accusation abusive. Dans tous les cas, le secret est fragile, et le maintien de l'autorité avec lui.

En effet, la duperie de l'autorité n'est pas éternelle. Dans le cas d'Alexandre de Médicis, elle est fragile dès l'origine, puisque nul n'ignore les vices du duc. Les désignés coupables savent que l'autorité est celle d'un tyran. Les bannis quittent Florence sans avoir été abusés par le mensonge[8] ; même ceux qui restent, et qui semblent tolérer la politique du

---

4 « Du mensonge en politique », IV 5 « Vérité et politique », IV 6 III, 3 7 « Vérité et politique », IV 8 I, 6

duc, nourrissent en secret la rébellion : Bindo et Venturi avouent à Lorenzo leurs aspirations républicaines[9]. Le secret est-il donc mieux gardé lorsque l'autorité joue la vertu ? Il faut en effet une rupture entre Valmont et Merteuil pour que leur manège s'effondre. En réalité, non : il est facile pour l'autorité de falsifier les faits et formuler l'accusation, mais il est plus difficile d'entretenir le leurre, comme l'explique Arendt : « le pouvoir, par sa nature même, ne peut jamais produire un substitut pour la stabilité assurée de la réalité factuelle ». Ainsi, « la vérité et les faits ne sont pas en sécurité entre ses mains, mais aussi la non-vérité et les non-faits »[10]. Le mensonge de l'autorité étant programmé pour se trahir, il la menace intrinsèquement.

L'accusation de culpabilité une fois reconnue comme abusive, elle provoque nécessairement la rancœur et la réaction contre l'autorité. C'est ce que déplore Philippe Strozzi, après l'arrestation de ses fils, qu'Alexandre a eu l'aubaine de justifier par la tentative d'assassinat de Salvati : « Où en sommes-nous donc si une vengeance aussi juste que le ciel que voilà est clair, est punie comme un crime ! »[11] Faire passer un innocent pour un coupable est un jeu dangereux : c'est la « stratégie de provocation » des Américains après 1963, poussant le Vietnam « à prendre des initiatives qui justifieraient une campagne aérienne systématique »[12]. Stratégie à la fois immorale et délétère, puisqu'elle n'a fait qu'accentuer la confusion entre les faits et les mensonges, dont les États-Unis furent la victime.

La fausse accusation, non contente d'éclater au grand jour, brouille en effet la frontière entre le coupable et l'innocent. La présidente de Tourvel, accusée à tort par Valmont, mise en garde à raison par Mme de Volanges, ne parvient pas à distinguer le menteur du juste. Expirante, elle avoue à Mme de Volanges : « Je meurs pour ne pas vous avoir crue »[13], c'est-à-dire avoir négligé l'avertissement selon lequel elle se rendrait coupable d'entrer dans le jeu du vicomte. Le mensonge de l'autorité avide de se maintenir provoque la porosité entre la culpabilité et l'innocence parce que la justice et ses principes se sont effondrés. Telle est la complexité de la figure de Lorenzo, héros de justice qui n'aspire qu'à être le libérateur de Florence, pourtant effectivement coupable de mensonge et de débauche, ce qui l'enjoint à finalement s'accuser lui-même[14]. Pour l'autorité comme pour ceux qui la combattent, le triomphe passe donc par le rétablissement d'une véritable justice.

Faire croire à ses sujets qu'ils sont coupables est un danger pour l'autorité, elle-même perçue comme coupable : sa légitimité est assurée par une véritable justice et non en désignant des boucs émissaires.

---

9 II, 4 10 « Vérité et politique », IV 11 III, 3 12 « Du mensonge en politique », II
13 lettre 147 14 V, 7

Un pouvoir stable s'assoit par l'affirmation de la vérité : l'autorité persuasive porte en elle des écueils qui la menacent elle-même ainsi que ses sujets.

L'autorité qui fait croire à de faux coupables protège ceux vraiment coupables : Sire Maurice a beau rappeler à Alexandre que Lorenzo, non content d'être débauché et de diriger ses plaisirs, « avait décapité les statues de l'arc de Constantin »[15] et fut pour cela condamné par le pape, le duc s'emporte, affirmant qu'en sa qualité de « fieffé poltron », Lorenzo est inoffensif, et partant innocent. Cela lui coûtera la vie, lui qui refuse toujours d'écouter ses conseillers, lesquels lui apprennent pourtant que son cousin s'apprête à l'assassiner[16]. Dans *Les Liaisons dangereuses*, la manipulation ambiguë de la marquise à l'endroit de Mme de Volanges s'expose aux mêmes apories : la persuadant de ne pas renoncer à marier sa fille à Gercourt (pour sa vengeance personnelle) – et sous-entendant qu'elle serait coupable de céder aux désirs éphémères de sa fille – elle substitue une culpabilité à l'autre, protégeant la tyrannie de la mère, prête à favoriser une fortune au bonheur d'une vie. Pire, elle a conscience de protéger la culpabilité passée de la mère : « je n'ignore pas que la bonne Dame a eu ses petites faiblesses comme une autre »[17], écrit-elle à Valmont. Elle sait provoquer la faute qui l'intéresse, tout en ménageant celle qu'il faut laisser secrète.

En persuadant ainsi Mme de Volanges, la marquise s'en rapporte à des lieux communs qui ont cours dans le monde, c'est-à-dire à l'opinion du vulgaire – qui protège, on l'a vu, l'autorité malhonnête. C'est pourquoi l'autorité fondée sur la persuasion ouvre la voie à la démagogie. L'assassinat du duc n'a pas servi à grand-chose : Côme succède à son cousin, et prête serment devant le peuple[18], débitant des phrases creuses supposées le rassurer. Parmi ses promesses, celle de venger la mort d'Alexandre, d'autant plus démagogique (il s'agit de traquer les coupables et de garantir la sécurité) que Lorenzo est déjà mort. Arendt rappelle quant à elle que de Gaulle a conquis le pouvoir en flattant la bonne conscience des Français, présentés comme de courageux résistants face à l'oppresseur : « de Gaulle et Adenauer ont été capables d'édifier leurs politiques de base sur des non-faits aussi évidents que ceux-ci : la France fait partie des vainqueurs de la dernière guerre [...], et "la barbarie du national-socialisme avait affecté un pourcentage relativement faible du pays" »[19]. Elle démontre aussitôt l'effet destructeur d'un tel mensonge, qui détruit ce qu'il nie, et qui empêche donc les lucides de croire en l'autorité qui l'établit.

C'est pourquoi l'autorité fondée sur la persuasion ne saurait durer éternellement : pour se maintenir, il lui faut s'associer à la vérité et garantir une justice fiable, qui dénonce les vrais coupables. C'est ainsi qu'on

[15] I, 4 [16] IV, 10 [17] lettre 106 [18] V, 8 [19] « Vérité et politique », IV

peut lire la rédemption finale de Danceny : abusé par Valmont, il se rend justice lui-même en duel, et décide, comme pour se racheter de ses fautes, de se vouer à un « sentiment de justice »[20], raison pour laquelle il confie à Mme de Rosemonde toutes les lettres qu'il possède. « Je vous réclame comme mon Juge », lui écrit-il dans cette même lettre. Dépositaire de la vérité, feu Mme de Rosemonde laisse finalement son bien entre les mains de l'éditeur du recueil – dont l'autorité est, in fine, la seule à laquelle soit définitivement soumis le lecteur. L'autorité qui ment au nom d'une image à préserver est délétère. Arendt montre que le mensonge américain au Vietnam visait à faire passer les États-Unis pour les garants du bien : « ils ont ainsi menti, moins au bénéfice de leur pays [...] qu'au bénéfice de son "image" »[21]. Or, tel a été le péché d'orgueil : paraître défendre la vérité, au lieu de le faire pour de bon – la victoire ayant été compromise par le détournement des faits réels.

Réponse L'AUTORITÉ fondée sur la persuasion repose sur une mécanique ambiguë : il s'agit à la fois de faire croire à ses sujets qu'ils sont coupables, et de faire croire qu'un tel procédé est légitime et viable. Or, il ne va pas sans aporie, et le secret dont parle Vaneigem ne saurait être durablement gardé.

Ouverture Dès lors, il lui faut substituer le « faire croire » au « faire savoir » : la dénonciation des vrais coupables, au nom de faits réels, n'a plus besoin d'être un secret pour maintenir l'autorité.

IV Éviter le hors-sujet

De très nombreux sujets pourront mettre en évidence le lien entre la persuasion, la falsification des faits et le maintien d'une autorité ; on reconnaît là la thèse principale d'Arendt dans les essais au programme. Il faut donc à tout prix, pour éviter le calque, s'intéresser au levier de cette manipulation : ici, la culpabilité, au cœur de notre problématisation.

Entre mille exemples, intéressons-nous à ce propos d'Alphonse Daudet : « La meilleure façon d'imposer une idée aux autres, c'est de leur faire croire qu'elle vient d'eux. » Si la mécanique est la même – faire croire pour maintenir le pouvoir – les termes, et donc les enjeux comme la stratégie, sont différents : comme il n'est pas question chez Daudet de politique ou de culpabilisation, on ne peut reprendre les démarches mises en avant dans la dissertation sur Vaneigem ; la problématisation et les exemples à convoquer pour la dissertation seront donc propres au sujet.

[20] lettre 169 [21] « Du mensonge en politique », I

Notions abordées : foi, religion, croyance, morale, conscience, conduite

Sujet 9

LA MARÉCHALE – Que gagnez-vous à ne pas croire ?
DIDEROT – Rien du tout, madame la maréchale. Est-ce qu'on croit, parce qu'il y a quelque chose à gagner ? [...]
LA MARÉCHALE – Hélas ! malheureusement, non : on croit, et tous les jours on se conduit comme si on ne croyait pas.
DIDEROT – Et sans croire, on se conduit à peu près comme si l'on croyait.
(Diderot, *Entretien d'un philosophe avec la maréchale de* ***, 1776)

Comment cette citation éclaire-t-elle les œuvres au programme ?

Corrigé proposé par Lydie Niger

I Analyse du sujet

1 Analyse des termes du sujet

Le texte proposé à notre analyse est un dialogue fictif entre la maréchale de *** et Diderot, philosophe des Lumières. Ils s'opposent sur le bénéfice à croire et l'effet de la religion en matière de morale. La première s'étonne, sous la forme d'une question, sur le bénéfice que Diderot retirerait d'une absence de foi. Diderot se montre catégorique dans sa réponse par l'emploi du pronom « rien » dans l'expression intensive « rien du tout ». Puis, de manière impertinente, Diderot la relance avec une question à portée générale. Il rappelle avec amusement que les croyants sont censés croire par conviction, et donc que la foi est en réalité la conséquence de l'espoir en un gain. C'est d'ailleurs le sens de la question naïve de la maréchale.

La réponse de la maréchale, qui concède que ce n'est pas par espoir de gain que l'on croit, tourne cependant au tragique avec l'exclamation « hélas » et l'adverbe « malheureusement » : elle se désole de l'opposition entre la foi et les actes (« la conduite ») qui démentent les principes moraux qu'elle est censée garantir. À cette vision pessimiste mais qui resitue la foi sur le terrain anthropologique de l'éthique, Diderot oppose justement que l'absence de foi, dont il était question précédemment, n'empêche pas d'agir en accord avec la morale, tout en nuançant son propos d'un « à peu près ».

La question que pose frontalement cet entretien est donc l'utilité de la religion en matière de morale, et l'hérésie qui consiste à envisager pareille question. Est-il nécessaire de faire croire quelqu'un en un jugement dernier ou en une peine issue de sa conduite pour que cette personne respecte le bien inhérent à tout état de paix dans une société ? Ou l'homme est-il capable, par son propre jugement, à la lumière de sa raison, de discerner le bien du mal et de régler sa conduite en conséquence ?

2 Confrontation aux œuvres

Dans ***Les Liaisons dangereuses***, la religion garante de la morale apparaît à plusieurs reprises, qu'il s'agisse des lettres de Valmont à la présidente de Tourvel, ou de la distance que Mme de Merteuil recommande à Cécile Volanges à l'égard de son confesseur. Il ne suffit pas de faire croire en Dieu pour que le comportement des personnages soit modifié. Des « arrangements » sont possibles, comme en témoigne la haute opinion qu'a Mme de Volanges de Mme de Merteuil, dont elle sera cruellement la dupe. Une autre autorité proposée par Laclos à l'aune de laquelle le bien et le mal pourraient être évalués est la sagesse, acquise par l'âge et l'expérience, de Mme de Rosemonde, dont les conseils permettent à Danceny et à Cécile de trouver une issue morale.

La foi apparaît de manière plus ténue dans ***Lorenzaccio***. De nombreux personnages sont des représentants de l'Église, mais le comportement du cardinal Cibo est dénoncé par Musset : son statut de confesseur auprès de sa belle-sœur a une valeur plus politique que spirituelle. Lorenzo, tout hérétique qu'il semble être, a une plus haute conception de la morale que les nobles et ecclésiastiques florentins ne l'ont à cette époque.

Les deux essais de **Hannah Arendt**, « Du mensonge en politique » et « Vérité et politique » éclairent plus crûment encore l'opposition avancée par Diderot. La vérité de fait, au-delà de toute morale et de toute foi, ne devrait pas être en butte aux mensonges, de même que la vérité mathématique. La force des discours et de l'opinion a cependant cet effet qu'elle dément la réalité et peut manipuler le public, comme en témoigne le traitement de la guerre du Vietnam d'après les documents du Pentagone.

3 Problématisation

Diderot résume bien les thèses en présence : soit croire en Dieu est ce qui conduit à un comportement éthique, soit c'est autre chose. Est-il nécessaire de faire croire en une transcendance pour que l'homme soit un être moral ?

II Plan détaillé

I Faire croire en une transcendance donne une perspective morale
1. La foi garantit la vertu
2. Le respect de Dieu permet la vérité
3. La société sous le sceau de Dieu est protégée par sa grâce

La foi en une transcendance est donc une garantie efficace des actions bonnes et morales d'une société. Faire croire à l'absence de grâce, de rédemption, empêche-t-il cependant les comportements moraux ?

II L'absence de foi n'interdit pas les actes moraux
1. Du regard de sa conscience
2. Du respect d'un idéal
3. Quand l'opinion et l'estime se substituent à Dieu

Il est donc possible d'avoir un comportement moral en dehors de toute transcendance. Mais la société saurait-elle se contenter d'apparences ? Faire croire pour le bien et contre le mal n'en altère-t-il pas les vertus ?

III Dimension pragmatique de la morale
1. Apparences ou non, seul le résultat compte
2. L'intérêt supérieur de la société l'emporte sur les affres de la vérité
3. Un libre arbitre indépendant des besoins de la société

III Dissertation rédigée

ON APPELLE « pari de Pascal » une argumentation philosophique qui s'inspire du jeu auquel on s'adonne contre un gain : « je te parie 5 € que je mange un ver de terre ». Blaise Pascal, philosophe du XVIIe siècle, auteur des *Pensées*, ose y faire le raisonnement suivant[1] : si Dieu existe et qu'il faut croire en lui pour accéder au paradis, je suis gagnant ; si Dieu n'existe pas mais que je crois en lui, je ne perds rien ; mais si Dieu existe et que je ne crois pas en lui, je suis perdant. J'ai donc tout à gagner à croire en lui. Accroche

C'est sensiblement le même raisonnement, fruit d'un esprit des Lumières cette fois, que propose Diderot à la maréchale de *** dans l'*Entretien d'un philosophe avec la maréchale de* *** : « LA MARÉCHALE – Que gagnez-vous à ne pas croire ? DIDEROT – Rien du tout, madame la maréchale. Est-ce qu'on croit, parce qu'il y a quelque chose à gagner ? [...] LA MARÉCHALE – Hélas ! malheureusement, non : on croit, et tous les jours on se conduit comme si on ne croyait pas. DIDEROT – Et sans croire, on se conduit à peu près comme si l'on croyait. » On retrouve le gain du Citation et analyse

[1] fragment 397

pari pascalien dans leurs propos. Il y a une différence majeure cependant. Autant pour Pascal il s'agissait d'obtenir le paradis après sa mort, autant dans l'*Entretien* il est question d'obtenir une société supportable et appréciable par et pour tous, selon la conduite qu'on y tient : « on se conduit » mal malgré sa foi en Dieu, tout comme « on se conduit à peu près » de manière morale en dépit de son athéisme.

Pbmatique La question posée par Diderot est donc : faut-il une transcendance pour garantir une société morale ? Ne peut-on trouver une instance en soi qui garantisse une conduite morale ? Est-il nécessaire de faire croire en une transcendance pour que l'homme soit un être moral ?

Plan Nous observerons dans un premier temps que le respect d'une entité transcendantale est un moyen d'agir sous l'œil d'une instance qui juge mais aussi garantit l'éthique des conduites de tous. Dans un second temps, nous pourrons envisager l'éventualité d'actes moraux sous le seul regard de sa propre conscience ou de sa faculté de juger comme garantie d'une conduite morale, en accord avec l'éthique de sa société. Nous verrons dans un dernier temps qu'au-delà des théories et des principes, il faut parfois se montrer pragmatique : l'action juste, droite et bonne est aussi cette capacité à s'adapter aux circonstances le moins mal possible !

LA FORCE de l'imagination, de la projection de ses actes dans un futur où on les jugera, est un moyen de guider sa conduite dans le sens de la morale, de garantir une « bonne » conduite. C'est ce en quoi consiste la foi pour protéger la vertu, pour atteindre la vérité, mais aussi pour protéger du mal la société toute entière, selon la société d'Ancien Régime ou d'autres plus récentes.

C'est la foi qui garantit la vertu comme en témoignent les lettres mensongères de Valmont à la présidente de Tourvel : sa conversion récente consiste à lui faire croire que sa fréquentation ne porte pas à préjudice malgré sa réputation, et le conduit même à agir le mieux du monde, comme en témoigne la charité à une famille qu'il orchestre de haute volée[2]. C'est donc la religion qui lui enseigne la vertu. C'est aussi la religion qui garantit la vertu, soit la conduite morale des femmes, dans *Lorenzaccio*. C'est la religion qui peut seule soutenir la marquise Cibo face aux sollicitations d'Alexandre. Même si son confesseur ne lui est pas d'une grande aide, elle attend tout de même de lui un soutien pour ne pas entrer en tentation[3]. Faire croire en un jugement dernier permet donc d'avoir une conduite meilleure.

Le respect d'une transcendance permet également de garantir la vérité. Telle est la théorie d'Arendt dans « Vérité et politique »[4] : « seuls

[2] lettre 21 [3] II, 3 [4] fin de la section III

les commandements religieux, qui sont absolument obligatoires pour la communauté des croyants, peuvent prétendre à une reconnaissance plus grande ». Parce que garanties par le respect de Dieu, les vérités qui dépendent de lui ne peuvent donc être remises en question, ce à quoi toutes les vérités ne peuvent pas prétendre. Cette confiance en la vérité garantie par Dieu se retrouve dans les encouragements de Mme de Rosemonde qui s'en remet à la grâce de la Providence pour aider la présidente de Tourvel à lutter contre la passion qui l'assaille et la contraint de quitter le château de son hôtesse[5]. Dieu est capable de voir l'énergie déployée par la présidente et saura mesurer l'excellence de sa conduite en pareille situation.

La société entière, enfin, se place sous la protection d'une transcendance, par la grâce de Dieu ou une raison impérieuse. Cette confiance en une protection qui règle in extremis les destinées se retrouve chez plusieurs personnages de *Lorenzaccio* dans le but de « sauver » Florence. Tebaldeo, le peintre, a l'espoir que Florence se relève des erreurs qui sont les siennes[6], tandis que Lorenzo s'interroge sur le sens de sa destinée : « suis-je le bras de Dieu ? »[7] Arendt avance de son côté les différents motifs impérieux qui permirent aux États-Unis de mener la guerre au Vietnam : la théorie des dominos[8] est une image dotée d'un pouvoir de persuasion qui a garanti l'intervention militaire la plus absurde de l'histoire, ne produisant qu'une méfiance accrue en les politiques et un déficit budgétaire important.

La foi en une transcendance est donc une garantie efficace des actions bonnes et morales d'une société. Faire croire à l'absence de grâce, de rédemption, empêche-t-il cependant les comportements moraux ?

L'ABSENCE de foi n'interdit pas les actes moraux. Chaque être est en effet doté d'une raison ou d'une conscience, à la lumière de laquelle il juge de l'éthique de ses actes et en assume les conséquences.

Sans que ce soit une transcendance, il peut aussi subsumer ses actes en un idéal qu'il tente d'atteindre, ou sous l'autorité d'une opinion ou d'une personne qu'il estime. La conscience de chacun peut servir de juge et légitimer les actes qu'il s'apprête à commettre. C'est en ce sens qu'il faut comprendre le comportement de Lorenzo. Tous le condamnent mais il sait en son âme et conscience que les turpitudes dont il est l'auteur ne sont qu'un masque crasse qui lui assure une intimité avec Alexandre dans le but de le tuer[9]. Son éthique est donc contestable dans l'immédiat, non dans le futur. La dimension morale des actions est garantie pour

---

[5] lettre 103 [6] II, 2 [7] IV, 3 [8] section III, « Du mensonge en politique » [9] III, 3

Arendt dans « Vérité et politique »[10] par la conscience que l'on a en soi du bien et du mal. À cet égard elle cite le conseil que le Starets donne au père dans les *Frères Karamazov* : « Surtout, ne vous mentez jamais à vous-même ! » La conscience permet donc d'évaluer la portée morale de ses actes comme le ferait une transcendance.

Le respect d'un idéal peut aussi servir de guide pour une conduite morale en dehors de toute religion. Rien ne pousse ainsi Valmont à accepter son destin et à se rapprocher de Danceny, si ce n'est son désir de « vengeance » à l'égard de Mme de Merteuil, comme on peut le voir dans la lettre 169. Sans attribuer à Valmont un changement radical de pensée, ce retournement peut être vu comme un sursaut moral dans sa conduite qui place au-dessus du libertinage un idéal moral plus conséquent. On peut suivre la même logique avec les républicains de *Lorenzaccio* qui s'opposent au pape et qui, par conviction, n'hésiteraient pas à trahir leur ville pour se tourner vers les Français[11], mais dans le but indéniable de servir les intérêts de Florence. Le respect d'un idéal peut donc servir d'éthique personnelle, voire collective.

La dimension collective en matière d'éthique peut être valable, à la condition qu'elle soit exemptée de toute manipulation. Telle est la conclusion de l'essai « Du mensonge en politique ». Arendt se veut optimiste suite à la publication des documents du Pentagone, en ce que les vérités dévoilées étaient pour la plupart déjà accessibles au grand public. Reste alors à savoir quelle interprétation leur donner et comment guider ensuite la conduite de tous. Elle rappelle à cette occasion que ce devoir est de la responsabilité des médias, dans ce cas seulement véritable « 'quatrième branche du gouvernement' » comme elle le dit dans « Vérité et politique »[12]. La conscience collective comme éthique est donc encore une gageure.

Il est donc possible d'avoir un comportement moral en dehors de toute transcendance. Mais la société saurait-elle se contenter d'apparences ? Faire croire pour le bien et contre le mal n'en altère-t-il pas les vertus ?

D'UN POINT de vue purement pratique, les apparences de la morale suffisent à satisfaire le besoin d'éthique de chacun. Selon que le résultat seul compte, que la survie de la société l'exige ou l'intime conviction de chacun en dehors de toute contrainte extérieure, une pratique éthique est possible.

Seul le résultat compte dans l'entreprise de la guerre du Vietnam, comme l'explique Arendt dans « Du mensonge en politique ». Ce résultat

[10] section IV [11] V, 4 [12] section V

est qu'une telle guerre a été possible grâce à la campagne de communication qui a ciblé les différents publics, à commencer par les communicants eux-mêmes : « les trompeurs ont commencé par s'illusionner eux-mêmes »[13]. Il en est de même de la mort d'Alexandre : elle seule permettra un changement radical du personnel politique, espère-t-on, quel que soit l'auteur de cette mort. Il est vrai que Lorenzo, parvenu par-delà le mal et le bien, se fait peu d'illusions, comme il le confesse à Philippe Strozzi : « Je te gage que ni eux [les républicains] ni le peuple ne feront rien. »[14] ; mais si Lorenzo ne croit plus que la mort d'Alexandre réveillera les républicains, cependant il continue de faire tout pour, en avertissant tout le monde[15], dans l'espoir, qui reste moral, de ne pas se perdre complètement lui-même.

Il est aussi des intérêts supérieurs pour la société qui l'emportent sur les affres de la vérité ou de l'éthique. C'est ainsi qu'il faut comprendre la manœuvre de Mme de Rosemonde lorsque Mme de Volanges tente de percer à jour les raisons pour lesquelles sa fille Cécile veut vivre une vie de recluse dans un couvent à la fin des *Liaisons dangereuses*[16] « J'espère, ma chère amie, que vous me connaissez assez pour me croire sur ma parole, et que vous n'exigerez de moi aucune preuve ». Une éthique proprement humaine est donc possible, fondée sur l'expérience et la sagesse, sans en référer à une transcendance. Le monologue du cardinal Cibo va également dans ce sens, lorsqu'il passe en revue les différentes possibilités politiques qui s'offrent à lui pour changer le gouvernement de Florence[17]. Ses visées politiques vont d'ailleurs au-delà de l'honneur et de l'intérêt de sa propre famille, puisqu'il pousse sa belle-sœur à l'adultère. On frôle le cynisme le plus parfait, mais au nom d'une vision politique pragmatique du sort de la ville.

En dehors des besoins supérieurs de la société, il existe enfin pour chacun le libre-arbitre qui permet de vivre de manière morale. Le dépassement des antagonismes et la poursuite de la vérité, sinon de la morale, est appelée par Arendt de tous ses vœux dans la conclusion de « Vérité et politique ». À chacun de « s'affranchir de l'intérêt personnel dans la pensée et dans le jugement » afin d'appréhender la réalité. Vaste programme, qu'il convient de suivre avec humilité. Cette distance bienvenue est la leçon ultime des *Liaisons dangereuses* : le roman épistolaire permet au lecteur de recomposer les affinités électives, les jeux d'alliances qui se font au long du roman, avec la liberté de chacun. Ainsi la présidente de Tourvel change-t-elle de confidente, entre la lettre 22 et la lettre 102. Elle se confie désormais à Mme de Rosemonde. C'est ainsi varier sa référence en matière de morale en fonction de son bon sens propre, et de sa

[13] section III [14] III, 3 [15] IV, 7 [16] lettre 172 [17] II, 3

conception du monde. Cette leçon est bienvenue pour faire usage de sa raison et de sa conscience.

Réponse

L'ACTION morale nécessite un guide, un étalon pour garantir une société vertueuse. La manière la plus simple est de recourir à une transcendance, dont le respect garantit toute conduite. Il s'avère plus difficile de respecter la morale lorsqu'elle est dépendante de sa propre conscience ou d'un idéal, tant il est possible de tromper ou de se concilier ce même idéal ou cette conscience. Cette variation peut être aussi liée à une juste appréciation de la situation, qui réclame souplesse et objectivité, ce qui est souhaitable lorsque l'on choisit d'exercer son libre-arbitre.

Ouverture

L'humanité est, on l'espère, marquée par le progrès. C'est lui octroyer une certaine confiance que de lui permettre de s'épanouir et d'entrer en majorité, pour reprendre un terme cher aux Lumières, c'est-à-dire d'agir de plein droit et en pleine responsabilité. C'est le défi, et non plus le pari, que chacun devrait être en droit de relever.

IV Éviter le hors-sujet

L'éthique prend souvent en considération l'instance qui sert de garantie aux actes, bons ou mauvais. Tout dépend alors de « qui ou quoi » croire, et de ce que cette instance fait croire ou pas. Si l'on se préoccupe surtout d'une telle instance, on peut rapprocher l'extrait de l'*Entretien d'un philosophe avec la maréchale de* *** de la citation suivante de Baudrillard : « Celui qui laisse croire est toujours supérieur à celui qui croit, et qui fait croire » (*La Transparence du mal*, 1990).

On retrouve dans cette citation le champ moral abordé par Diderot : tous deux laissent ouverte la possibilité d'une conduite conforme à l'éthique en dehors de toute transcendance. L'affirmation de Baudrillard diffère de celle de Diderot dans la mesure où elle a pour objet celui qui manipule et joue sur les apparences, ôtant ainsi tout espoir en une raison ou un libre arbitre qui permettrait de se mettre à couvert de tout manipulateur. Elle est cependant parfaitement clairvoyante concernant l'indépendance d'esprit que le « fait de croire » réclame, en introduisant la formulation « laisser croire ». Elle renvoie dos à dos l'intime conviction et le domaine des apparences, deux sphères différentes dont l'appréciation revient à chacun.

Notions abordées : action, mensonge, tromperie, confiance, moralité

Sujet 10
Faire croire, est-ce faire faire ?

Corrigé proposé par Alexis Tytelman

I Analyse du sujet

1 Analyse des termes du sujet

Le verbe « croire » peut avoir au moins deux sens. C'est dans un premier temps le fait de tenir une proposition pour vraie : c'est ce qu'on appelle l'attitude propositionnelle ; croire, ce serait « croire que ». En ce sens, la connaissance est une forme de croyance. Dans un second temps, croire peut signifier « faire confiance à » ou « avoir foi en », c'est-à-dire considérer qu'une personne est fiable sans en avoir forcément de preuves suffisantes.

Le verbe « faire », quant à lui, désigne généralement tout type d'action ou de comportement. En un sens plus spécifique, il renvoie à l'action de façonner, de fabriquer. L'utilisation du verbe « faire » renvoie ici à une périphrase verbale à valeur factitive[1] : il est bien question d'agir sur autrui. De là, l'expression « faire croire » peut aussi bien signifier l'action de convaincre, persuader, influencer, manipuler les croyances d'autrui (ou les siennes) que celle d'inspirer confiance.

On entend dans l'expression « faire faire » la contrainte, l'ordre, la demande, et plus généralement toute influence exercée sur l'action. Faire faire, c'est exercer un pouvoir. Ainsi, le sujet interroge, par l'intermédiaire du verbe « être », l'équivalence, l'égalité, entre les deux expressions « faire croire » et « faire faire ». Avec le verbe « être », on peut interroger autant la définition que la caractéristique : l'expression seconde permet-elle de mieux expliquer la première, ou lui est-elle vraiment équivalente ? Cela revient à se demander si nous avons affaire à un seul et même acte ou à deux actes distincts, le second étant par analogie comme le premier.

2 Confrontation aux œuvres

Lorenzaccio illustre, de façon exemplaire, la capacité d'un individu à manipuler son entourage par le mensonge et la tromperie, de même

[1] Voir l'entrée « faire » dans « Les mots pour le dire » page 31

que les illusions qu'un individu peut entretenir à propos de lui-même. Lorenzo, par ses actes et ses paroles, séduit son entourage, ce qui lui permet d'obtenir l'aide nécessaire à la mise en place de son plan. Cependant, il n'incite pas vraiment les autres à faire à sa place et régulièrement les Strozzi agissent en ordre dispersé au point de menacer plusieurs fois son plan. Soulignons enfin qu'il n'échappe pas, en définitive, au châtiment.

Les Liaisons dangereuses mettent en scène les jeux de la séduction et de l'influence auxquels participent les protagonistes – ainsi que les relations complexes d'autorité et de dévotion qui s'y tissent. Pour les libertins, il s'agit de faire croire autant à ce qu'ils disent aux jeunes ingénus qu'à la sincérité de leur émotion. Pour eux, la victoire n'est emportée qu'en obtenant ce qu'ils désirent des autres, et donc de leur faire faire ce qu'ils souhaitent. L'action devient la preuve même de leur réussite.

Les deux articles d'**Hannah Arendt**, enfin, explorent le rôle du mensonge et de la tromperie en politique et, en miroir, ce que cela dit de notre rapport à la vérité qui, selon elle, n'est pas a priori liée à l'action, car elle s'impose – pour ainsi dire – par elle-même. Le pouvoir et la lutte commencent à s'exercer, d'après elle, avec la tromperie ou le conflit d'interprétation.

3 Problématisation

On distingue normalement la croyance et l'action. Même si l'on peut concevoir que l'une mène à l'autre, certaines croyances semblent parfois insuffisantes à motiver l'action, d'autres sont même potentiellement inhibitrices. Alors, dans quelle mesure faire croire peut-il toujours signifier pousser à agir ?

II Plan détaillé

I Faire croire, c'est parfois faire faire

1. Quand j'ordonne ou que je demande quelque chose à autrui, il ne s'exécute que s'il croit que mon autorité est légitime ou que je ne le tromperai pas
2. Quand je manipule, je pousse à agir selon ma volonté tout en maintenant chez lui un sentiment illusoire de liberté
3. Dans l'embrigadement, il s'agit de faire croire que l'autorité politique est absolument fiable afin d'obtenir une soumission aveugle

Faire en sorte qu'une personne adopte une croyance peut donc influencer ses actions ou, dans le cas de l'exercice d'une autorité, susciter des formes plus ou moins fortes d'obéissance pouvant aller jusqu'à un point où sa capacité de décision est presque entièrement déléguée au maître. Toutefois, n'y a-t-il pas des cas où faire croire ne suffit pas à motiver l'action ?

II Cependant, faire croire ne suffit pas toujours à provoquer l'action
1. Il y a d'autres sources de motivation parfois plus puissantes que la croyance (désir, sentiment)
2. Faire croire peut parfois inhiber l'action
3. Certaines croyances ne sont pas des motivations à agir : les connaissances

Jusqu'ici, on présuppose que le « faire » soit extérieur à la croyance, et que cette dernière se réduise à un « croire que ». Ce faisant, nous avons fait comme si la croyance était ou bien indépendante des dispositions à agir, ou bien une disposition à agir. Or, non seulement la croyance comporte en elle-même une part active, mais – au sens de la confiance – elle peut être une véritable décision.

III Mais la croyance comporte en elle-même une dimension active
1. La croyance, comme connaissance, est le résultat d'un acte intellectuel : elle se forge dans l'esprit
2. La confiance véritable ne s'extorque pas, mais se donne volontairement
3. Faire en sorte qu'autrui accède à la foi, c'est l'inviter à décider de passer outre ses croyances bien formées

III Dissertation rédigée

Au poker, bluffer consiste à jouer comme si l'on disposait d'un jeu différent afin d'influencer la perception des autres joueurs et les pousser à l'erreur. Mais rien ne garantit qu'ils tomberont dans le panneau : il se peut que le bluff – qui est une tentative de manipulation des croyances d'autrui – ne produise pas l'effet escompté. Accroche

De là, nous pouvons nous demander ceci : faire croire, est-ce faire faire ? En premier lieu, l'expression « faire croire » signifie faire en sorte que quelqu'un adopte une croyance, c'est-à-dire considère une certaine proposition comme vraie ou fausse. « Faire faire », en second lieu, signifie ordonner à autrui d'accomplir quelque chose ou pousser autrui à agir en influençant ses choix. Il semble donc qu'à divers degrés, la croyance peut motiver l'action, et peut-être même la contraindre. Mais peut-on dire que faire croire suffise à provoquer l'action ou, comme le suggère la question, qu'il y ait identité entre les deux actes ? Nous pouvons en douter car, à première vue, c'est de la volonté et non de la croyance que semble procéder l'action. Que la personne soit trompée, influencée, Citation et analyse obéissante ou convaincue, le lien entre croyance et action semble indirect. Non seulement nous arrive-t-il d'agir contre nos convictions, mais certaines croyances paraissent parfois nous empêcher de faire ce que nous désirons.

Pbmatique Dès lors, comment faire croire peut-il signifier pousser à agir, c'est-à-dire exercer une influence ou un pouvoir sur autrui alors que les croyances semblent parfois insuffisantes à motiver l'action, voire potentiellement inhibitrices ?

Plan Si faire croire peut influencer les actions d'autrui, cela ne suffit pas toujours à motiver l'action ; c'est parce que la croyance comporte en elle-même une dimension active, que faire croire est toujours un faire faire.

En premier lieu, faire croire quelque chose à autrui peut le conduire à agir d'une certaine manière et à des degrés divers en raison du fait qu'il existe des croyances intrinsèquement motivantes.

Certaines croyances sont prescriptives, en particulier celles qui relèvent de la morale. « Il faut nous délivrer des Médicis », clame avec force Philippe à Lorenzo[2] pour l'inciter à mettre son plan en action. Plus éloignée de la morale, quoique pouvant être liée à des valeurs de fidélité, de civisme ou d'obligations contractuelles, une demande est d'autant plus efficace qu'elle est indexée sur des croyances. Décrivant au vicomte de Valmont ses difficultés à empêcher son personnel de mettre à mort Prévan lorsque ce dernier, dont elle exige le départ, tente de saisir son épée dans la lettre 85 des *Liaisons dangereuses*, la marquise de Merteuil déplore que la croyance en la perversité du courtisan (qu'elle a elle-même entretenue) entre en conflit avec son autorité : « Mes gens m'obéirent, mais la rumeur était grande parmi eux : ils s'indignaient qu'on eût osé manquer à leur vertueuse maîtresse ».

Pour le menteur, il s'agit d'influencer l'action en exerçant une forme implicite de contrôle. En jouant sur les croyances par la dissimulation ou le travestissement de ses propres pensées, il pèse sur les décisions d'autrui à son insu. Tel est le cas de Valmont, qui veut faire croire à la présidente de Tourvel qu'il renie sa vie libertine passée, afin de la séduire[3]. Pour Hannah Arendt, cette entreprise ne peut être vraiment efficace que si le menteur se dupe lui-même, rendant son entreprise indécelable. Dans la quatrième section de l'article « Vérité et politique », elle relate une anecdote médiévale illustrant ce paradoxe. Postée sur une tour de guet, une sentinelle a pour tâche d'avertir de la présence d'un ennemi, mais « cette nuit-là il sonna l'alarme juste pour faire un peu peur aux gens de la ville. Il eut un succès foudroyant : tout le monde se rua aux murs et ce fut notre sentinelle qui s'y précipita la dernière ».

---

[2] II, 3 [3] lettre 35

En outre, la manipulation des croyances peut aller jusqu'à un embrigadement qui peut aboutir, ultimement, à la soumission de l'individu. Ce dernier est alors aveuglé, plus maître de ses actions. Propagande, manipulation mentale et séduction sont ces moyens d'action. C'est même le fonctionnement du gouvernement américain pour gagner l'engagement de son peuple vis-à-vis de la guerre au Vietnam : entretenir un « mythe » et non d'essayer d'appréhender de complexes « réalités historiques, politiques et géographiques »[4]. De même, aveuglé par son amour pour Cécile, Danceny en vient ainsi à tuer Valmont en duel, crime qu'il ne regrettera qu'*a posteriori* comme en témoignent les pleurs rapportés par M. Bertrand dans la lettre 163. Si la soumission est donc bien l'objectif ou l'effet de certains types de manipulation d'autrui, est-il possible d'y parvenir sans une forme minimale d'adhésion volontaire ? Aussi grande que soit l'influence que l'on peut exercer sur les croyances des individus, peut-on vraiment atteindre une soumission totale qui signifierait l'annihilation de l'individualité et de la responsabilité de l'individu ?

Faire en sorte qu'une personne adopte une croyance peut donc influencer ses actions ou, dans le cas de l'exercice d'une autorité, susciter des formes plus ou moins fortes d'obéissance pouvant aller jusqu'à un point où sa capacité de décision est presque entièrement déléguée au maître. Toutefois, n'y a-t-il pas des cas où faire croire ne suffit pas à motiver l'action ?

En effet, faire croire ne suffit pas toujours à faire faire : qu'il s'agisse d'une tentative pour se faire obéir, obtenir un service, influencer autrui ou essayer de se motiver soi-même, faire croire peut ne pas suffire.

Comment expliquer ce décalage entre la conviction de la nécessité d'accomplir une action et sa non-effectuation ? Ou, à l'inverse, que la conviction de la nécessité de ne pas effectuer une action ne l'empêche pas ? Une première hypothèse est qu'une autre source de motivation parasite le jugement, comme un désir. S'offusquant, dans la lettre 4 des *Liaisons dangereuses*, des caprices du vicomte de Valmont – qui veut qu'elle le mette en relation avec la présidente de Tourvel – la marquise de Merteuil l'accuse de « ne savoir désirer que ce qu'il croit ne pas pouvoir obtenir ». Selon elle, le vicomte désire ce dont il est pourtant convaincu qu'il échouera à obtenir, il s'agit donc d'un désir vain qui pousse pourtant l'individu à agir à l'opposé de ce que ses croyances suggèrent. Citant Richard J. Barnet dans l'article « Du mensonge en politique », Arendt considère que les responsables de la sécurité nationale américaine « exercent leur pouvoir simplement en filtrant les informations destinées au président et en interprétant à son intention le monde extérieur ». Mais si le

[4] « Du mensonge en politique », III

simple fait de maîtriser ce canal d'information peut influencer la décision du politicien, rien ne garantit que ce dernier agisse sur cette seule base. Pour qu'il y ait, selon Arendt, action au sens propre du terme, il faut que l'individu ait la possibilité d'agir en faisant fi de ce que certaines de ses croyances devraient lui imposer.

Par ailleurs, faire croire peut inhiber l'action. Ainsi, on peut être convaincu du fait qu'il soit moralement bon de faire quelque chose, mais manquer du courage nécessaire : c'est ce qu'on qualifie de faiblesse de la volonté. La volonté, ou d'ailleurs le corps, manque de force pour surmonter la contrainte, la peur ou l'instinct de survie. Menaçant le vicomte de Valmont, la marquise de Merteuil se souvient de cette période où, enfant, elle « était vouée par état au silence et à l'inaction » tout en aspirant secrètement à la liberté[5]. Mais était-elle vraiment inaccessible ? Ne pouvait-elle pas, au risque certes de perdre son statut, mener une autre vie ? De même, il est possible de persuader autrui de ne pas faire ce qu'il croit devoir faire. C'est en ce sens que, dans *Lorenzaccio*, Salviati, roué de coups, « a fait le mort de peur d'être achevé »[6].

Enfin, certaines croyances ne sont pas à première vue des motivations à agir : d'abord, les affirmations théoriques – comme les théorèmes mathématiques ou les lois logiques et, plus généralement, tout ce qui relève des connaissances – c'est-à-dire des croyances vraies et justifiées. Comme le souligne Hannah Arendt dans « Du mensonge en politique », « le menteur est un homme d'action, le diseur de vérité, qu'il dise la vérité rationnelle ou la vérité de fait, n'en est jamais un ». Tandis que l'intention du menteur est d'influencer l'action d'autrui, celle du diseur de vérité est le savoir et la connaissance. Goguenard, Lorenzo oppose en ces termes l'homme d'action et celui qui dédie sa vie au savoir à sire Maurice : « si l'on vous a dit que j'étais un soldat, c'est une erreur ; je suis un pauvre amant de la science »[7].

Jusqu'ici, on présuppose que le « faire » soit extérieur à la croyance, et que cette dernière se réduise à un « croire que ». Ce faisant, nous avons fait comme si la croyance était ou bien indépendante des dispositions à agir, ou bien une disposition à agir. Or, non seulement la croyance comporte en elle-même une part active, mais – au sens de la confiance – elle peut être une véritable décision.

NOUS pouvons affirmer que faire croire suscite toujours une action chez autrui dans la mesure où la croyance comporte en elle-même une dimension active.

Premièrement, il ne suffit pas de posséder une croyance vraie pour qu'on puisse parler de connaissance au sens fort. Il faut, en plus, que la

[5] lettre 81 [6] III, 2 [7] I, 4

croyance soit le résultat d'un acte intellectuel dont le sujet peut rendre compte. Dans « Vérité et politique », Arendt soutient que lorsque autrui comprend un raisonnement et que ce dernier est valide, il est comme forcé d'en accepter la conclusion et de reconnaître l'émetteur comme un diseur de vérité. Allant jusqu'à comparer, en citant Le Mercier de La Rivière, Euclide à un despote, elle soutient que « le contenu de l'affirmation n'est pas d'une nature persuasive, mais coercitive »[8]. Si l'on comprend par là que la vérité ou la validité d'un raisonnement s'impose à l'intelligence de celui qui la comprend, alors il s'agit d'une affirmation correcte. C'est en ce sens que l'on peut, à l'instar du vicomte de Valmont, opposer l'acte de persuader et celui de convaincre. « Ce n'est pas que j'espère vous rendre jamais sensible », écrit-il à la présidente de Tourvel, « mais sans être persuadée, vous serez convaincue »[9]. En l'occurrence, de la sincérité de son amour.

Deuxièmement, l'expression « faire croire » ne désigne pas seulement le fait de pousser autrui à tenir une proposition pour vraie ou fausse, mais peut également renvoyer à la capacité d'une personne à inspirer confiance. Or, la confiance authentique ne s'extorque pas, ni ne s'obtient par la manipulation, mais se donne. Bien qu'elle puisse reposer sur la croyance en la fiabilité d'autrui comme montré plus haut, elle procède en premier chef de la volonté. Pour cela, elle est à la fois difficile à obtenir et facile à perdre. *A fortiori*, comme le souligne Hannah Arendt dans « Du mensonge en politique », dans le domaine des affaires publiques où la moindre fuite d'informations confidentielles peut déclencher une crise politique[10]. Pour qu'il y ait confiance, en effet, il faut qu'autrui envisage la possibilité que je puisse le trahir et, malgré cela, décide de croire en moi. Toutefois, la possibilité de l'échec reste présente et, de ce fait, autrui me fait confiance tout en sachant que la promesse ne sera pas nécessairement remplie : « Je ne prends plus que celui de vous supplier de me répondre, et de ne jamais douter de la vérité de mes sentiments », implore le vicomte de Valmont à la présidente de Tourvel[11].

Enfin, faire en sorte qu'autrui accède à la foi religieuse, c'est l'inviter à décider de passer outre ses croyances bien formées. La foi religieuse, du fait de la perfection supposée de l'être qui la suscite, est la seule qui soit exempte de la suspicion de tromperie. Cette perfection, pour Mme de Rosemonde, place l'être divin au-delà des logiques rétributives de la morale humaine : « Ce que ne peut la sagesse humaine, la grâce divine l'opère quand il lui plaît »[12], écrit-elle à la présidente de Tourvel. L'espérance qui caractérise la foi chrétienne excède donc, en ce sens, la simple confiance. De même, dépité par les mesquineries des hommes,

---

[8] III [9] lettre 68 [10] IV [11] lettre 48 [12] lettre 103

le bourgeois de *Lorenzaccio* s'en remet-il à l'être suprême : « Que le bon Dieu protège la ville ! »[13]

Réponse

AINSI, il est évident que faire croire quelque chose à autrui, à un groupe ou essayer de se convaincre soi-même peut influencer l'action. Persuasion, conviction, manipulation et embrigadement sont autant de manières de faire faire ce que l'on désire. Mais il ne s'agit ni d'une condition suffisante ni d'une intention nécessairement présente. Volonté, désir, émotions et croyances sont autant de facteurs motivants pouvant entrer en conflit. Et dans le cas de la transmission des vérités, le but n'est pas forcément l'action, mais l'acquisition du savoir pour lui-même.

Ouverture

Cependant, la croyance n'est pas seulement une disposition passive à agir, elle peut aussi être le résultat d'un acte intellectuel ou d'une décision volontaire dans le cas de la confiance et de la foi.

IV Éviter le hors-sujet

Pour éviter le hors-sujet lorsque celui-ci prend la forme d'une question passe nécessairement par la précision conceptuelle : il était ici indispensable de distinguer les différents sens du verbe « croire » (connaître, avoir confiance, éprouver la foi, penser que) pour explorer la variété des réponses possibles à la question. Une réduction du « faire croire » à la seule tromperie aurait, de ce fait, été très insuffisante. De même, il était important de mettre en lumière qu'il s'agit d'une question d'identité, ce qui invitait à interroger la nature du lien entre croyance et action. On pourrait penser qu'un sujet comme « Faire croire, est-ce manipuler ? » est très proche, mais il ne repose pas sur le parallèle des expressions et du rôle du « faire » comme dans le nôtre : c'est davantage une réflexion sur le « faire croire » entièrement, réduit au sens de « manipuler », tandis que notre sujet invitait à découper l'expression au programme pour mieux interroger et le faire, et le croire, et le faire croire.

[13] I, 2

Notions abordées : politique, subir, résister, agir

Sujet 11
« Croire acte un mouvement de résistance. » (Pasolini, *La Longue Route de sable*, 1959)
Dans quelle mesure votre lecture des œuvres au programme vous permet-elle de souscrire à ce jugement ?

Corrigé proposé par Christine Baycroft

I Analyse du sujet

1 Analyse des termes du sujet

La phrase de Pasolini se présente comme un paradoxe : nous concevons plus généralement le fait de croire comme relevant d'une logique d'acceptation, voire de soumission. Pour Pasolini, en revanche, le fait de croire s'inscrit dans une logique du refus, de la révolte et de la résistance.

Il faut ainsi se demander en quel sens la croyance peut être comprise comme l'actualisation ou la réalisation d'« un mouvement de résistance ». Le terme « acte », utilisé dans le sujet comme un verbe, est à prendre dans son sens aristotélicien. Les réalités « en acte » (par exemple, le courage du résistant engagé) sont plus réelles que des réalités simplement « en puissance » (par exemple, le courage de celui qui envisage la question de son engagement dans la résistance). Pour ne pas en rester à une simple potentialité, pour s'actualiser et s'inscrire vraiment dans le réel, tout « mouvement de résistance » (toute lutte contre l'injustice, le malheur, l'humiliation ou le mensonge) doit susciter la croyance en sa propre validité et en la possibilité de sa réalisation. Pour qu'un sentiment de révolte, un désir de résister, devienne plus qu'une impulsion, plus qu'un « mouvement », et parvienne à s'inscrire dans la réalité, il faut y croire.

Alors que croire est, le plus souvent, la conséquence du fait qu'on ne sait pas et qu'on doit donc s'en remettre à une autorité extérieure, Pasolini affirme qu'il existe une autre dimension de la croyance. Face à toute réalité qui suscite en nous indignation ou révolte, nous avons la possibilité de ne pas nous contenter d'y acquiescer. Nous pouvons aussi agir, résister à ce qui tente de s'imposer à nous comme inévitable et « croire » en autre chose. Croire, c'est parfois savoir dire non.

2 Confrontation aux œuvres

À première vue, dans ***Les Liaisons dangereuses***, croire relève plutôt de la passivité et de la subordination. Ainsi, Cécile Volanges ou le chevalier Danceny opposent peu de résistance aux manigances de Valmont et Merteuil : ils les admirent et les croient. Mais le roman présente aussi d'autres visages, plus complexes, de la croyance. Avant d'en être cruellement désabusée, la présidente de Tourvel veut croire que Valmont est capable de charité chrétienne, qu'il cherche à s'amender et, ultimement, qu'il l'aime. Mais y croire exige d'elle qu'elle résiste aux conseils de ses amis, à ses propres soupçons et à sa raison elle-même. Valmont en vient à son tour à opposer une résistance acharnée à ses sentiments et à son intelligence pour continuer à croire qu'il n'est pas tombé follement amoureux de la présidente.

Lorenzaccio discute et rejette la thèse selon laquelle, dans un monde injuste, croire (en la Vertu ou en la République) serait effectivement un chemin de résistance aux tyrans. Certes, parce qu'il y croyait, le jeune Lorenzo rêvait de devenir un nouveau Brutus, mais ses croyances étaient de fragiles illusions qui se sont brisées sur la réalité. Ayant perdu son idéal mais acquis la lucidité indispensable à l'action, il exécutera le tyran. Mais le peuple et les chefs du parti républicain seront incapables de rétablir la République. Chez Musset, la croyance est louable, mais elle est faible, corruptible et finalement impuissante à mener à bien un réel projet de résistance.

Pour **Arendt** enfin, le lien nécessaire, mais potentiellement dangereux, entre résister et croire est décisif. La finalité de l'action humaine, et en particulier de l'action politique, n'est pas de comprendre et d'accepter ce qui est. Faire de la politique, c'est croire que le changement est possible et que l'avenir peut être différent du présent : c'est résister à la soumission réaliste à ce qui est. Néanmoins, Arendt met ses contemporains en garde contre la négation de la réalité et de la vérité au profit d'un futur encore imaginaire et auquel on ne peut que croire. Résister à ce qui est, croire qu'on peut agir pour le transformer ne doit pas pour autant signifier choisir le mensonge et la violence.

3 Problématisation

Accepter de croire, est-ce toujours un aveu de faiblesse et d'impuissance ? On a trop tendance à l'admettre et à considérer que la croyance se réduit à l'assujettissement. Pourtant, elle peut aussi être le choix de la résistance à ce qui, en nous et en dehors de nous, nous enjoint de nous soumettre à l'inévitable. Croire serait alors aussi, parfois, combattre l'accablement, résister au malheur et parier sur le possible.

II Plan détaillé

I Croire, ce n'est pas résister, c'est subir
1. On croit parce qu'on ne comprend pas
2. On croit parce qu'on est impuissant
3. Ceux qui savent et qui ont le pouvoir ne croient pas, mais « font croire »

Choisir de croire, c'est le contraire de résister, c'est avouer notre faiblesse et notre impuissance. Mais n'est-ce pas aussi une façon de répondre à cette faiblesse et à cette impuissance ?

II Croire, c'est choisir de résister à notre sentiment d'impuissance
1. Croire est toujours un choix
2. Il n'y a pas de résistance sans croyance
3. Croire, c'est ouvrir un chemin de liberté là où il n'y en avait pas

Croire implique donc parfois une authentique forme de résistance : un appel à la liberté et à l'imagination contre la fatalité et l'évidence. N'y a-t-il pas de danger pourtant à ce genre de croyance qui fait fi de la vérité au nom de la liberté et de l'action ?

III La croyance-résistance est-elle dangereuse ?
1. La croyance et le choix de l'illusion
2. La croyance et le déni de la vérité
3. La croyance et la lucidité sont-elles compatibles ?

III Dissertation rédigée

Accroche

On attribue à William Wilberforce, qui fit voter en 1807 l'abolition de la traite transatlantique des esclaves au Parlement britannique, la phrase suivante : « Nous sommes trop jeunes pour savoir que c'est impossible, c'est pourquoi nous réussirons. » « Croire acte un mouvement de résistance », écrit de son côté Pasolini, dont l'aphorisme nous renvoie à l'exemple de ces grands réformistes visionnaires.

Citation et analyse

Pour Pasolini, « croire » n'est pas seulement faire naïvement confiance à ceux qui savent, ou qui peut-être nous manipulent. Croire (par exemple, croire que l'abolition de l'esclavage est possible) peut aussi s'inscrire dans une logique du refus, et c'est en ce sens que le fait de croire « acte un mouvement de résistance ». Le terme « acte » est à prendre ici dans son sens aristotélicien. Les réalités « en acte » sont plus réelles que des réalités « en puissance ». Pour ne pas en rester à une simple potentialité, pour s'actualiser dans le réel, tout « mouvement de résistance » (toute lutte contre l'injustice, le malheur, l'humiliation ou le mensonge), tout projet, doit susciter la croyance en sa propre validité et en la possibilité de sa réalisation. Pour que le désir d'agir né d'un sentiment de révolte devienne plus qu'une impulsion, plus qu'un « mouvement », et s'inscrive dans la réalité, il faut y croire.

Pbmatique Accepter de croire n'est donc pas toujours un aveu de faiblesse. Cela peut être aussi le choix de résister à ce qui, en nous et en dehors de nous, nous enjoint de nous soumettre. Croire serait alors parfois savoir dire non, combattre l'accablement, résister au malheur et parier sur le possible. Dans quelle mesure peut-on dire que l'acte de croire est un acte de résistance ?

Plan Il est vrai que la croyance est souvent une modalité de la confiance, voire de la soumission. Il n'en demeure pas moins que nulle volonté active de résister à ce qui est ne peut exister sans un appel à croire que ce qui n'est pas réel est néanmoins possible. Toutefois, de telles croyances, qui refusent ce qui est au nom de ce qui pourrait être, peuvent devenir de dangereuses illusions.

BIEN souvent, « croire » n'est pas résister, mais subir. On croit parce qu'on ne comprend pas et parce qu'on est faible. Seuls ceux qui comprennent ont un authentique pouvoir.

Les personnes qui ne comprennent pas leur situation sont souvent les proies de ceux qu'elles acceptent de croire. C'est ce que suggère le terme d'« enfant » que Laclos emploie systématiquement pour décrire les futures victimes de Merteuil et Valmont : Cécile[1], Danceny[2] ou Mme de Tourvel[3]. On retrouve dans *Lorenzaccio* cette métaphore de la foi ignorante de la jeunesse. À la suite du meurtre d'Alexandre, personne ne se soulève, sauf « une centaine de jeunes étudiants ». Ce dernier carré de républicains croyants s'est fait « massacrer en vain »[4]. Selon la formulation d'Arendt, « l'objectif primordial » de tout manipulateur est de gagner la bataille pour « l'esprit des gens »[5].

Ceux que l'ignorance a condamnés à la croyance se révèlent dépourvus de pouvoir. Le savoir s'impose, il a une certaine forme d'autorité, ou même, comme le souligne Arendt, « un caractère despotique »[6]. Par contraste, la croyance est faible. C'est cette faiblesse de Cécile « livrée » à lui et « sans défense » que Valmont évoque quand il refuse initialement la suggestion de Merteuil, qu'il juge indigne d'un séducteur chevronné[7]. C'est aussi cette faiblesse que révèle Philippe Strozzi qui « croi[t] à tout ce que [Lorenzaccio] appell[e] des rêves [...], à la vertu, à la pudeur, et à la liberté » et se voit donc comme « un mendiant », « en haillons », qui « demande l'aumône à la justice des hommes »[8].

[1] lettre 20 [2] lettre 5 [3] lettre 6 [4] acte V, scène 6 [5] « Vérité et politique », III
[6] « Vérité et politique », III [7] lettre 4 [8] acte III, scène 3

En revanche, ceux qui refusent de croire et choisissent le savoir possèdent la maîtrise des situations. Si la marquise de Merteuil est « née pour venger [s]on sexe », c'est parce que ses « principes » reposent sur ses « profondes réflexions », sa capacité à « observer et réfléchir », et son « désir de [s]'instruire »[9]. Dans *Lorenzaccio*, le cardinal Cibo, un proche du duc Alexandre, émerge victorieux aux côtés de Côme de Médicis à la fin de la pièce. Son pouvoir s'enracine dans sa lucidité, qui confine au cynisme. Contrairement à Alexandre, il n'est dupe de personne, pas même de Lorenzaccio, qu'il décrit comme un « chie[n] de cour [...] pris de la rage »[10]. S'il faut parfois mentir aux autres, admet Arendt, il n'y a rien de pire que de se mentir aussi à soi-même. Mentir aux autres en sachant la vérité, comme Merteuil ou Cibo, donne un certain pouvoir. Mais croire à ses propres mensonges, ce serait simplement choisir l'évasion et la fuite du réel.

Choisir de croire, c'est le contraire de résister, c'est avouer notre faiblesse et notre impuissance. Mais n'est-ce pas aussi une façon de répondre à cette faiblesse et à cette impuissance ?

Il y a en effet dans certaines croyances une forme de résistance à notre sentiment d'impuissance.

Il est certes impossible de changer le passé, mais le futur « est ouvert à l'action », dit Arendt. Loin de se réduire nécessairement à un assentiment soumis, la croyance peut aussi exprimer le choix de « commencer quelque chose de neuf »[11]. C'est ce que Valmont n'a pas su faire. Il avoue à Danceny qu'il « regrette Mme de Tourvel » et ajoute : « Ah ! croyez-moi, on n'est heureux que par l'amour. »[12] Il encourage ainsi le jeune homme à faire un autre choix que le sien. Lorenzo n'est pas si loin de reconnaître cette idée d'un choix possible quand il décrit son acte en termes de pari : « je jette la nature humaine à pile ou face sur la tombe d'Alexandre »[13].

Croire en des choses que nul savoir ne confirme ni même ne suggère est la condition de toute résistance à ce qui est. C'est ce qu'Arendt appelle « l'affinité indéniable du mensonge [...] avec le changement du monde »[14]. Philippe Strozzi le sait aussi quand il dit à propos de la République : « Et quand ce ne serait qu'un mot, c'est quelque chose, puisque les peuples se lèvent quand il traverse l'air... »[15] Il n'y a résistance que là où il y a aussi foi en un idéal. Si la présidente de Tourvel en vient à croire Valmont, ce n'est pas seulement parce qu'elle est naïve, c'est aussi parce que la modalité centrale de son existence est la croyance. Dès le début du roman, elle fait elle-même ce rapprochement : c'est sa foi en Dieu qui

[9] lettre 81 [10] acte I, scène 4 [11] « Vérité et politique », IV [12] lettre 155 [13] acte III, scène 3 [14] « Vérité et politique », IV [15] acte II, scène 1

l'empêche de douter totalement de Valmont. Elle ne peut croire que Dieu se plaise « à entendre des bouches pures répandre leurs bénédictions sur un réprouvé », et elle « aime mieux croire que des erreurs, pour être longues, ne sont pas éternelles »[16].

En ce sens, il n'y a ni avenir ni liberté sans croyance. Paradoxalement, souligne Arendt, notre inventivité, notre « capacité de mentir » font partie « des quelques données manifestes et démontrables qui confirment l'existence de la liberté humaine »[17]. Mme de Tourvel ne nie jamais ce que Valmont a été, et pourtant elle croit en un Valmont très différent. Comme elle l'écrit, les deux portraits contradictoires « peuvent être ressemblants, en fixant les époques »[18]. Par contraste, le sinistre « Ainsi va le monde. Ce n'est pas ma faute »[19] de Merteuil recopié par Valmont conteste la possibilité du changement, désavoue la liberté, et interdit tout avenir. C'est d'ailleurs aussi la position de Lorenzo. Son action n'a pas pour but de changer le monde, de résister à la tyrannie ou de faire advenir du nouveau. Il n'agit pas au nom de la justice, en laquelle il ne croit pas, mais au nom de la vérité qu'il veut révéler : « il faut que le monde sache un peu qui je suis, et qui il est. »[20]

Croire implique donc parfois une authentique forme de résistance : un appel à la liberté et à l'imagination contre la fatalité et l'évidence. N'y a-t-il pas de danger pourtant à ce genre de croyance qui fait fi de la vérité au nom de la liberté et de l'action ?

UNE TELLE croyance qui exprime le refus de ce qui nous limite n'est en tout cas pas quelque chose de totalement inoffensif.

« Croire » requiert toujours en effet un « faire croire », qu'Arendt nomme « mensonge » et qu'elle compare à la pratique d'un « acteur », créateur d'illusions[21]. Musset le sait bien, lui qui invente dans l'histoire florentine l'artiste Tebaldeo, qui affirme que « Réaliser des rêves, voilà la vie du peintre. »[22] En ce sens, le croyant qui se révolte contre le réel s'illusionne, il ferait mieux de s'adresser à l'art plutôt qu'à la politique. Gercourt, qui croit dans « les éducations cloîtrées » et en « la retenue des blondes », est non seulement « un sot », mais surtout un vantard. Il souhaite imposer ses illusions au monde et en sera cruellement puni[23].

Les croyances absolues que requièrent les régimes totalitaires sont particulièrement dangereuses, car elles exigent « d'ignorer la frontière qui sépare la vérité du mensonge » et conduisent au déni de l'idée même de vérité[24]. Ni Laclos ni Musset ne vont aussi loin, alors même qu'ils

---

[16] lettre 22 [17] « Vérité et politique », IV [18] lettre 11 [19] lettre 141 [20] acte III, scène 3
[21] « Vérité et politique », IV [22] acte II, scène 2 [23] lettre 2 [24] « Vérité et politique », I

évoquent des sociétés qu'ils considèrent comme dépravées. Ainsi, même si la présidente de Tourvel veut croire Valmont, elle reste tourmentée par la jalousie et finit par mourir du conflit entre ce qu'elle a voulu croire et ce que la lettre de Valmont lui a appris. Lorenzo se dit « réveillé de [s]es rêves » et affirme à Philippe Strozzi « le danger d'en faire »[25], mais sans préciser davantage d'où vient ce danger. Il n'empêche : quand la croyance finit en déni de la réalité, c'est la mort qui guette, elle qui clôt les deux œuvres littéraires au programme et punit autant les croyants que les manipulateurs.

Est-il seulement possible de concilier croyance et lucidité ? On l'a vu, la présidente de Tourvel et Lorenzo ont essayé sans y parvenir. Le réel a résisté à leurs croyances. Arendt affirme que croire au changement sans en venir à nier le réel et sombrer dans la violence et la destruction exige un double renoncement : le renoncement à « l'arrogance du pouvoir » et le renoncement à « l'arrogance de l'esprit » ou du savoir[26]. En ce sens, les deux œuvres littéraires font appel à cette croyance, non par leur propos mais par leur existence même : ainsi, elles font appel à la croyance dans l'art de leur lecteur tout en leur permettant de mieux appréhender le réel, en l'expliquant et en le dénonçant. C'est à l'image du chevalier Danceny, qui pour se défendre envoie à Mme de Rosemonde toutes les lettres qu'il a en sa possession[27] : la lecture doit éclairer la tante de Valmont, ce qui n'est pas sans rappeler le fonctionnement de l'art lui-même, qui permet de retourner au réel après le passage par la fiction. Ce n'est donc pas un hasard si l'aphorisme « croire acte un mouvement de résistance » est signé d'un poète doublé d'un cinéaste.

PASOLINI, en rapprochant croyance et résistance, remet en cause toute identification systématique de la croyance à la crédulité impuissante. Il nous rappelle que, pour résister à l'insoutenable ou même simplement pour changer quoi que ce soit, il faut déjà croire qu'autre chose est possible. Néanmoins, nous avons vu aussi que résister à ce qui est, et croire qu'on peut agir pour le transformer, ne devrait pas signifier que tous les objectifs sont possibles ni que tous les moyens sont permis. Réponse

Peut-être faut-il alors conclure contre Pasolini que croire n'acte pas pleinement nos résistances ni n'accomplit totalement nos espérances. Si résister au malheur et espérer le bonheur exige la capacité de désirer ce qui vient tout en accueillant ce qui est, le dernier mot revient plutôt à Valmont quand il affirme « qu'on n'est heureux que par l'amour »[28]. Ouverture

---

[25] acte III, scène 3 [26] « Du mensonge en politique », IV [27] lettre 174 [28] lettre 155

IV Éviter le hors-sujet

Le psychologue du XIXe siècle Gustave Le Bon écrit dans *Hier et Demain* que « ce n'est pas avec la raison, et c'est le plus souvent contre elle, que s'édifient les croyances capables d'ébranler le monde ». Ce propos semble aller dans le même sens que celui de Pasolini : la croyance est une force motrice, capable d'influencer le cours du monde. Mais il ne s'agit pas du même sujet. Ce que Le Bon souligne, c'est l'irrationalité des croyances. Il en déduit l'impuissance de la raison et l'irrationalité de l'histoire. Pasolini en revanche ne met pas en avant cette irrationalité de nos croyances, mais seulement leur capacité à exprimer notre résistance au cours des choses. Quand ce cours des choses est irrationnel et absurde, croire qu'il est possible d'y résister est, pour lui, le seul remède au désespoir.

Notions abordées : volonté, foi, croire, scepticisme, ironie, naïveté

Sujet 12
« Qui veut s'installer dans une réalité ou opter pour un credo, sans y parvenir cependant, s'emploie par vengeance à ridiculiser ceux qui y arrivent spontanément. L'ironie dérive d'un appétit de naïveté déçu, inassouvi, qui, à force d'échecs, s'aigrit et s'envenime. Elle prend inévitablement une extension universelle ; si elle s'attaque de préférence à la religion et la sape, c'est qu'elle ressent en secret l'amertume de ne pouvoir croire. » (Cioran, *Écartèlement*, 1979)
Cette citation correspond-elle à votre lecture des ouvrages au programme ?

Corrigé proposé par Géraldine Deries

I Analyse du sujet

1 Analyse des termes du sujet

Cette citation a d'abord la forme séduisante d'un paradoxe : elle expliquerait un trait de caractère et la prédilection pour l'ironie des non-croyants, des sceptiques précisément par ce qui leur échapperait, la capacité à croire. Le glissement du fait de « ridiculiser ceux qui y arrivent [à croire] spontanément » à l'ironie en général passe d'autant plus inaperçu que l'ironie consiste à dire le contraire de ce que l'on veut faire comprendre : l'ironiste dit ce qu'en fait il ne croit pas, si bien qu'on peut penser que celui-ci ne croit à rien. La séduction est dans le fait qu'en réalité l'ironiste est triste, même furieux de ne croire à rien (l'ironie, maintenant personnifiée dans un deuxième glissement élégant, « ressent en secret l'amertume de ne pouvoir croire ») et au fond ne demande qu'à croire, qu'à ce que quelque chose soit assez fort pour le faire croire.

À ce point de l'analyse, il faut remonter un peu et constater que celui que nous appelions le non-croyant, le sceptique, qui « s'emploie par vengeance à ridiculiser ceux qui y arrivent spontanément [à croire] », était défini comme « qui veut s'installer dans une réalité ou opter pour un credo », donc bien comme un être habité de la volonté de croire. Mais une telle personne n'est pas en fait un sceptique : un sceptique, à moins d'être un pyrrhonien, qui doute de tout par principe, ne s'intéresse pas à ce qu'on ne peut que croire, et n'en est pas malheureux pour autant. La personne dont parle Cioran, et qu'il définit circulairement par ses pratiques de ressentiment, se positionne comme quelqu'un qui voudrait être un croyant, ou qui s'imagine qu'il faut l'être, qui envie ceux qui « croient » « spontanément », qu'il voit pourtant comme des « naïfs ».

Une telle personne est bien en définitive un croyant : quelqu'un qui croit qu'il faut croire. Le sujet n'interroge pas la psychologie de la croyance et les comportements qui en découleraient, mais ce phénomène curieux du « vouloir croire ». On pourrait le balayer d'un geste ironique – croire ne relève pas de la volonté, et celui qui veut croire ne croit donc pas, mais croit croire, comme le corbeau de La Fontaine, qui croasse, et se méconnaît ; il est plus intéressant de se demander pourquoi cette croyance dans le bien que serait le fait de croire.

2 Confrontation aux œuvres

Dans ***Les Liaisons dangereuses***, deux personnages exhibent les traits de comportement que Cioran attribue au croyant impuissant à croire : la marquise de Merteuil (si elle ne couche à droite et à gauche et n'humilie le plus de gens possible que pour prouver que Dieu n'existe pas) et le vicomte de Valmont (si toute son entreprise de séduction de Mme de Tourvel est fondée sur une « moquerie acerbe » à l'égard des femmes vertueuses). Mais en fait ni l'un ni l'autre ne semblent avoir la moindre envie de croire en quoi que ce soit, sinon leur bon plaisir. On trouve aussi tout un ensemble de personnages plus ou moins croyants au sens religieux du terme, et certainement guidés dans leur conduite par les préceptes qui accompagnent ces croyances. En tout cas, personne qui ne fasse que vouloir croire – sinon peut-être les dupes des machinations propres aux deux personnages les plus systématiquement sceptiques, qui sont aussi les seuls intrigants sans scrupules ; les intrigues des autres personnages sont soit guidées par l'un des deux héros, soit le fruit de soucis momentanés, fussent-ils de vanité[1] ; et les lecteurs.

Chez Alexandre, dans ***Lorenzaccio***, se combinent ironie et désir de ridiculiser, voire de détruire, avec une absence de désir de croire tout à fait manifeste. Alexandre ne croit qu'au plaisir, au sien d'abord, et donc au pouvoir de l'obtenir, sans tenir pour réel quiconque autour de lui, sinon ceux qui sont plus forts que lui – l'empereur, le pape. Et c'est un personnage qui ne prend absolument pas la peine de faire croire quoi que ce soit à qui que ce soit – il prend. Les autres personnages de pouvoir sont semblables, que ce soit le cardinal Cibo ou Pierre Strozzi. En revanche, les convaincus – Lorenzaccio, la marquise Cibo, Philippe Strozzi – exhibent toutes les marques du doute, sans ironie envers les autres, même s'ils en ont font preuve pour eux-mêmes. Lorenzo est, de tous les personnages, celui qui le plus clairement a voulu croire, a choisi de consacrer sa vie à un « credo », et continue de lutter pour cela.

---

[1] Dans la lettre 22, Mme de Tourvel omet de dire à Mme de Volanges qu'elle connaît les agissements de Valmont parce qu'elle le fait suivre.

Pour **Arendt**, ce « vouloir croire » est une donnée anthropologique, comme le montre son agacement assez amusé dans « Vérité et politique » face au général de Gaulle ralliant la France derrière l'idée qu'elle n'a pas perdu la guerre, et son agacement nettement moins amusé lorsqu'elle constate que les plus hautes sphères de l'État américain sont volontairement mal informées de la situation au Vietnam parce qu'elles veulent que cette dernière soit conforme à ce qu'elle doit être pour justifier une intervention continue ; c'est cet engagement qui, pour des raisons aussi mystérieuses que les voies de la foi, ne peut être remis en cause.

3 Problématisation

Comme croire n'est pas un acte de volonté, le fait de vouloir croire devrait indiquer le doute. Et pourtant, vouloir croire signifie aussi croire qu'il faut croire. Vouloir croire, est-ce inévitablement déjà croire, ou ce désir peut-il conduire dans d'autres directions ?

II Plan détaillé

I Vouloir croire est déjà l'indication d'un sujet qui croit

1. D'un sujet qui croit en tout cas que croire est un bien
2. Le doute frustre d'autant plus qu'on croit qu'il faut croire
3. Si bien qu'il peut être difficile de passer de cette frustration au constat d'une erreur

Pourtant, l'expression « je voudrais bien y croire » s'emploie pour indiquer un doute face à une assertion ou une représentation. Comment peut-on résister au doute comme signalant un refus de croire, ne le vivre que négativement ?

II L'incapacité à voir que le doute a une valeur positive vient de la perception d'un lien très fort entre croire et agir

1. Dans le domaine affectif
2. Dans le domaine moral
3. Dans la conduite de notre vie, lui conférant un sens

Cependant, les sentiments s'éprouvent très bien dans le comportement sans les mots pour les dire ; l'absence de foi ne produit pas un monde d'assassins ; les vies prennent sens de bien des façons. Comment faire confiance au doute ?

III Comprendre un « vouloir croire » comme indication de doute invitant à la réflexion est une réaction bien plus porteuse de sens

1. Elle indique un intérêt pour l'objet dont il s'agit plutôt qu'aux idées qu'il s'agirait d'avoir sur lui
2. Elle montre une vitalité et une liberté du sujet, que croire limite
3. Mais elle demande effort ou persévérance et une forme de confiance dans le monde dont croire dispense

III Dissertation rédigée

Accroche

QUI N'A jamais rêvé d'être embarqué par une foi qui donne sens et direction à une vie parfois terne ou qui ne semble vouée qu'à son propre entretien ?

Citation et analyse

C'est à un tel rêve que Cioran imagine certains succomber, marquant ensuite leur déception de ne pas le réaliser par leur comportement vis-à-vis de ceux qui y parviennent : « Qui veut s'installer dans une réalité ou opter pour un credo, sans y parvenir cependant, s'emploie par vengeance à ridiculiser ceux qui y arrivent spontanément. L'ironie dérive d'un appétit de naïveté déçu, inassouvi, qui, à force d'échecs, s'aigrit et s'envenime. Elle prend inévitablement une extension universelle ; si elle s'attaque de préférence à la religion et la sape, c'est qu'elle ressent en secret l'amertume de ne pouvoir croire. » Mais il est tellement facile de trouver des contre-exemples à ce paradoxe – dans nos œuvres, Mme de Merteuil, farouche ironiste, ne recherche aucunement la foi, rationaliste et calculatrice superbe qu'elle est – qu'il faut revenir sur les prémisses de la réflexion de Cioran. Celui « qui veut s'installer dans une réalité ou opter pour un credo » veut donc croire.

Pbmatique

Vouloir croire, n'est-ce pas croire que croire est un bien, et donc croire qu'il faut croire ? Vouloir croire, est-ce inévitablement déjà croire, ou ce désir peut-il conduire dans d'autres directions ?

Plan

Nous verrons que si vouloir croire est déjà l'indication d'un sujet qui croit, cependant ce constat a besoin d'être expliqué : l'incapacité à voir que le doute ne relève pas d'une faiblesse morale viendrait de la perception d'un lien très fort entre croire et agir. Mais nous verrons qu'en fin de compte comprendre un « vouloir croire » comme indication de doute invitant à la réflexion est une réaction bien plus porteuse de sens.

VOULOIR croire est déjà l'indication d'un sujet qui croit.

C'est un sujet qui en tout cas s'imagine que croire est un bien, que croire en une forme de transcendance, de « réalité » prédéterminée comme le dit Cioran, ne peut qu'être bénéfique individuellement ou socialement. C'est certainement le cas d'un grand nombre de protagonistes des *Liaisons dangereuses*, qui non seulement se disent croyants mais encore défendent ce que la foi leur apporte, en matière notamment de soutien dans la tenue d'une conduite vertueuse, comme Mme de Tourvel[2] ou Cécile, qui explique au chevalier Danceny qu'elle doit « sacrifi[er] » le plaisir de lui écrire et lui rappelle que ses vœux religieux à lui rendent

[2] lettre 8, où il s'agit de convertir la conduite de Valmont ; lettre 22, toujours sur Valmont ; lettre 26, où elle se dépeint comme une « femme honnête » ; de même lettre 41, etc.

« [s]es sentiments [à elle] [...] plus criminels encore »[3]. Gercourt, qui doit épouser Cécile Volanges, ne jure que par une éducation religieuse pour s'assurer d'une bonne épouse. Arendt souligne aussi combien la conviction, fût-ce en un mensonge, est utile, voire nécessaire, notamment pour entraîner les autres : c'est la leçon de l'anecdote médiévale qu'elle répète dans ses deux essais, qui montre une sentinelle qui, ayant réussi à lancer une fausse alerte, finit par suivre ceux à qui il a fait prendre peur[4], et c'est ce que constate « Antonio dans *La Tempête*, [devant] faire une pécheresse de sa propre mémoire, pour croire à son propre mensonge. »[5]

C'est aussi que douter provoque un sentiment de frustration dont on cherche à se débarrasser – en se précipitant vers une conviction, un « credo ». Lorsque Lorenzo ressent les affres de l'angoisse, se demandant par exemple pourquoi il a choisi le duc pour cible de ses convictions politiques dans la scène 4 de l'acte IV – « Que m'avait fait cet homme ? » – il se tourne vers une imagerie religieuse et se voit en archange « tirant l'épée flamboyante », se demandant s'il est « le bras de Dieu ». Danceny, rapidement habitué aux attentions et aux lettres de Cécile, réclame après seulement deux jours de silence, réassurance en réitérant lui aussi sa foi : « Je ne puis croire pourtant que ce talisman de l'amour [dire je vous aime] ait perdu toute sa puissance [...]. Songez que vous m'avez accoutumé à l'entendre [ce même je vous aime], et que m'en priver, c'est me condamner à un tourment qui [...] ne finira qu'avec ma vie. »[6]

On voit que, dans de telles conditions, comprendre le doute comme l'avertissement d'une erreur possible devient difficile. C'est d'ailleurs ce qui explique selon Arendt la stratégie de menteurs comme Antonio ou la sentinelle médiévale : d'abord, un menteur qui croit ses mensonges « se révèle embarqué dans le même bateau que ses victimes [et] paraîtra infiniment plus digne de confiance que le menteur de sang-froid »[7], mais surtout les « images fabriquées pour la consommation domestique [...] peuvent devenir une réalité pour chacun et avant tout pour les fabricateurs d'images eux-mêmes », si bien que contester devient une contestation « à l'intérieur du groupe lui-même » et met donc en danger l'identité de ce dernier en tant que groupe. Suggérer que le groupe se trompe revient à le menacer, on ne le fera pas à la légère. Il est de même impossible à Alexandre, malgré de nombreux indices et avertissements[8], de douter de son Renzo, parce que cela l'obligerait à se remettre en cause dans la vision qu'il a de son cousin et de lui-même.

[3] lettre 49 [4] « Vérité et politique », section IV et « Du mensonge en politique », section IV [5] « Vérité et politique », section IV [6] lettre 46 [7] « Vérité et politique », section IV [8] le cardinal Cibo, acte I, scène 4 et acte IV, scène 10 ; la disparition de la cotte de mailles, acte II, scène 6

Pourtant, l'expression « je voudrais bien y croire » s'emploie pour indiquer un doute face à une assertion ou une représentation. Comment peut-on résister au doute comme signalant un refus de croire, ne le vivre que négativement ?

Au-delà de l'inconfort du doute, auquel chacun cherche à mettre fin, l'incapacité à voir que le doute a une valeur positive tient à la perception d'un lien très fort entre croire et agir.

Dans le domaine affectif, l'idée que si l'on doute de ses sentiments l'on n'agira pas est très forte, ainsi que son corollaire, l'impression que si l'autre doute de ses sentiments il n'agira pas non plus. D'où la recherche incessante d'assurances concernant les sentiments et les actes auxquels ils doivent conduire, et la perception de toute expression de doute comme une trahison du sentiment, une menace de reniement. Danceny rappelle à Cécile dès son premier doute de n'être « ni légère, ni trompeuse »[9] ; Valmont, confronté aux doutes de Mme de Tourvel sur son abjuration du libertinage[10], n'a de cesse de repartir à la charge pour qu'elle y croie[11]. Arendt souligne qu'en politique le désir d'agir sur le futur conduit les gouvernements modernes à manipuler le passé et les faits qui le constituent afin de donner plus de crédibilité à l'avenir qu'ils proposent – il s'agit, là encore, d'anéantir le doute qui met en cause l'agir.

On retrouve ce mouvement lorsqu'il s'agit de conduite, éthique ou non. Douter du bien et du mal paralyserait l'action, ou la rendrait imprévisible. Là encore, l'idée est que la certitude conduit l'action, que celle-ci soit au demeurant conforme au réel ou non. C'est encore Arendt qui décrit, dans « Du mensonge en politique », la prévalence de l'action à tout prix en fonction d'une représentation du monde qu'il ne faut pas mettre en doute parce qu'elle permet précisément l'action, à propos de la « théorie des dominos », qui n'a cessé de justifier l'intervention américaine en Asie du Sud-Est[12]. Mais le refus d'Alexandre d'écouter la marquise Cibo relève de la même logique ou absence de logique : le soutien papal et surtout impérial étant le fondement de son impunité, il peut se permettre, en dépit de tout bon sens, de croire que « [les Florentins] [l]'aiment »[13] et continuer d'agir comme il l'entend. La marquise le « fai[t] penser aux Strozzi avec tous [s]es discours », et il déteste les Strozzi – et réfléchir.

En ce qui concerne la remise en cause du sens que l'on a pu donner à sa vie, on voit que le danger en est encore plus grand que dans la remise en cause d'une émotion ou d'un choix moral. Il est hors de question pour Lorenzo de ne pas aller jusqu'au bout du meurtre d'Alexandre alors même que tant de scènes et de monologues[14] témoignent du fait qu'il

---

[9] lettre 46 [10] lettre 67 [11] lettre 68 [12] début de la section III [13] acte III, scène 6
[14] acte III, scène 3 ; acte IV, scène 4 ; acte IV, scène 9

ne croit plus que son acte aura d'effet politique. Mais il lui faut garder le but qu'il s'est donné, pour ne pas être vraiment ce qu'il semble être devenu. « Regarde-moi un peu. J'ai été beau, tranquille et vertueux »[15], dit-il à Philippe Strozzi qui lui fait remarquer la contradiction entre ce qu'il attend du meurtre et la résolution de l'accomplir. Valmont non plus ne se laissera pas voler le sens de sa vie, qui a consisté à ne jamais céder à une femme, et trahit Merteuil dès qu'il s'estime joué par elle. Après moi le déluge ! plutôt que céder au doute et cesser de croire.

Cependant, les sentiments s'éprouvent très bien dans le comportement sans les mots pour les dire ; l'absence de foi ne produit pas un monde d'assassins ; les vies prennent sens de bien des façons. Comment faire confiance au doute ?

COMPRENDRE un « vouloir croire » comme indication de doute invitant à la réflexion est une réaction bien plus porteuse de sens.

En effet, celle-ci indique un intérêt pour l'objet dont il s'agit plutôt que pour les idées qu'il s'agirait d'avoir sur lui, comme lorsqu'Arendt constate avec une certaine stupeur dans « Du mensonge en politique » que les services secrets américains disposaient de toutes les données nécessaires sur l'évolution de la guerre au Vietnam, sans être le moins du monde impressionnés par les convictions de leurs donneurs d'ordre politiques. Mais ces derniers, préféraient avoir raison théoriquement[16]. Lorenzo, au fond, ne s'intéresse jamais autant à la politique que lorsqu'il explique à Philippe Strozzi que les conditions s'opposent à son intervention contre Alexandre[17], alors même qu'il prévoit de passer à l'action.

La séduction que peuvent exercer sur les lecteurs la marquise de Merteuil ou Valmont ne vient-elle pas du sentiment de liberté qu'ils communiquent dans un univers saturé de croyances et de peurs ? C'est lorsque chacun est rattrapé par l'esprit de système – Merteuil, par son refus de se risquer à laisser Valmont se lasser seul de la présidente et son besoin de manipuler la situation jusqu'au bout ; Valmont, par son arrogance qui le rend incapable d'admettre avoir perdu, avoir cédé par vanité au défi de Merteuil de blesser Mme de Tourvel – qu'on frémit au mal qu'ils ont fait à ceux qui restent bien souvent des fantoches, comme ce Prévan sur le sort duquel Danceny se croit obligé de nous rassurer[18]. Quant à Lorenzo, la séduction du personnage, sa vitalité et la tristesse de son sort ne sont-elles pas reflétés par sa présence ahurissante – 16 scènes sur 39, dont l'une des plus longues scènes du répertoire français[19] – dans *Lorenzaccio* ? Il traduit l'angoisse des conséquences involontaires de choix faits librement avec les meilleures intentions : la contingence du réel.

---

[15] acte III, scène 3 [16] fin de la section II [17] acte III, scène 3 [18] lettre 169 [19] acte III, scène 3

Se dire qu'être tenté de croire est plutôt une invitation à réfléchir et à douter qu'une invitation à tenter de se convaincre nécessite cependant d'une part un effort, d'autre part une prise de risque. S'opposer au discours du pouvoir en allant chercher des vérités de fait, alors même que ces dernières ne font jamais qu'exister, ne disent rien par elles-mêmes, c'est comme le montre Arendt une activité dangereuse et ingrate – d'autant plus ingrate que le « diseur de vérité » ne doit pas être mû par le désir d'intervenir dans le jeu politique s'il désire être cru[20]. Mais comment se préserver autrement de son propre désir d'être embarqué dans des mondes merveilleux et pleins de sens, où tout a sa place et sa logique ? À condition bien entendu d'en avoir les moyens – ainsi Cécile Volanges n'a pas assez d'informations sur le monde et ses réalités pour pouvoir faire confiance à ses perceptions Cela dit, chercher à découvrir le réel, c'est se faire confiance et faire confiance à la cohérence éthique du monde ; ainsi de la présidente de Tourvel en ne refusant ni n'acceptant d'emblée ce qu'on dit de Valmont. En fin de parcours, sa vie aura été plus riche que celle de sa rivale.

Réponse VOULOIR croire apparaît bien comme une modalité d'une forme de croyance, de foi en la valeur de croire, mais aussi comme l'antidote à sa propre crédulité ou son désir de croire, pour lors qu'on veuille bien être attentif à son apparition.

Ouverture Cela dit, vouloir croire sans y parvenir peut occuper une vie – mais ce sera une vie de croyant ; c'est même, à en croire bien des romans chrétiens, la nature même de bien des vies de croyants, que de n'éprouver la foi que dans le doute.

IV Éviter le hors-sujet

Le danger du sujet est de vouloir discuter de la pertinence de l'analyse psychologique proposée par Cioran sans en percevoir la circularité et la question de fond qu'elle dissimule, qui est celle du désir de croire, du plaisir de croire, d'abdiquer sa liberté aux délices d'un monde qui reprend sens. Au fond, le sujet proposé par Cioran est assez proche de celui suggéré par Fontenelle lorsqu'il affirme dans le premier soir des *Entretiens sur la pluralité des mondes* : « Je ne jurerais pourtant pas que cela fût vrai, mais je le tiens pour vrai, parce qu'il me fait plaisir à croire », sauf que Cioran, bien sûr, dissimule le plaisir.

---

[20] « Vérité et politique », section V

Notions abordées : morale, société, ami, confident, sincérité

Sujet 13
« La vie humaine n'est qu'une illusion perpétuelle ; on ne fait que s'entre-tromper et s'entre-flatter. Personne ne parle de nous en notre présence comme il en parle en notre absence. L'union qui est entre les hommes n'est fondée que sur cette mutuelle tromperie ; et peu d'amitiés subsisteraient, si chacun savait ce que son ami dit de lui lorsqu'il n'y est pas, quoiqu'il en parle alors sincèrement et sans passion. » (Pascal, *Pensées*)
Dans quelle mesure ces propos éclairent-ils votre lecture des œuvres au programme ?

Corrigé proposé par Benjamin Dufour

I Analyse du sujet

1 Analyse des termes du sujet

Pascal nous livre ici une vision pessimiste des rapports humains, qui seraient caractérisés par le mensonge. Il ne traite pas tant du mensonge en lui-même que de ses implications sur la société, désignée ici comme « l'union qui est entre les hommes ». La duperie n'est pas seulement permanente, elle est également réciproque, ce que suggèrent par exemple les verbes « s'entre-tromper » et « s'entre-flatter ». On sera également sensible aux nombreux indéfinis (« on », « personne », « chacun »), qui confèrent une valeur généralisante au propos : Pascal ne nous décrit pas une situation particulière, mais une situation valable partout et de tout temps. Néanmoins, il n'affirme pas seulement que la vie humaine est traversée par des mensonges réciproques, mais aussi que la société repose sur ces pratiques. Cela peut sembler contre-intuitif, quand on songe aux nombreuses doctrines prônant l'honnêteté et la sincérité comme des valeurs constitutives de la société. Pascal semble au contraire suggérer que l'union entre les hommes ne saurait demeurer sans ce jeu de dupes, et que l'honnêteté serait nocive pour la société : si chacun était honnête avec son interlocuteur, l'union des hommes se dissoudrait.

2 Confrontation aux œuvres

Dans ***Lorenzaccio***, Musset met en scène un jeu de dupes entre plusieurs personnages, y compris dans le cadre d'amitiés – par exemple, celle de Lorenzo envers le duc. Néanmoins, la pièce présente également des scènes où les personnages refusent le mensonge et font triompher la sincérité – il est en ainsi des interactions entre Lorenzo et Philippe, ou d'autres où les personnages, au travers de monologues, percent cette illusion perpétuelle, tombent le masque et font part de leurs réelles pensées (acte IV, scène 5). La représentation théâtrale rend visible la duperie et fait apparaître les mensonges qui parcourent les relations entre les personnages.

Un constat semblable peut être formulé au sujet des ***Liaisons dangereuses*** : si l'œuvre de Laclos insiste à de nombreuses reprises sur l'importance du faux-semblant dans la société mondaine, et si les différentes « amitiés » (Merteuil et Cécile, Merteuil et Mme de Volanges, Valmont et la présidente de Tourvel...) reposent toutes sur la duperie, la confrontation des points de vue et des lettres permet de démêler les vérités des mensonges, et d'accéder au réel par-delà l'illusion perpétuelle. De même, on peut s'interroger sur le rôle des confidents (comme Sophie Carnay pour Cécile Volanges), qui constitueraient des exemples de rapports humains fondés sur l'aveu plus que sur le mensonge.

Les essais de **Hannah Arendt** procèdent à un double déplacement : si Pascal envisage le mensonge dans les relations interpersonnelles, Hannah Arendt étudie un nouveau type de mensonge, le mensonge complet généralisé à l'échelle de la société. En cela, on serait en droit de penser que la vie humaine est bel et bien une illusion perpétuelle. Toutefois, les deux essais insistent sur l'impossibilité d'un tel système, car nul ne saurait mentir à l'ensemble de la société et faire taire toutes les voix d'opposition. Hannah Arendt met alors en avant le rôle de l'enseignement (dans « Vérité et politique ») et des médias (dans « Du mensonge en politique »).

3 Problématisation

Cette réflexion sur les œuvres invite à nuancer le propos de Pascal : s'il est vrai que les sociétés reposent sur un jeu de dupes, la dimension généralisante de ce constat peut être débattue. Il y a en effet une tension entre cette lecture pessimiste de la nature humaine et l'ensemble des valeurs morales que l'on considère généralement comme constitutives de la société. Il y aurait un paradoxe entre l'efficacité sociale du mensonge, qui permet de maintenir ensemble la société, et le jugement de celui-ci comme pratique immorale ; les œuvres qui nous concernent illustrent le rejet par certains individus de cette pratique. Ne faut-il pas plutôt considérer la tromperie mutuelle décrite par Pascal comme nécessairement imparfaite et partielle ?

II Plan détaillé

I Une société fondée sur le mensonge et la tromperie mutuelle
1. Les relations interpersonnelles reposent sur le faux-semblant
2. La société perçue comme un théâtre où l'on joue un rôle
3. L'émergence d'un mensonge généralisé à l'échelle de la société

Les relations humaines sont donc bel et bien traversées par le mensonge. Peut-on néanmoins affirmer que *toutes* les relations humaines sont dans ce cas ? Ne peut-on pas envisager des relations honnêtes ?

II L'ami et le confident : deux relations fondées sur l'honnêteté
1. La recherche de sincérité dans les relations humaines
2. Le confident : dire la vérité sur ses mensonges
3. La fonction du confident dans l'œuvre littéraire : dévoiler la vérité au lecteur

Dès lors, s'il est vrai que certaines relations reposent sur le mensonge, l'affirmation de Pascal doit être nuancée dans son aspect généralisant : certains individus font au contraire le choix de privilégier la morale au mensonge, et la pratique de la confidence brouille la limite entre vérité et mensonge. Quand bien même ces relations tendraient à disparaître, il est possible de considérer plusieurs aspects qui feraient que la duperie mutuelle serait vouée à l'échec.

III Une illusion nécessairement imparfaite : l'échec de la tromperie mutuelle généralisée
1. L'impossibilité de duper l'ensemble des individus
2. La persistance des preuves contre le mensonge
3. Une société consciente des règles du jeu auquel elle joue

III Dissertation rédigée

En affirmant dans *Comme il vous plaira* « le monde entier est une scène : / Hommes et femmes ne sont que des acteurs », Shakespeare invite son lecteur et son spectateur à prendre conscience du théâtre qu'est la société, où chacun joue son rôle et où toute relation est feinte. Accroche

Pascal défend une idée similaire lorsqu'il énonce dans ses *Pensées* : Citation et analyse

« La vie humaine n'est qu'une illusion perpétuelle ; on ne fait que s'entre-tromper et s'entre-flatter. Personne ne parle de nous en notre présence comme il en parle en notre absence. L'union qui est entre les hommes n'est fondée que sur cette mutuelle tromperie ; et peu d'amitiés subsisteraient, si chacun savait ce que son ami dit de lui lorsqu'il n'y est pas, quoiqu'il en parle alors sincèrement et sans passion. » Dans cette lecture pessimiste des rapports humains, la société reposerait sur une « mutuelle tromperie », où chacun dupe son prochain et ne parle sincèrement de ce dernier qu'avec un tiers. Cette affirmation paraît néanmoins discutable dans sa formulation généralisante (« on », « personne », « les hommes »), et entre en tension avec les valeurs morales transmises aux individus dès leur plus jeune âge.

Pbmatique Ne peut-on pas penser, en effet, que certaines amitiés ou autres relations sociales se fondent justement sur l'honnêteté et la confiance réciproques ? Plus que comme une « illusion perpétuelle », ne faut-il pas plutôt considérer la tromperie mutuelle décrite par Pascal comme nécessairement imparfaite et partielle ?

Plan Après avoir illustré cette lecture pessimiste des rapports humains en signalant l'omniprésence du mensonge dans les relations interpersonnelles, nous verrons dans un deuxième temps en quoi cette tromperie mutuelle est nécessairement imparfaite. Enfin, nous étudierons dans quelle mesure l'écrit nous permet de lever ce voile de mensonge pour atteindre la vérité de la vie humaine.

SUIVANT le propos de Pascal, il est possible de considérer que la société repose sur le faux-semblant ; la société peut ainsi être perçue comme un théâtre où chacun joue son rôle, aboutissant, dans le pire des cas, à une société où le mensonge se voit généralisé à l'ensemble des relations.

La société, selon Pascal, repose sur une duperie mutuelle, où chacun ment constamment à son prochain, en n'étant honnête à propos de ce dernier qu'avec un tiers. Ce type de rapport connaît de nombreuses illustrations dans *Les Liaisons dangereuses*, par exemple dans la lettre 63, de la marquise de Merteuil au vicomte de Valmont, où cette dernière se réjouit d'avoir trouvé « deux billets, un de la mère et un de la fille » et « de consoler pour et contre, et d'être le seul agent de deux intérêts directement contraires », quand la femme et l'adolescente ont maintes fois formulé leur confiance et leur amitié envers la marquise. De même, dans *Lorenzaccio*, Lorenzo ment éhontément à Alexandre de Médicis, n'avouant son plan qu'à des tiers, par exemple à Scoronconcolo : « Je te le dis en confidence, je ferai le coup dans cette chambre. »[1] Que l'on songe enfin au portrait que dresse Hannah Arendt des hommes d'État,

[1] acte III, scène 1

dans les premières lignes de « Vérité et politique » : « Les mensonges ont toujours été considérés comme des outils nécessaires et légitimes, non seulement du métier de politicien ou de démagogue, mais aussi de celui d'homme d'État. » Dans tous les cas, la tromperie mutuelle semble bel et bien caractériser les rapports humains.

Cette attitude se manifeste également dans la perception de la société comme un théâtre, où chacun joue le rôle qui lui a été attribué ou qu'il se donne. Cette image de la société comme représentation donne lieu, dans nos œuvres, à des métaphores fréquentes, qui soulignent l'artificialité des relations humaines. Dans le récit des exploits de Prévan (lettre 79), on retrouve par exemple la mention d'un « public », d'une « scène », des « acteurs », enfin d'un « dénouement », termes caractéristiques de la représentation théâtrale. Mais cette dimension n'est jamais aussi forte qu'au théâtre, et il n'y a pas lieu de s'étonner de ce que Musset insiste à plusieurs reprises sur le thème du masque et du costume[2], qui révèlent aux yeux du spectateur l'artificialité de ce jeu théâtral qu'est la société. Dans cette vision, la vie humaine est alors une illusion perpétuelle, où chacun se joue des autres.

Cette société reposant sur le mensonge prend un nouveau sens à la lumière de ce que Hannah Arendt dans « Du mensonge en politique » nomme le « mensonge complet et définitif » ou le « mensonge organisé » : contrairement aux exemples tirés des *Liaisons dangereuses* ou de *Lorenzaccio*, où le mensonge concerne un nombre limité de personnes, dans le phénomène décrit par Arendt, le mensonge attaque des vérités communes et partagées (et non plus seulement des opinions intersubjectives), et requiert pour être efficace l'implication d'un grand nombre d'individus. Si tel mensonge venait à être mis en place, la vie humaine ne serait plus seulement, comme le dit Pascal, une tromperie mutuelle, mais une tromperie totale, où toute relation, aussi honnête fût-elle, serait faussée par ces mensonges.

Les relations humaines sont donc bel et bien traversées par le mensonge. Peut-on néanmoins affirmer que *toutes* les relations humaines sont dans ce cas ? Ne peut-on pas envisager des relations honnêtes ?

S'OPPOSANT à cette lecture pessimiste des relations humaines, de nombreux exemples de relations sincères entre individus invitent à nuancer cette idée d'une duperie perpétuelle. Outre la recherche vertueuse de l'honnêteté par certains individus, le confident illustre un autre type de relation, reposant sur une exigence de vérité.

Face au mensonge, certains individus font le choix moral de l'honnêteté et de la vérité, quitte à abandonner les intérêts que leur apporteraient

[2] acte I, scène 2 ; acte III, scène 3

les mensonges. Dans *Les Liaisons dangereuses*, la lettre 64, écrite par le chevalier Danceny et adressée à Mme de Volanges, est empreinte d'une recherche d'honnêteté, dont Valmont et Merteuil aiment à rire : « [Cette longue lettre] ne le serait pas encore assez, si elle vous laissait le moindre doute de l'honnêteté de mes sentiments, du regret bien sincère de vous avoir déplu ». En affirmant la sincérité de ses sentiments, Danceny va à l'encontre des injonctions de Mme de Volanges, et compromet la suite de sa relation avec Cécile. De même, le diseur de vérité platonicien, tel qu'il est décrit dans le premier chapitre de « Vérité et politique », risque sa vie en « essayant de délivrer [ses concitoyens] de la fausseté et de l'illusion ».

Parmi les relations interpersonnelles, la relation de confidence est celle qui invite le plus à nuancer la généralisation du propos de Pascal : par principe, cette relation se définit en effet par l'aveu de vérités à un individu en qui on a confiance. C'est le rôle occupé par Sophie Carnay dans *Les Liaisons dangereuses*, à laquelle Cécile Volanges écrit par exemple « Tu sais bien que ce sont les deux personnes que j'aime le mieux »[3] ou « voici bien des nouvelles ! je ne devrais peut-être pas te les dire : mais il faut bien que j'en parle à quelqu'un ; c'est plus fort que moi »[4]. Au début de leur confrontation, Philippe avertit par exemple Lorenzo qu'il lui serait inutile d'essayer de le tromper : « Si je t'ai bien connu, si la hideuse comédie que tu joues m'a trouvé impassible et fidèle spectateur, que l'homme sorte de l'histrion. »[5] Cela donne lieu, dans la suite de la scène, à une confession de Lorenzo, qui fait le choix de l'honnêteté en avouant son plan à Philippe.

Ces liens de confidences jouent sur un double niveau : si elles attestent de l'existence de relations humaines sincères, elles permettent également, dans un cadre fictif, d'informer le lecteur ou le spectateur sur les réelles motivations des personnages. C'est ainsi qu'Arendt entend la vérité de fait, qui « est toujours relative à plusieurs [...] elle existe seulement dans la mesure où on en parle, même si cela se passe en privé »[6] La structure épistolaire des *Liaisons dangereuses*, où se succèdent les points de vue de plusieurs personnages sur un même événement, permet au lecteur de démêler le vrai du faux : à la lecture de la lettre 22, où la présidente de Tourvel relate à Mme de Volanges l'acte « vertueux » de Valmont qui rachète les dettes d'une famille, le lecteur pourrait être lui aussi trompé et croire à la vertu retrouvée du vicomte, si ce dernier n'avait pas, dans la lettre 21, donné sa version des faits en révélant ses motivations et son stratagème. Si la présidente a été trompée, le lecteur y échappe grâce à cette confrontation de points de vue.

Dès lors, s'il est vrai que certaines relations reposent sur le mensonge, l'affirmation de Pascal doit être nuancée dans son aspect généralisant :

[3] lettre 14 [4] lettre 16 [5] acte III, scène 3 [6] « Vérité et politique », II

certains individus font au contraire le choix de privilégier la morale au mensonge, et la pratique de la confidence brouille la limite entre vérité et mensonge. Quand bien même ces relations tendraient à disparaître, il est possible de considérer plusieurs aspects qui feraient que la duperie mutuelle serait vouée à l'échec.

Si l'équilibre entre utilité sociale du mensonge et exigence morale de vérité penchait en faveur de la tromperie, il semblerait néanmoins que la duperie mutuelle ne saurait se généraliser, en raison de l'impossibilité de leurrer l'ensemble des individus et d'effacer toutes les preuves de vérité.

Quand bien même cette tromperie serait omniprésente, elle ne saurait s'imposer à tous, car cela requerrait qu'elle puisse contrôler l'opinion de l'ensemble des individus. Dans *Lorenzaccio*, par exemple, la conspiration contre le duc de Florence n'échappe pas au cardinal, qui prévient le duc : « Soyez certain qu'il mûrit dans sa tête quelque projet pour cette nuit. »[7] L'exemple développé par Arendt, à savoir qu'« il ne suffit pas d'assassiner Trotski et de supprimer son nom de toutes les sources historiques pour effacer le souvenir du rôle qu'il a joué dans l'histoire de la révolution russe ; il aurait fallu pouvoir supprimer tous ceux qui furent ses contemporains et pouvoir dominer le monde entier »[8], est également frappant.

Outre le contrôle de l'opinion de l'ensemble des individus, une duperie mutuelle nécessiterait de faire disparaître toute preuve qui romprait cette illusion. Que l'on songe par exemple aux demandes formulées par Mme de Volanges au chevalier Danceny qui exigent de lui de « ne laisser aucune trace d'un événement dont nous ne pourrions garder le souvenir »[9]. La présence même de ces lettres dans la correspondance mise en scène dans l'œuvre est un nouvel exemple de cette impossibilité de faire taire la vérité au profit d'une tromperie. Les Archives de Smolensk[10] sont un autre témoignage de ces difficultés.

Enfin, les individus eux-mêmes semblent conscients de l'artificialité des relations humaines. Dès lors, si tromperie il y a, il n'y a pas pour autant d'illusion, mais plutôt un jeu dont les participants connaissent les règles. Que l'on songe par exemple aux commentaires faits par Valmont au sujet du comportement de la présidente de Tourvel, dont il révèle l'artificialité des actes : « je vis clairement que cette feinte promenade n'avait eu d'autre but que de me remettre sa lettre. »[11] Que l'on songe également à la tirade de Lorenzo où il révèle que « tous les masques tombaient devant [son] regard ; l'humanité souleva sa robe, et [lui] montra, comme à un adepte digne d'elle, sa monstrueuse nudité. »[12]

[7] acte IV, scène 10 [8] « Du mensonge en politique », I [9] lettre 62 [10] « Vérité et politique », IV [11] lettre 40 [12] acte III, scène 3

Réponse

AINSI, si le constat de Pascal, selon lequel la société repose sur une tromperie mutuelle, reçoit un certain nombre d'échos dans la littérature et dans la société contemporaine, il appelle cependant à être nuancé : non seulement les relations humaines ne sauraient se limiter à des relations mensongères, tant certains obéissent à un idéal de sincérité, mais cette tromperie mutuelle, aussi puissante qu'elle soit, ne saurait s'imposer à l'ensemble de la société, car toujours quelqu'un serait capable de briser cette illusion pour en faire sortir la vérité. C'est par la confrontation des opinions, et par le recours aux preuves écrites, que les individus peuvent parvenir à discerner le vrai du faux.

Ouverture

Cette réflexion est d'une actualité brûlante : à l'époque des « *fake news* » et des médias de masse, elle nous rappelle l'importance du débat et de la confrontation aux sources, seuls recours contre le mensonge organisé.

IV Éviter le hors-sujet

L'aveu de Dostoïevski, dans *Les Possédés*, « Toute ma vie j'ai menti. Même quand je disais la vérité. Je n'ai jamais parlé en vue de la vérité, mais uniquement de moi-même », pourrait inciter à un commentaire semblable à celui de Pascal : on y retrouve la constance du mensonge, l'utilité du mensonge dans la société… Néanmoins, ce propos se fonde sur une expérience personnelle, et n'a pas l'ambition généralisante de la proposition de Pascal. Il ne faudrait donc pas discuter des failles de cette généralisation, car il s'agit de la confession d'une faute davantage que de l'expression d'un jugement moral sur l'expérience humaine dans son ensemble.

Notions abordées : confiance, crédulité, témoignage, connaissance, doute

Sujet 14
« Je vous crois, puisque vous dites. » (Marivaux, *La Double Inconstance*, 1723)
Vous direz dans quelle mesure cette réplique d'Arlequin éclaire votre lecture des œuvres inscrites au programme.

Corrigé proposé par Quentin Delayen

I Analyse du sujet

1 Analyse des termes du sujet

La formule d'Arlequin[1], peut apparaître comme une convention courtoise, assurant la bonne foi que l'on prête à son interlocuteur, ici avec une certaine malice de la part du personnage, et du dramaturge. Cependant, si on la prend à la lettre, elle établit une équivalence frappante entre le crédit accordé et la parole prononcée : la conjonction de subordination « puisque » révèle le lien de cause à effet entre la crédulité de l'auditeur et la simple énonciation du locuteur. Si on prend cette phrase au premier degré, parler suffirait à être cru.

Du point de vue de celui qui veut *faire croire*, cela faciliterait grandement les choses : il suffirait de *dire* pour qu'on nous croit. La parole aurait une valeur suffisante pour garantir la crédibilité du propos. Du point de vue de celui *qui croit*, un péril potentiel apparaît : la crédulité en toute parole amènerait à être facilement trompé. Croire tout ce qu'on nous dit, ou croire *puisqu'*on nous dit, c'est méconnaître la malhonnêteté et le mensonge, et se refuser à tout examen critique de la parole reçue.

Il paraît absurde d'appliquer à la lettre et systématiquement cette formule, dans laquelle on sent une certaine ironie : on ne saurait croire qu'Arlequin, ce maître de la manipulation, formule ici un véritable précepte. Il semble à l'inverse que la réplique d'Arlequin soit à lire comme une antiphrase : en énonçant ce principe, le dramaturge cherche à le remettre en cause.

S'il va alors de soi qu'on ne saurait croire tout ce qu'on nous dit, suivre totalement le précepte inverse serait tout aussi vain. Ne plus accorder aucune valeur à ce qui nous est dit, c'est remettre en cause le principe même de sincérité dans les relations humaines. Si on ne peut jamais croire personne sur parole, alors le langage est futile, et la vérité inaccessible.

[1] *La Double Inconstance*, acte II, scène 7

Le sujet nous place alors entre deux extrêmes, l'un n'étant pas plus souhaitable que l'autre : la corrélation systématique entre parole entendue et crédit accordé, ou la mise en doute de tout ce qui nous est dit.

2 Confrontation aux œuvres

Dans ***Les Liaisons dangereuses***, Laclos fait de la dissimulation le moteur principal de son intrigue : les machinations des personnages principaux ne sont rendues possibles que par la crédulité de leurs correspondants, qui prennent pour sincères les paroles mensongères qui leur sont adressées. Ces paroles trompeuses permettent aux personnages d'arriver à leurs fins et font progresser l'intrigue.

Dans les deux essais au programme, **Hannah Arendt** démontre la fragilité de la vérité, et la possibilité qu'a le mensonge de proliférer par sa simple énonciation, profitant de la crédulité de ceux qui le reçoivent. Dans sa perspective, notre sujet devient politique : la soumission aveugle à la parole prononcée met en péril la valeur même de vérité. Toute parole peut alors être soumise au doute, et aucune vérité de fait n'est garantie.

Dans ***Lorenzaccio***, il semble difficile de croire les personnages sur parole. La dissimulation domine les relations, et le personnage de Lorenzo notamment joue de l'équivoque pour arriver à ses fins. Les ressorts du langage dramatique sont mobilisés : on doute de la vérité qu'on ne parvient pas à assurer.

3 Problématisation

Le sujet pose le problème de l'asymétrie entre la confiance que nous accordons à ce qu'on nous dit et l'extrême fragilité des témoignages, dont rien ou presque ne garantit la fiabilité et moins encore la véracité. Pour autant, si nous renoncions à la connaissance par témoignage, notre aptitude à connaître la vérité se réduirait considérablement. La tension du sujet se manifeste alors dans l'alternative : refuser de croire une proposition sans en avoir de bonnes raisons, ou bien considérer toute assertion comme digne de créance tant qu'elle n'a pas été infirmée. La confiance en l'autre peut-elle être un moyen de connaissance ?

II Plan détaillé

I Nous avons naturellement tendance à croire ce qu'on nous dit : c'est ce qui nous permet d'acquérir la connaissance par le témoignage

1. Nous semblons avoir une disposition naturelle à croire ce que les autres nous disent

2. Les témoignages reçus, s'ils sont crus, deviennent un moyen de connaissance
3. Puisqu'il n'est pas possible de vérifier tous les témoignages, il nous faut faire confiance aux discours que l'on reçoit

La confiance en la bonne foi de notre interlocuteur paraît spontanée et profitable ; cependant, elle demeure risquée tant que le propos reçu n'est pas prouvé autrement que par lui-même.

II Toutefois, rien ne nous prouve que ce qu'on nous dit est vrai, ni même sincère : il convient alors de se méfier de ce que l'on entend

1. La parole de l'autre n'est pas une preuve en soi : elle demande à être vérifiée ou attestée pour être crue
2. L'autre peut profiter de notre crédulité pour nous tromper, en nous faisant croire des propos mensongers afin de servir son intérêt
3. Si on a l'habitude de faire croire ce qui est faux, il est logique de se méfier de ce qu'on nous dit

La méfiance envers ce qu'on nous dit semble relever d'une juste prudence face aux menaces que causerait une crédulité aveugle. Cependant, on ne saurait non plus systématiser le refus de croire tout ce qu'on entend.

III La mise en doute de tout propos entendu risque de rendre notre langage inapte à fonder une relation de confiance propice à la connaissance

1. Si l'on ne croit pas ce qui est dit, la parole devient vaine et sans valeur
2. Réciproquement, si je refuse de croire ce qu'on me dit, je ne peux fonder de relation de confiance avec mon interlocuteur
3. Refuser la connaissance par témoignage, c'est se priver d'un considérable champ épistémologique

III Dissertation rédigée

DANS l'article « Certitude » de son *Dictionnaire philosophique*, Voltaire moque la confiance que l'on devrait avoir en la rumeur publique : « Je crois tout Paris quand il me dit une chose moralement possible ; donc je dois croire tout Paris quand il me dit une chose moralement et physiquement impossible. » Accroche

Arlequin, dans *La Double Inconstance* de Marivaux, est tout aussi acerbe quand il répond à un seigneur qui lui présente ses respects de manière aussi convenue qu'hypocrite : « Je vous crois, puisque vous dites. »[2] Si on prend cette réplique malicieuse d'Arlequin à la lettre, parler suffirait à être cru. Cependant, refuser d'examiner le témoignage reçu, c'est Citation et analyse

[2] II, 7

s'exposer à être souvent trompé. À l'inverse, n'accorder aucun crédit à ce qui nous est dit, c'est remettre en cause le principe même de sincérité dans les relations humaines, voire rendre le langage futile et la vérité inaccessible.

Pbmatique La tension du sujet se manifeste alors dans l'alternative : refuser de croire une proposition sans en avoir de bonnes raisons, ou considérer toute assertion comme digne de créance tant qu'elle n'a pas été infirmée. La confiance en l'autre peut-elle être un moyen de connaissance ?

Plan Le témoignage est un moyen de connaissance aisé et relativement fiable : nous avons alors naturellement tendance à croire ce qu'on nous dit. Il convient toutefois de se méfier de ce que l'on entend, puisque rien ne nous prouve que ce qu'on nous dit est vrai, ni même sincère. Une méfiance systématique nous ferait courir un risque peut-être plus important encore : celui d'un langage inapte à fonder une relation qui puisse être moyen de connaissance.

Nous semblons avoir une disposition naturelle à avoir confiance dans la véracité des autres, et à croire ce qu'ils nous disent. Cette crédulité fonde la possibilité du témoignage.

Nous sommes disposés à faire confiance aux propos qui nous sont tenus, sans pourtant pouvoir vérifier la crédibilité de notre interlocuteur. Dans *Les Liaisons dangereuses*, même Mme de Merteuil ne doute pas de la sincérité de Valmont vis-à-vis d'elle, estimant qu'il est plus probable qu'il se mente à lui-même plutôt qu'à elle : « Qu'est-ce, par exemple, que ce subterfuge dont vous vous servez vis-à-vis de vous-même (car je vous crois sincère avec moi) »[3]. Réciproquement, Arendt rapporte que les Américains appuient leur stratégie mensongère sur la crédulité supposée de leurs adversaires : « À partir de 1965, [...] l'objectif fut de convaincre l'ennemi qu'il ne pourrait jamais parvenir à vaincre. »[4] Il apparaît que la stratégie américaine est celle d'une persuasion de l'ennemi par le langage, jugé assez puissant pour symboliquement gagner une guerre – ou en tout cas ne pas la perdre. La confiance en l'autre semble alors être admise, tant par celui qui reçoit le témoignage, que par celui qui le fournit.

Notre confiance spontanée en l'autre nous paraît profitable puisqu'elle nous permet de connaître. La convergence de témoignages reçus sur un même fait atteste de la véracité de l'événement. Lorenzo, pour convaincre Philippe qu'il vient de tuer Alexandre, s'appuie sur la concordance des témoins : « Crois-le si tu veux. Tu le sauras par d'autres que moi. »[5] La preuve de l'assassinat n'est alors pas conçue à partir de son contenu matériel, mais réside plutôt dans la confiance que l'on accorde

[3] lettre 134 [4] « Du mensonge en politique », II [5] V, 2

à ceux qui en parlent. Faire connaître par la parole semble donc être un moyen adéquat, mais pas toujours suffisant. La présidente de Tourvel regrette ainsi de ne pouvoir exprimer et faire comprendre l'ampleur de son sentiment à Mme de Rosemonde : « Que ne lui est-il aussi facile de lire dans mon cœur que d'y régner ? Oui, je souffrirais moins, s'il savait tout ce que je souffre ; mais vous-même, à qui je le dis, vous n'en aurez encore qu'une faible idée. »[6] Cet aveu de la présidente a une double fonction : faire connaître à Mme de Rosemonde l'amour porté à Valmont, et s'avouer à soi-même un sentiment jusqu'ici caché. La distinction entre Valmont qui ne sait pas, et la confidente qui n'a « qu'une faible idée », révèle bien que la connaissance, même partielle, n'est possible que si elle nous a été formulée, et surtout que si nous supposons la bonne foi de notre interlocuteur.

Cette supposition est nécessaire puisque nous ne pouvons matériellement pas vérifier tous les témoignages que nous recevons, et que nous devons donc leur accorder une vraisemblance a priori. Arendt affirme le caractère existentiel du témoignage : « Aucune permanence, aucune persistance dans l'être ne peut même être imaginée sans des hommes voulant témoigner de ce qui est et leur apparaît parce que cela est. »[7] On pourrait ajouter que cette permanence n'est pas non plus durable si ces témoignages ne sont pas crus. Cette crédulité volontaire de l'auditeur repose sur l'intuition que les témoignages sont fondés. Philippe conteste ainsi la prétention de Lorenzo à parler d'un sujet qu'il ne maîtrise pas : « Puisque tu n'en sais rien, pourquoi en parles-tu ainsi ? »[8] Une telle audace remettrait en effet en cause la relation même de confiance : si on parle sans savoir, on ne peut plus croire sur parole.

La confiance en la bonne foi de notre interlocuteur paraît spontanée et profitable ; cependant, elle demeure risquée tant que le propos reçu n'est pas prouvé autrement que par lui-même.

CROIRE l'autre sur parole ne permet pas nécessairement de connaître. À l'inverse, la confiance peut davantage exposer à la tromperie, puisque rien n'atteste que le propos entendu n'est ni faux ni mensonger.

La fiabilité de la parole seule n'apparaît pas suffisante. Elle demande à être soutenue par une vérification de la part de l'auditeur, ou une preuve apportée par celui qui parle. Arendt justifie la nécessaire réserve vis-à-vis des témoignages qui ne sont pas suffisamment solides pour être crus pour eux-mêmes : « Aucune déclaration portant sur des faits ne peut être entièrement à l'abri du doute. »[9] Le mensonge est tellement aisé

---

[6] lettre 102 [7] « Vérité et politique », I [8] V, 2 [9] « Du mensonge en politique », I

que la parole ne suffit pas à produire une connaissance crédible. Lorenzo moque la valeur que l'on accorde habituellement au langage : « Ah ! Les mots, les mots, les éternelles paroles ! [...] – Ô bavardage humain ! »[10] La vérification d'une preuve, au-delà de la simple parole, semble être nécessaire pour éviter d'être trompé ou confondu.

La confiance que nous accordons à l'autre nous expose à être trompé. Dans *Les Liaisons dangereuses*, beaucoup de propos sont mensongers, et font croire des éléments faux en abusant de la confiance des destinataires. Même Mme de Volanges, personnage apparemment sincère dans ses propos, peut, dans l'intérêt supposé de son amie, dissimuler la vérité : « J'espérais lui faire croire qu'elle s'était trompée, et je l'assurai d'abord qu'elle avait mal entendu. » Mme de Volanges remet en cause la compréhension par la présidente de Tourvel du propos du médecin annonçant la mort de Valmont – entendre et croire ne permettraient justement donc pas, ici, de connaître – et par cette remise en cause, elle assume elle-même un propos mensonger, dont la malade n'est pas dupe : « mais loin de se laisser persuader ainsi, elle exigea du médecin qu'il recommençât ce cruel récit. »[11] Ce double niveau se retrouve à l'acte II de *Lorenzaccio* : Lorenzo, après avoir caché la cotte de mailles d'Alexandre, cherche à persuader le duc de l'intérêt que sa tante lui porte, afin de détourner sa méfiance : « venez donc vous asseoir un peu ici que je vous parle à l'oreille. »[12] La parole trompeuse sert ici à dissimuler une intention inavouable. En cela, elle peut participer d'une entreprise plus large de manipulation, laquelle invite à une plus grande méfiance encore.

La méfiance face à la parole de l'autre peut se justifier par une habitude de l'auditeur à tromper lui-même : il sait donc par sa propre expérience que le témoignage ne peut être tenu pour fiable, et connaît les ressorts de la manipulation du langage. Le vicomte de Valmont donne ainsi ce conseil à Mme de Merteuil : « Méfiez-vous des idées plaisantes ou bizarres qui vous séduisent toujours trop facilement. »[13] La « séduction » s'oppose ainsi à la « connaissance », et invite à la méfiance. Arendt établit également un lien entre le mensonge à soi-même et celui à l'autre : « Pourquoi devrait-il être pire, pour le monde aussi bien que pour le menteur lui-même, s'il est trompé par ses propres mensonges, que s'il se borne à tromper les autres ? »[14] Puisqu'on peut (se) tromper soi-même, il semble plus difficile encore de faire confiance à la parole de l'autre, quel qu'en soit le bénéfice.

La méfiance envers ce qu'on nous dit semble relever d'une juste prudence face aux menaces que causerait une crédulité aveugle. Cependant, on ne saurait non plus systématiser le refus de croire tout ce qu'on entend.

[10] IV, 9 [11] lettre 165 [12] scène 6 [13] lettre 79 [14] « Vérité et politique », IV,

Une méfiance par principe face à ce que l'on entend serait vaine, et surtout nous priverait de toute connaissance par témoignage. La relation de confiance, si elle ne peut être totalement garante de vérité, est à préserver pour apprendre de l'autre.

La remise en cause de la relation de confiance peut amener à douter de la valeur même de vérité du langage. Elle rend la communication vaine, et la personne qui souhaite exprimer une vérité, impuissante, telle Cécile de Volanges, s'adressant à Valmont, qui regrette de n'être pas crue par Danceny : « Et moi, quand j'ai dit une chose et qu'on ne la croit pas, je ne sais plus comment faire. »[15] De la même façon, Lorenzo déplore qu'on refuse de le considérer comme futur meurtrier du duc : « Peut-être que j'ai tort de leur dire que c'est moi qui tuerai Alexandre, car tout le monde refuse de me croire. »[16] C'est bien en l'occurrence le fait de parler que Lorenzo remet en cause, à force de n'être pas cru. Il se rend compte que sa parole ne suffit pas à convaincre, qu'elle ne peut à elle seule être porteuse de vérité.

Du point de vue de l'auditeur, refuser de croire ce qu'on entend, c'est ne pas faire confiance à celui qui nous parle, et donc empêcher une relation propice à la connaissance. Si l'on se défie de tout témoignage, à l'instar de Philippe qui, suspicieux, lance à Lorenzo : « je me suis fait sourd pour te croire »[17], on risque de ne pouvoir bénéficier des apports des propos qui nous sont adressés. Arendt met également en garde contre le risque d'une défiance généralisée qui conduit à « ignorer la frontière qui sépare la vérité du mensonge »[18]. Il apparaît donc que la tromperie généralisée mène à une défiance qui ne permet plus de discerner ce qui est vrai de ce qui est faux : ne jamais croire l'autre, c'est toujours supposer qu'il ment, même quand il dit la vérité ; c'est alors se priver de cette vérité alors même qu'elle nous est révélée.

Refuser ainsi la connaissance par témoignage, c'est se priver de connaissances essentielles. La présidente de Tourvel aurait été mieux inspirée de croire Mme de Volanges sur parole, plutôt que de se laisser abuser par les prétendues actions vertueuses de Valmont. Elle exprime son aveuglement dans la lettre 22 : « J'aime mieux croire que des erreurs, pour être longues, ne sont pas éternelles ; [...] Je m'arrête à cette idée qui me plaît. » Parce qu'elle « aime mieux croire » ce qu'elle pense déjà, ou ce « qui [lui] plaît », plutôt que ce qu'on lui dit, la présidente de Tourvel est prise dans un engrenage tragique. Elle paye alors à la fois sa crédulité vis-à-vis de Valmont, et son refus de croire son amie sur parole. La confiance bien placée constitue une base nécessaire à toute relation. Arendt suppose que l'incrédulité totale signifierait l'impossibilité d'accéder à la connaissance : « On a fréquemment remarqué que le résultat à long terme le plus

[15] lettre 95 [16] IV,7 [17] III, 3 [18] « Du mensonge en politique » I

sûr du lavage de cerveau est un genre particulier de cynisme – un refus absolu de croire en la vérité d'aucune chose, si bien établie que puisse être cette vérité. »[19] En définitive, ne plus croire ce qu'on nous dit, c'est ne plus croire à la possibilité même de vérité.

Réponse EN DÉFINITIVE, si Marivaux fait dire à Arlequin « Je vous crois, puisque vous dites », ce n'est pas seulement pour provoquer le spectateur, et pour le faire se méfier des propos entendus. En effet, la confiance est nécessaire, mais elle ne doit pas effacer toute prudence. Cette confiance est d'autant plus essentielle qu'elle est porteuse de l'idée même de sincérité et de vérité.

Ouverture Il semble que la confiance accordée en l'autre n'est opérante que si elle n'est pas abusée par un esprit trompeur, qui pourrait déduire de l'équivalence « Je vous crois, puisque vous dites », une autre qui lui permettrait de mentir : « On me croit, puisque je dis ». La connaissance par témoignage apparaît comme responsabilité partagée entre l'auditeur et sa crédulité, et l'énonciateur et sa bonne foi.

IV Éviter le hors-sujet

Orgon, dans *Tartuffe*, met en doute le récit de son fils Damis : « Ce que je viens d'entendre, ô Ciel ! est-il croyable ? » Il s'agit d'une réaction qui interroge la relation entre la parole prononcée et le crédit qu'on veut bien lui accorder. Cependant, dans ce libellé, Orgon part du postulat inverse de celui d'Arlequin en mettant en doute le récit de Damis. Le point de départ est opposé au nôtre. Pourtant le récit de Damis est exact : Molière moque l'aveuglement d'Orgon qui doute du récit pourtant vrai que lui fait son fils, et qu'il aurait mieux fait de croire. Une telle attitude ne permet pas de connaître la vérité.

L'implicite de la formule de Marivaux suggère de douter de ce que l'on entend en faisant affirmer à son personnage qu'il croit ce qu'on lui dit alors que l'implicite de la formule de Molière suggère de croire ce que l'on entend en faisait dire à son personnage qu'on doute de ce qu'il affirme.

[19] « Vérité et politique », IV

Notions abordées : croyance, savoir, vérité, mensonge

Sujet 15
« Je dus abolir le savoir pour faire place à la croyance. » (Kant, *Critique de la raison pure*, 1787)
Dans quelle mesure ces propos éclairent-ils votre lecture des œuvres au programme ?

Corrigé proposé par François-Xavier Soutet

I Analyse du sujet

1 Analyse des termes du sujet

Ce sujet invite à revoir l'opposition classique entre croire et savoir. Elle semble se justifier en ce que nous avons affaire à deux modes de relations à la vérité. Elle se fait d'abord en termes de contenu : si une croyance peut tout à fait être fausse ou erronée, comme le sont les superstitions ou les préjugés, un savoir, lui, ne peut être faux. Si l'on prend le cas du géocentrisme, on ne peut pas dire que les Anciens savaient que le Soleil tournait autour de la Terre ; on peut bien parler d'une croyance, en l'occurrence d'une conviction ; mais aussi forte qu'elle ait pu être, elle ne peut recevoir le nom de savoir précisément parce que son contenu est faux. En outre, l'opposition se joue en termes d'attitude à l'égard de la vérité. S'il se peut qu'une croyance soit vraie, c'est-à-dire confirmée par le réel, l'attitude face à la vérité diffère d'avec le savoir. Ce dernier suppose en effet une rigueur et un souci de la démonstration et de la preuve pour appuyer son contenu. La croyance reste, quant à elle, subjective et ne se soucie pas de démontrer ou de prouver. Dans cette opposition, il y a donc une hiérarchie dans le rapport à la vérité : savoir vaudrait mieux que croire.

Dès lors, la formule de Kant a de quoi étonner. En effet, le philosophe parle d'une abolition du savoir, comme s'il s'agissait d'un abandon radical et définitif de toute prétention à la vérité. Cependant, cette abolition n'est pas le fruit d'un caprice arbitraire, mais bien d'une nécessité éprouvée par le sujet individuel (« je dus »). C'est une telle nécessité que le libellé invite à penser. On peut en donner trois motifs. Le premier serait les limites objectives du savoir. En effet, un sujet individuel ou une communauté de personnes ne peuvent prétendre à l'acquisition d'un savoir total et absolu. Abolir le savoir reviendrait donc à renoncer à un savoir total. En outre, si savoir consiste à détenir une vérité, il se peut bien souvent que cette vérité soit douloureuse. Abolir le savoir au profit de la croyance reviendrait à abandonner des vérités douloureuses au profit de croyances, illusoires peut-être, mais réconfortantes. Enfin, on peut considérer que le savoir peut venir paralyser l'individu dans son action. En savoir trop empêcherait d'agir ou de vivre, là où la croyance serait motrice et galvanisante. Ces motifs envisagés, on peut remarquer que la décision d'une abolition du savoir ne se fait précisément pas au nom de l'arbitraire, mais procède d'un véritable jugement du sujet rationnel, conscient du savoir et de ses limites. L'abolition du savoir au profit de la croyance ne peut donc véritablement se faire qu'à partir du savoir lui-même.

2 Confrontation aux œuvres

Les Liaisons dangereuses présentent une série de personnages qui se distinguent, entre ceux qui croient et ceux qui savent. Ainsi, Valmont et Merteuil mettent à profit leur connaissance des jeux sociaux et des jeux de séduction sur ceux qui sont demeurés confinés dans leurs croyances, comme Cécile Volanges et Danceny, ou même comme la présidente de Tourvel. Cependant, leur savoir, non seulement ne suffit pas à leur assurer la victoire, mais en plus les maintient dans une prétention ou une arrogance qui rendra d'autant plus dure leur chute finale.

Le texte de **Musset** semble lui aussi maintenir cette opposition entre savoir et croyance sur le plan de la répartition des rôles. Il y a, dans *Lorenzaccio*, une distinction nette entre ceux qui croient et ceux qui savent. Toutefois, cette distinction émerge dans un cadre politique. Savoir et croyance sont ici pensés non pas dans le cadre d'une recherche de la vérité, mais dans la perspective d'un changement politique radical, avec les républicains, ou dans celle d'un maintien du pouvoir, avec le cardinal Cibo.

Arendt, elle aussi, intègre l'opposition classique du savoir et de la croyance dans le cadre politique. Son enjeu est de montrer l'évolution de cette opposition depuis la philosophie antique (« Vérité et politique ») jusque dans la politique contemporaine (« Du mensonge en politique »). Elle rappelle tout d'abord l'affinité traditionnelle de la politique et du mensonge. Cependant, elle montre que l'évolution de la pratique politique rend caduque l'opposition entre ceux qui croient et ceux qui savent, puisque ceux-là mêmes que l'on pensait détenteurs d'un savoir, les gouvernants, et qui mettaient à profit ce savoir pour contrôler l'opinion de ceux qui restaient enfermés dans la croyance, se voient pris au piège de leurs propres mensonges et de leurs propres manipulations.

3 Problématisation

L'analyse du sujet a permis de souligner l'étrangeté qu'il y a à abolir le savoir, qui contient une vérité objective et certaine, au profit de la croyance, subjective et potentiellement fausse. Il faudra donc penser la tension entre des défauts du savoir tels que son abolition soit justifiée, et le danger de la croyance, qui risquerait de se substituer au réel, éliminant ainsi la frontière du vrai et du faux. Dès lors, comment surmonter le problème de l'impossibilité d'un savoir absolu sans tomber dans le piège des illusions et des opinions ?

II Plan détaillé

I Justification de l'abolition du savoir
1. Limites objectives du savoir
2. Paralysie du savoir
3. Danger du savoir

Certes, la prétention au savoir peut être considérée comme un signe d'arrogance de la part de l'homme et donc représenter un danger pour lui, mais il y a aussi un risque pour l'être humain à s'enfermer dans des croyances qui viendraient dès lors se substituer à la réalité.

II Mais une telle place laissée à la croyance peut être dangereuse
1. Risque d'une soumission à l'égard de ceux qui savent et qui font croire
2. Ceux qui prétendent savoir peuvent tomber dans l'illusion
3. Indistinction générale du vrai et du faux

Si accorder une place à la croyance s'avère effectivement dangereux et peut amener à une confusion entre vérité et fausseté, il faut de ce fait repenser une juste séparation entre les domaines du savoir et de la croyance.

III Comment repenser le rapport entre savoir et croyance ?
1. Le savoir est inséparable de la croyance
2. La croyance permettrait d'aller au-delà du savoir
3. Et permet d'espérer et d'amener à une juste transformation du réel

III Dissertation rédigée

Sur une gravure exécutée à la fin du XVIIIe siècle, Goya avait écrit « le sommeil de la raison produit des monstres ». Par cette formule, le peintre prévient d'un double danger qui guette l'être humain dans le rapport entre raison et savoir. En effet, d'un côté, le rêve de la raison qui Accroche amènerait à une dictature où tout devrait être calculé et identifié ; et d'un autre côté, le sommeil de la raison nous enfermerait dans les opinions et les illusions.

Citation et analyse

Pourtant, dans la *Critique de la raison pure*, Kant affirme qu'il « [dut] abolir le savoir pour faire place à la croyance ». Une telle phrase, a fortiori écrite sous la plume d'un philosophe, a de quoi surprendre. En effet, quel esprit humain pourrait non seulement renoncer au savoir, mais encore plus décider de l'abolir ? Il semble qu'un tel renoncement puisse venir du constat selon lequel un esprit humain, par définition fini, ne peut pas tout savoir. Mais bien davantage, la formule de Kant implique aussi que l'individu refuse jusqu'au savoir lui-même, comme si la vérité avait quelque chose de hideux ou de blessant qui expliquerait dès lors que l'on préfère se réfugier dans la croyance.

Pbmatique

Mais alors, il y aurait un risque d'un enfermement dans les illusions et les opinions qui rendrait l'être humain manipulable. Cette formule de Kant nous place donc dans une impasse : comment surmonter le problème de l'impossibilité d'un savoir absolu sans tomber dans le piège des illusions et des opinions ?

Plan

Il s'agira de comprendre comment la croyance, que l'on peut d'abord voir comme un refuge face au savoir, devient aussi le lieu d'un enfermement et d'une soumission. Nous questionnerons ensuite un autre rapport entre croyance et savoir qui fasse à la fois droit à la vérité et à un épanouissement de l'être humain. Enfin, on se demandera si une juste répartition des domaines du savoir et de la croyance peut préserver l'homme dans sa liberté et son accès à la vérité.

La recherche ou la détention du savoir peut constituer pour l'individu un poids qui justifierait sa décision d'y renoncer.

Tout d'abord, la prétention à un savoir absolu est une illusion et traduit en même temps une forme d'orgueil du rationalisme. C'est ce thème que Laclos explore à travers les figures de Merteuil et Valmont qui affichent une certitude en leurs savoirs, qui n'est en fait qu'une manière de fuir le vide de leur existence. Le savoir n'est pas accessible de façon absolue pour une existence finie, et prétendre à ce savoir n'est que le signe d'une vanité au double sens du terme : vacuité et prétention. Si le savoir a des limites, c'est aussi que le réel, tel qu'il se donne, contient toujours une part incompréhensible. C'est ainsi qu'Arendt définit la spécificité de la « factualité des faits et des événements [...] dont la contingence intrinsèque défie en fin de compte toutes les tentatives d'explication définitive.[1] » La réalité présente une diversité et une contingence telles qu'elle échappe à tout savoir qui tenterait de se l'approprier entièrement.

[1] « Vérité et politique », IV

Par ailleurs, on peut considérer que le savoir paralyse celui qui le détient. Trop savoir aurait l'effet de retarder ou de gêner l'action. Ainsi, malgré leur connaissance des jeux sociaux et des jeux de séduction, Valmont et Merteuil doivent, chaque fois, prendre un risque dans leur entreprise. On remarquera à ce titre l'emploi fréquent de l'expression, « je pris le parti de ». Ils montrent qu'ils ne sont pas que des théoriciens, mais aussi des praticiens véritables qui, confrontés à la réalité, doivent prendre le risque de s'y engager et mettre leur savoir entre parenthèses. Plus saillant encore est l'exemple de Philippe dans *Lorenzaccio*, que l'expérience et la connaissance qu'il avait acquises n'avaient fait de lui qu'un « vieillard obstiné ! inexorable faiseur de sentences ! »[2] Incarnation de l'attentisme, il représente la force d'inertie mortifère pour tous ceux qui souhaitent le changement.

Enfin, l'abolition du savoir s'expliquerait par les dangers qu'il représente. En effet, il y a des choses que l'individu préférerait, à juste titre, ignorer. Ainsi, le personnage de Philippe, républicain engagé et croyant en l'humanité, dialogue avec Lorenzo, échange au cours duquel il affirme « L'Humanité souleva sa robe et me montra, comme un adepte digne d'elle, sa monstrueuse nudité. »[3] Le savoir peut blesser et désabuser complètement l'être humain. S'il doit faire l'objet d'une abolition, c'est donc en vertu de la dureté de la vérité. Ce danger du savoir n'est pas simplement vrai à l'échelle existentielle, individuelle, mais aussi à l'échelle politique et donc collective. Ainsi Arendt écrit que « toute prétention dans le domaine des affaires humaines à une vérité absolue [...], ébranle les fondements de toute politique et de tout régime. »[4] Si le savoir doit s'abolir, c'est donc en vertu du principe que trop en savoir est pernicieux.

Certes, la prétention au savoir peut être considérée comme un signe d'arrogance de la part de l'homme et donc représenter un danger pour lui, mais il y a aussi un risque à s'enfermer dans des croyances qui viendraient dès lors se substituer à la réalité.

SI FAIRE place à la croyance peut se justifier, il n'empêche que son extension présente de sérieux dangers.

Tout d'abord, faire une place à la croyance revient à s'y soumettre ainsi qu'à ceux qui détiennent le savoir. Ainsi, dans *Les Liaisons dangereuses*, Danceny et Cécile incarnent la naïveté de leur âge, naïveté due aux préjugés et aux images d'Épinal qu'ils ont des rapports sociaux et des relations amoureuses. Enfermés dans leurs croyances adolescentes, ils

[2] acte IV, scène 6 [3] acte III, scène 3 [4] « Vérité et politique », II

sont des proies toutes désignées pour Valmont et Merteuil. De même, le danger d'une place trop grande accordée à la croyance est d'ignorer le réel tel qu'il est et à en être victime comme l'indique Philippe à Lorenzo : « quand chacun de tes pas faisait jaillir des mares de sang humain, je t'ai appelé du nom sacré d'ami, je me suis fait sourd pour te croire, aveugle pour t'aimer »[5]. Prétendre échapper au réel par les croyances ne conduit donc qu'à un retour plus douloureux vers celui-ci.

À l'inverse, si l'on prend le cas de ceux qui alimentent les croyances pour mieux les dominer, on se rend compte qu'elles ont aussi un effet pernicieux car celui qui cherche à manipuler une croyance ou une opinion peut à son tour être manipulé par elle. C'est le cas de Valmont dont la trajectoire part d'un sentiment feint, celui de son amour pour la présidente de Tourvel, manifesté artificiellement à la lettre 48, et se retourne contre lui qui finit par éprouver l'amour qu'il prétendait feindre au départ (« lui jurer un amour éternel ; et, il faut tout avouer, je pensais ce que je disais »[6]). Cette idée d'une croyance qui se retourne contre ceux qui prétendaient la manipuler constitue chez Arendt une des bases de la compréhension du mensonge dans la politique contemporaine : « Dans des conditions pleinement démocratiques, la tromperie sans tromperie de soi est presque impossible. »[7]

Un tel retournement présente le risque d'une substitution au réel. C'est ce processus qu'Arendt analyse dans « Du mensonge en politique », en parlant de la commission à la défense américaine chargée de l'image de la guerre du Vietnam dans la société américaine. La philosophe constate que « Ni la réalité ni le sens commun ne pouvaient atteindre l'esprit des responsables [...] qui continuaient, imperturbablement, à préparer leurs scénarios appropriés à chacun des publics dont il fallait modifier l'état d'esprit. »[8] Dès lors, si la croyance et le mensonge ont imprégné les esprits, le substitut à la réalité semble irréversible et conduit à une corruption généralisée que déplore Lorenzo, pourtant lui aussi acteur de ce processus : « Le vice comme la robe de Déjanire s'est-il si profondément incorporé à mes fibres que je ne puisse plus répondre de ma langue, et que l'air qui sort de mes lèvres se fasse ruffian malgré moi ? »[9] À faire trop de place à la croyance, on risque de faire corps avec le mensonge et donc de brouiller la frontière entre vérité et fausseté.

Puisque accorder une place à la croyance s'avère effectivement dangereux et peut amener à une confusion entre vérité et fausseté, il faut de ce fait repenser une juste séparation entre les domaines du savoir et de la croyance.

---

[5] acte III, scène 3 [6] lettre 125 [7] « Vérité et politique » IV [8] « Du mensonge en politique » II [9] acte V, scène 5

TRACER une ligne de séparation entre savoir et croyance implique d'admettre que savoir et croyance peuvent sinon fonctionner de concert, du moins coexister.

Tout d'abord, croire et savoir conduisent tous deux à une meilleure compréhension du monde. Ainsi, Arendt souligne que la description même du réel fait appel à la croyance des interlocuteurs ou des lecteurs pour mieux les amener à le comprendre : « Qui dit ce qui est [...] raconte toujours une histoire »[10]. Savoir et croyance fonctionnent ensemble en ce que la croyance serait un moyen d'atteindre le savoir. En outre, la recherche du savoir peut constituer un moyen d'émancipation qui irait dans le sens d'un espoir individuel et social. C'est le cas de Mme de Merteuil qui, dans la lettre 81, raconte sa jeunesse en déclarant notamment que ce qu'elle désirait n'était pas de « jouir » mais de « savoir ». Le savoir est ici moteur et arme d'un espoir de la marquise : l'émancipation individuelle et collective des femmes.

En outre, la croyance, prise en un certain sens, permettrait de prendre le pas sur l'action et donc de transformer le réel. C'est précisément le sens de la croyance en politique, motrice de révolution et de changement. Ainsi, « Il faut sans doute une étincelle pour allumer une forêt ; mais l'étincelle peut sortir d'un caillou, et la forêt prend feu. C'est ainsi que l'éclair d'une seule épée peut illuminer tout un siècle. »[11] La croyance est ici galvanisante et inspirante. La politique devient alors le lieu par excellence de la croyance, non pas vue comme pur substitut au réel, mais comme moyen de le transformer : « la négation délibérée de la réalité – la capacité de mentir – et la possibilité de modifier les faits – celle d'agir – sont intimement liées ; elles procèdent l'une et l'autre de la même source : l'imagination. »[12] La croyance constitue le moteur principal de l'action humaine.

Enfin, on peut envisager la croyance comme étant finalement d'un ordre radicalement autre que le savoir et qui a pour effet de rappeler à l'homme une certaine forme d'absolu auquel il peut être sensible. Ainsi c'est le cas, en un sens de la croyance religieuse qui, sans bien sûr être assurée, n'en demeure pas moins porteuse d'une dimension esthétique et existentielle réconfortante et bienveillante comme « une colombe compatissante qui plane doucement sur tous les rêves et sur tous les amours. »[13] C'est d'ailleurs ce qui oppose Valmont et Tourvel : l'un prétend savoir, l'autre croit. Leur relation incarne en un sens celle du savoir et de la croyance, mais, ainsi que Laclos nous le démontre, c'est la croyance et l'amour qui auront eu le fin mot de l'histoire en remportant la victoire sur les assauts rationnels et calculés du vicomte.

---

[10] « Vérité et politique », V [11] acte V, scène 2 [12] « Du mensonge en politique », I
[13] acte II, scène 2

Réponse

En fin de compte, la croyance ne s'oppose pas directement, ou unilatéralement au savoir, elle constitue plutôt un moyen d'accès pour l'homme à ce qui échappe à son savoir. Le danger de la croyance réside donc dans le fait de la considérer comme un substitut complet au savoir. Pour éviter cette substitution, il faut que l'être humain puisse être en mesure de distinguer ce qu'il peut connaître et ce en quoi il ne peut que croire. Une telle distinction permettra dès lors aux individus de savoir en quoi ils croient et pourquoi ils croient ; ce qui les éloigne par conséquent radicalement du piège des illusions et des opinions.

Ouverture

On pourrait cependant se demander si, dans cette quête insatiable de la vérité, la croyance ne serait pas dans certains cas le seul moyen d'accès à celle-ci.

IV Éviter le hors-sujet

Nicolas Grimaldi dans *Une démence ordinaire,* (2009) affirme : « Si la croyance n'était que le plus faible degré d'une conviction, et la conviction notre mode d'adhésion à un savoir, elle ne poserait aucun problème. Or tout nous manifeste, au contraire, que la croyance relève bien moins de la connaissance que de la volonté. Elle exprime moins une sorte de distance ou de réserve par rapport à ce qu'on connaît qu'une adhésion passionnée à ce qu'on ne connaît pas. » Par ces mots, l'auteur met en lumière, comme Kant, mais de façon plus précise, le lien entre croyance et savoir.

Cependant, la distance entre les deux sujets tient à ce que Grimaldi met l'accent sur la croyance et non sur le savoir. Il explique à juste titre l'adhésion à la croyance sans en passer, comme le fait Kant, par l'abolition du savoir. Or, c'est sur ce geste radical, « je dus abolir le savoir », que repose la spécificité de la formule kantienne et qui explique, dans un second temps, l'adhésion à la croyance. Et c'est parce que Kant dut abolir le savoir que l'adhésion à la croyance relève d'une obligation et non pas, comme chez Grimaldi, d'une volonté.

Notions abordées : monde, imagination, croyances, action, faits

Sujet 16
« La leçon des faits n'instruit pas l'homme prisonnier d'une croyance ou d'une formule. » (Gustave Le Bon, *Hier et Demain*, 1918) Dans quelle mesure votre lecture des œuvres au programme vous permet-elle de souscrire à ce jugement ?

Corrigé proposé par François Tenaud

I Analyse du sujet

1 Analyse des termes du sujet

La citation de Le Bon se donne à la fois comme constat et comme avertissement. Dans la première partie de la citation, « instruire » a comme sujet « leçon de faits ». Instruire est une activité qui va normalement de l'homme à l'homme, du maître à l'élève généralement. Pourtant, dans la formule de Le Bon, l'homme est enseigné par « les faits ». Il reçoit sa « leçon » de la réalité. Certes, la réalité peut bien nous instruire : aller se frotter aux choses de la vie fait partie de l'éducation. Et Le Bon se désole justement que l'homme ne soit plus capable de recevoir cette leçon des faits eux-mêmes. Il continue de croire que les faits enseignent mais il se lamente qu'on ne sache plus en tirer de leçon, qu'on se trompe souvent sur leur portée et leur signification. Pourquoi ?

La seconde partie du libellé répond à cette question. Elle porte sur les causes de cet aveuglement : « prisonnier d'une croyance ou d'une formule ». Certes, les faits en eux-mêmes, ce qui « est là », comme on dit, sont muets ; il faut donc les « faire parler ». Or parler pour eux c'est toujours prendre le risque non seulement de l'erreur, ce que la science expérimentale sait corriger, mais aussi du mensonge, de la mauvaise foi ou de l'aveuglement. Et cela, aucune méthode ne l'empêche. Notre langage véhicule dans ses « formules » des mots d'ordre, des valeurs auxquelles nous croyons hâtivement. En croyant nommer simplement les choses, nous les évaluons déjà en fonction d'usages, de peurs, de ressentiments qui sont cachés dans les noms utilisés pour les convoquer. Notre langage, nos « formule[s] », sont parfois des clôtures invisibles, des biais de substitution par lesquels la réalité est remplacée par son signifiant, le signe tenant alors lieu de chose.

2 Confrontation aux œuvres

De toute évidence, la réflexion d'**Arendt** proposée dans les essais au programme traite directement de cette question de l'aveuglement idéologique. La vérité, explique Arendt, n'a que très peu d'efficace politique, au contraire du mensonge ou des « récits alternatifs » qui contournent l'objectivité historique. En ce sens la vérité est bien ce qu'il faut « faire croire » justement parce que, comme l'explique Le Bon, nous sommes tentés de substituer à la « leçon des faits » une autre vérité, beaucoup moins scrupuleuse du réel.

Dans ***Lorenzaccio***, le personnage de Lorenzo apparaît au contraire animé par un idéal de justice. Il distingue très bien la mégalomanie de son maître et sait donc encore regarder la réalité. Pour autant, s'il est lucide quant aux causes du mal, il l'est moins quant aux remèdes. En un sens donc, son sacrifice demeure aussi un aveuglement et son courage pour affronter le mal n'est pas suffisant pour affirmer qu'il a tiré des faits leur véritable « leçon ».

Laclos montre magistralement dans *Les Liaisons dangereuses* comment des esprits brillants peuvent insinuer des sentiments fabriqués par la force d'une intrigue, à rebours des vrais élans du cœur. Certes leurs talents permettent de produire et de faire croire en la réalité qu'ils façonnent d'abord en leur esprit malicieux. Pour autant, ce pouvoir des idées à façonner la réalité n'est jamais absolu et la fin tragique des intrigants manifeste comment la prison où l'on enferme les autres par ses mensonges est toujours aussi la nôtre.

3 Problématisation

Les hommes sont enclins à penser que l'expérience du monde est évidente et que les faits existent bel et bien tels que je les perçois. Pourtant l'esprit peut se rendre aveugle à la réalité existante ; la vérité devient alors une exigence secondaire puisque ce qui importe est moins de comprendre la réalité que de la conformer à une opinion. Le jugement de Gustave Le Bon mobilise donc deux présupposés antagonistes : premièrement, l'inclination de l'esprit à croire en ses chimères ; deuxièmement la nécessité de poser les faits comme ce qui est donné, que l'esprit ne peut les modifier. C'est pourquoi on peut formuler la problématique ainsi : le monde est-il ce qui est donné ou ce qui est créé ?

II Plan détaillé

I Le monde est constitué de valeurs, de théories qui confèrent de la signification aux faits. Le risque est celui du solipsisme, de la fragmentation du monde en lectures concurrentes et irréconciliables

1. Les représentations du monde expriment des ambitions et des projets...
2. ... qui font désespérer des choses elles-mêmes
3. Le risque est celui du solipsisme

Pourtant cette fragmentation n'est pas une fatalité. Le monde est susceptible, malgré des interprétations concurrentes, de faire l'objet d'une expérience commune.

II L'expérience particulière de la réalité qui fonde nos croyances n'interdit pas de partager un monde commun

1. Le monde est comme un théâtre...
2. ... et chacun s'imagine menacé dans son rôle
3. Pourtant le monde dépend de la reconnaissance de la pluralité

La reconnaissance de la pluralité du monde se fonde sur l'imagination. Nous sommes alors capables de comprendre la puissance de notre liberté mais aussi notre devoir de retenue.

III Et ainsi, nous avons bien le pouvoir d'agir mais cela suppose toujours de reconnaître la fragilité de nos représentations devant un réel qui impose une limite à notre puissance

1. Les faits sont fragiles
2. Croire pour voir
3. Le monde comme principe de prudence, comme limite à notre puissance

III Dissertation rédigée

« LE FOU, prétend Chesterton dans *Orthodoxie* (1908), n'est pas celui qui a perdu sa raison. Le fou est celui qui a tout perdu, sauf la raison. » La folie se caractérise donc par une sorte de rationalité devenue folle, sans limites imposées par le réel. Accroche

L'intuition est identique chez Gustave Le Bon quand il affirme dans *Hier et Demain*, que « La leçon des faits n'instruit pas l'homme prisonnier d'une croyance ou d'une formule. » La raison est donnée ici moins comme ce qui doit instruire que comme ce qui doit d'abord être « instruit ». L'esprit doit donc humblement se mettre à l'école des choses elles-mêmes afin d'apprendre à exercer son jugement. Et Le Bon semble Citation et analyse indiquer que le péril le plus sérieux n'est pas la complexité des choses mais au contraire la superficialité de nos opinions lorsque l'esprit incline à croire ses propres « formules » ou « croyances ». Nous sommes donc à même de pouvoir produire les conditions de notre aveuglement. Nous ne voyons plus les choses mais ce qu'elles signifient pour nous. Comment alors le réel pourrait-il nous enseigner si nous lui imposons nos représentations ?

Pbmatique Nul ne conteste que le monde est constitué de représentations qui donnent aux choses une signification ; la réalité n'est donc jamais simplement donnée. Pourtant le monde est aussi ce qui nous échappe. Nous savons que nous avons le pouvoir de transformer le monde mais nous sommes plus oublieux du fait que le monde aussi change notre regard. Le monde est-il alors ce qui est créé ou ce qui est donné ?

Plan Que notre expérience du monde soit médiatisée par des croyances et des valeurs en lesquelles nous croyons ne fait pas de doute et nous commencerons par en prendre acte. Mais nous questionnerons ensuite ce relativisme pour chercher à comprendre comment une expérience partagée du monde est possible. Cela nous conduira à reconnaître dans un troisième temps que la puissance humaine à transformer le monde suppose de croire à ses propres jugements sans nier que le monde se définit aussi comme une limite à notre imagination.

Les sociétés humaines sont façonnées par les générations se succédant dans l'histoire. Et souvent les hommes sont tentés de substituer leur vision du monde à l'ancienne. Il s'agit de forger alors une façon de croire, pour imposer ensuite une façon de voir.

Le propre d'un pouvoir n'est pas seulement l'exercice de la coercition mais aussi la manipulation. Ainsi dans l'acte I de *Lorenzaccio*, le pape Paul III s'offusque de la désinvolture de Lorenzo qui l'a conduit à décapiter des statues antiques. Toutefois, il est vraisemblable que ce pape les « excommunieraient si elles étaient en chair et en os »[1]. En défendant un héritage païen, le pape espère bénéficier du prestige des grands souverains tolérants. Les statues incarnent bien cette persistance des représentations anciennes dans le présent, qui malgré tout s'effacent, remplacées par d'autres croyances. Mais ces représentations anciennes peuvent encore être mobilisées car elles conservent un pouvoir évocateur alors même qu'on a cessé d'y croire. Dans la même veine, « Du mensonge en politique » dénonce la fumeuse « théorie des dominos » ayant justifié l'intervention américaine au Vietnam. Arendt y explique que cette théorie fut convoquée et utilisée par « ceux-là mêmes qui ne l'acceptaient pas »[2].

---

[1] I, 4 [2] début section III

En mobilisant une fausse représentation du monde pour s'autoriser à le transformer, des hommes de pouvoir s'enivrent de cette puissance à produire opportunément des faits.

Le monde est constitué d'épaisseurs de certitudes qui rendent parfois « les mensonges sans conséquence, en ôtant le désir de les vérifier » comme l'explique Valmont à l'ingénue Cécile dans la lettre 84 des *Liaisons dangereuses*. Progressivement l'opportunisme et l'efficacité d'une théorie peuvent remplacer sa vérité. Et ainsi, l'idée que l'on se fait du monde se substitue à toute expérience réelle de sorte que l'expérience n'est plus la norme de la représentation, mais son reflet. Dans *Lorenzaccio*, le jeune peintre Tebaldeo prétend sublimer Florence, lui donnant, en peinture, le prestige que sa déchéance lui retire : « L'art, cette fleur divine, a quelquefois besoin du fumier pour engraisser le sol qui la porte »[3]. Il aime la Florence de son art plus que la Florence réelle ; et il voit en son talent le moyen de faire croire encore en un idéal justifiant ses espérances.

C'est pourquoi le monde n'est pas seulement la somme des faits. La signification des événements constitutifs du monde humain est tirée non des faits mais de leur récit. Cela permet d'appréhender la profondeur du paradoxe formulé dans « Vérité et mensonge ». Pour Arendt, « celui qui dit la vérité de fait est aussi un raconteur d'histoire »[4]. Mais la détermination d'un individu à se conformer à un récit peut changer le sens des faits. Par exemple, Merteuil expose dans la lettre 113 comment les « parures » de l'esprit peuvent remplacer avantageusement celles du corps vieillissant, au point que les femmes « de caractère », véritables démiurges, sont capables de « se créer une existence » conforme à leurs ambitions. Chaque conscience est alors inclinée à se retirer en ses propres certitudes, à donner chair à des personnages qui ne peuvent plus partager avec d'autres de monde commun.

Pourtant cette fragmentation n'est pas une fatalité. Le monde est susceptible, malgré des interprétations concurrentes, de faire l'objet d'une expérience commune.

CHACUN perçoit le monde comme un théâtre particulier. Pour autant l'expérience du monde recèle un fonds commun que la diversité des approches ne rend pas impossible. Au contraire cette pluralité constitue la possibilité d'un monde partagé.

Partager un constat du monde, ce n'est pas encore partager le monde. Pierre Strozzi par exemple, républicain convaincu, maudit Lorenzo qui vient pourtant de libérer Florence du despote. Pleurant sur son sort, « je ne puis plus rien imaginer ici, qui soit digne de moi »[5], il se persuade

[3] II, 2 [4] section V [5] V, 4

d'avoir été privé d'un mérite qui lui revenait. Pour lui le monde n'est estimable qu'à la condition d'offrir une scène où nos contradictions et nos lâchetés doivent demeurer cachées. On n'exige plus alors de mettre l'homme à hauteur du monde mais le monde à hauteur de l'homme et de ses passions. Valmont, par exemple, admire le brio de Prévan : « la vanité et l'imagination exaltées peuvent enfanter des prodiges »[6], en l'occurrence honorer trois fois trois maîtresses successives en une nuit dans l'expectative de se battre en duel le lendemain matin.

Dans *Les Liaisons dangereuses* tout sépare Danceny, amoureux de l'innocente Cécile, et Valmont qui la corrompt. Pourtant la lettre 163 relate comment, à l'agonie, Valmont désira « qu'on les [lui et Danceny] laissât seuls ensemble » comme si leurs destinées ennemies n'interdisaient plus, devant la mort qui libère de tout artifice, d'accorder leur jugement. La mort impose à la conscience le remords d'avoir mis tant d'ardeur à diviser. Or l'expérience de la différence n'est pas celle de la division. « La vérité de fait, affirme Arendt, est toujours relative à plusieurs »[7]. Non seulement la liberté individuelle d'interpréter le monde n'est pas incompatible avec la vérité, mais elle en est sa condition.

Le monde est donc ce qui ne peut être contenu dans aucune théorie singulière, aucune idéologie totalitaire ou impérialiste. Épuisé par les épreuves touchant sa famille, désabusé par l'inertie du peuple florentin, Philippe Strozzi espère encore dessiller Florence, « en appeler au peuple et [...] agir ouvertement »[8]. Il espère qu'une compréhension commune des événements pourra conduire à la paix. À l'inverse, Arendt explique que l'impérialisme américain fut un échec à cause du « refus délibéré et obstiné [...] de toutes les réalités »[9]. Ce n'est donc pas en soi la pluralité qui est conflictuelle, mais son refus, le refus de considérer le monde constitué par une « universelle interdépendance »[10], c'est-à-dire par des récits ouverts et multiples.

Et ainsi, nous avons bien le pouvoir d'agir mais cela suppose toujours de reconnaître la fragilité de nos représentations devant un réel qui impose une limite à notre puissance.

LE MONDE est une expérience commune qui repose sur une pluralité ouverte. Il est donc à la fois ce qu'on perçoit mais aussi ce qu'on imagine. Il est l'horizon de la liberté, ce qui lui donne sens.

La pluralité constitutive du monde est aussi ce qui fragilise toute possibilité de discours de vérité. La vérité du monde n'est exprimable en aucun discours unique. Cécile Volanges par exemple est bien surprise de

[6] lettre 79 [7] « Vérité et politique », section II [8] III, 3 [9] « Du mensonge en politique », fin section III [10] « Vérité et politique », III

constater qu'elle porte à Valmont des sentiments ambivalents : « il y avait des moments où j'étais comme si je l'aimais »[11]. Elle peine à comprendre ses sentiments, mais vouloir réduire cette confusion serait écraser la complexité des états de l'âme. Le monde est un entrelacs d'événements et d'interprétations ; les distinguer relève de l'impossible. « Les faits et les événements sont infiniment plus fragiles que les axiomes [...] les théories produits par l'esprit humain »[12] explique d'ailleurs Arendt. Autrement dit notre seule perception ne suffit pas à révéler le monde : la contingence des faits est irréductible et c'est imaginer comment les choses pourraient être différentes qui permet de comprendre cet aspect de la fragilité du monde.

On devine alors que les leçons que les faits peuvent enseigner ne sont jamais l'étoffe pure de la réalité. Ils enseignent parce que nous pouvons concevoir leur fragilité. Ce qui crée le monde est aussi ce qui le déforme ou l'abîme. C'est pourquoi même les sentiments les plus sûrs ne sont jamais certains. L'amour n'a pas sa cause dans l'amant dont « les perfections chimériques n'existent que dans leur [les femmes] imagination »[13] comme l'explique cyniquement Merteuil à Mme de Volanges, mais dans la force d'une image. Dans *Lorenzaccio*, Catherine, la tante de Lorenzo, est frappée par la puissance des suggestions qui confondent la réalité : « ce que je lis, dit-elle en découvrant le billet d'Alexandre, me fait douter de mes yeux[14]. » Comment douter de ce qu'on voit ? Cela suppose qu'on ait besoin de croire pour voir, et non pas comme on le pense communément, de voir pour croire. En conséquence, on comprend la portée du postulat d'Arendt dans « Du mensonge en politique » qui est de fonder, dans le creuset de notre imagination, le pouvoir d'agir mais aussi celui de mentir.

Musset donne à cette découverte la profondeur de l'angoisse, ainsi celle de Lorenzo méditant sur l'assassinat qu'il s'apprête à commettre. Le monde est lourd comme une destinée à laquelle on se sent appelé et qui nous oblige comme « la seule pensée de ce meurtre [qui] a fait tomber en poussière les rêves de [sa] vie »[15]. Le monde est ce qui nous interdit de « rêver » notre vie ; il est ce que la vie doit rejoindre, ce qui la précède et lui survivra. Pourtant nous sommes aussi ce qui fait advenir le monde : « Pourquoi l'as-tu tué ? Cela est étrange » s'étonne encore Lorenzo. Son imagination le transporte vers ce qui n'est pas encore arrivé, et qui dépend de sa liberté. Voilà le vertige de la responsabilité humaine. Finalement il y a du tragique dans l'expérience que nous faisons du monde car nous sommes appelés à le conserver en le transformant, à l'imaginer pour le comprendre. Nos croyances et nos espoirs ne sont pas hors du monde, ils sont sa puissance de renouvellement ; d'anéantissement aussi.

---

[11] lettre 97 [12] « Vérité et politique », fin section I [13] lettre 104 [14] III, 4 [15] IV, 3

Réponse

RIEN ne pourrait apparaître si nous ne donnions du sens aux faits. Pourtant les faits ne sont pas de simples projections de notre esprit. Le solipsisme est une inclination dangereuse qui fragmente le monde que les hommes partagent. Il s'agit donc de ne pas imaginer que la pluralité exclut toute exigence de vérité. Le monde n'est pas une table rase sans objectivité. La « leçon des faits » est qu'aucun fait n'est définitif, qu'il faut toujours approfondir l'expérience pour rejoindre un monde qui se crée sans cesse.

Ouverture

La fragilité du monde peut être appréhendée aujourd'hui par l'observation des prouesses de l'intelligence artificielle. Des images, des discours sont produits, simulacres parfaits auxquels on peut croire. Leur vraisemblance est telle qu'ils semblent des faits alternatifs, quasi indiscernables. On comprend à quel point nous avons besoin d'un monde qu'on ne peut pas inventer entièrement pour fonder une communauté humaine de destin.

IV Éviter le hors-sujet

L'aphorisme de Gustave Le Bon met en exergue comment l'expérience du monde est fondatrice du sens commun, du bon sens, c'est-à-dire de ce qui rend possible tout accord avec autrui. Pour Descartes, le bon sens est aussi la faculté de raisonner, de distinguer le vrai et le faux, donc de s'accorder avec autrui. Mais chez Descartes, en particulier dans les *Méditations métaphysiques* (1641), ce qui apparaît fondamental n'est pas l'expérience du monde mais celle de l'esprit qui pense. La première méditation en particulier décrit comment le monde peut s'effacer par l'effort de l'esprit qui se persuade de son inexistence. Descartes explique que la liberté s'éprouve en niant le monde.

Dans notre sujet, Le Bon tente en quelque sorte de prendre acte de cette tentation d'utiliser nos facultés pour effacer le réel, mais il s'agit pour lui de le dénoncer. Ce qui est vrai n'est pas que le monde soit une idée, mais bien que des idées puissent faire basculer le monde.

Notions abordées : illusion, vérité, réalité, apparence, confusion, théâtre

Sujet 17
« Vous subissez encore / L'arrière-effet des prodiges de l'île, / Ils vous privent de croire ce qui pourtant / Est la vérité même. » (Shakespeare, *La Tempête*, 1611)
Vous direz dans quelle mesure cette citation éclaire votre lecture des œuvres au programme.

Corrigé proposé par Quentin Delayen

I Analyse du sujet

1 Analyse des termes du sujet

La réplique de Prospero, à la dernière scène de la *Tempête*, peut s'entendre à deux niveaux, selon le principe de la double énonciation. Dans un premier sens, la phrase signifie que l'illusion créée par la magie sur l'île, au sein de l'intrigue, empêche de reconnaître la réalité pour telle, ici que Prospero est bien celui qu'il prétend être. La formule est cependant plus riche par son adresse implicite au spectateur : les « prodiges » dont il est question sont alors ceux de l'illusion théâtrale, et « la vérité » qui ne pourra plus être crue est celle du monde réel, dans lequel le spectateur s'apprête à revenir.

En créant un système d'illusions au sein de l'illusion première du spectacle, Shakespeare réfléchit au pouvoir du théâtre qui, en faisant admettre ce qui est faux, amène à prendre la réalité pour une nouvelle illusion. Pour le dire autrement, le théâtre, qui sollicite le consentement du spectateur, fonde ainsi une confusion entre ce qui est vrai et ce qui ne l'est pas, ce à quoi on peut croire ou non, qui déborde l'enceinte du théâtre. Le spectateur, parce qu'il est allé au théâtre, porte un nouveau regard sur le monde qui l'entoure, caractérisé par la méfiance face à ce qui apparaît comme vrai. En cela, on peut considérer que le théâtre, qui s'assume comme illusion, révèle le mécanisme d'un monde tout aussi illusoire, mais qui se prétend réel. Ainsi, par un renversement paradoxal, le théâtre suggère que la réalité n'est pas plus vraie que l'illusion dramatique, et que c'est seulement par la fiction du spectacle que la vérité va enfin pouvoir apparaître : vérité là aussi paradoxale, puisqu'elle est en fait mise en doute de la réalité apparente du monde.

2 Confrontation aux œuvres

Lorenzaccio résonne particulièrement avec notre sujet par son genre : même si elle ne se destine pas à la représentation, la pièce de Musset joue des ressorts de l'illusion théâtrale et de la confusion ainsi créée entre illusion et réalité. La thématique du rêve, notamment, traverse la pièce et vient troubler le rapport entre l'apparence et la vérité.

Dans ***Les Liaisons dangereuses***, la théâtralité est prégnante, et Laclos se plaît à perdre son lecteur dès le seuil de l'ouvrage en le faisant douter de l'authenticité de la correspondance présentée. L'illusion est un thème récurrent du recueil, et est généralement présentée comme éphémère : elle serait ce qui ne persiste pas face à la réalité.

Arendt, en raisonnant sur la fragilité de la vérité et la puissance du mensonge, interroge le rapport entre ce qui est vrai, et ce qui apparaît comme vrai. La réflexion est transposée dans le domaine politique, mais croise bien le propos shakespearien : la manipulation de la vérité de fait peut amener à créer une illusion de réalité, qui menace la véritable.

3 Problématisation

Le réel est ce que l'illusion vient recouvrir. On a tendance naturellement à percevoir l'illusion comme trompeuse. Mais l'illusion pourrait être plus fiable que la manifestation de la réalité, réalité qu'elle nous aide à appréhender justement.

L'illusion peut-elle dévoiler la vérité ?

II Plan détaillé

I Trompés par l'illusion, nous ne savons plus discerner le vrai du faux

1. L'illusion nous fait prendre pour vrai ce qui est faux
2. De retour dans la réalité, nous prenons alors pour faux ce qui est pourtant vrai
3. Rien ne nous permet plus alors de distinguer le réel de l'illusoire

Certes, l'illusion produit une confusion entre réalité et fiction. Cette confusion nous est toutefois profitable, car elle permet d'appréhender le réel avec davantage de discernement.

II L'expérience de l'illusion nous apprend à nous méfier des apparences

1. La duperie de l'illusion nous invite à la méfiance face à ce qui semble vrai
2. De retour dans le réel, nous sommes moins crédules face aux apparences
3. L'illusion est alors moyen de distinction, plutôt que de confusion, du réel et du faux

Cette illusion bénéfique est même plus crédible que la réalité, dont elle révèle la vulnérabilité de sa manifestation.

III Il semble finalement difficile de distinguer la manifestation de la réalité et l'illusion, tant leur fonctionnement est similaire
1. L'illusion dévoile l'artificialité du monde en reproduisant son fonctionnement
2. Le monde est d'autant plus mensonger qu'il se prétend réel
3. L'illusion, qui elle s'assume comme telle, n'est en fait pas trompeuse et se révèle même source de connaissance

III Dissertation rédigée

DANS le film *Elephant man* de David Lynch, le héros assiste pour la première fois à un spectacle et, prisonnier de l'illusion, déclare naïvement : « J'ai vraiment cru que l'ogre n'allait pas sortir. » Accroche

Dans *La Tempête*, Prospero, et à travers lui Shakespeare, décrit cette force de l'illusion : « Vous subissez encore / L'arrière-effet des prodiges de l'île, / Ils vous privent de croire / Ce qui pourtant est la vérité même. » Ces conséquences sont présentées comme néfastes : elles sont « subies » et « privent » de la capacité de reconnaître la « vérité » pour telle. Les « prodiges », qui désignent autant la magie de Prospero au sein de l'intrigue que l'illusion théâtrale présentée au spectateur, prolongent leur « effet » au-delà du temps et du lieu théâtral comme l'indique l'emploi de l'adverbe « encore ». L'adverbe « pourtant » révèle le paradoxe de ne pas croire ce qui est vrai, alors que l'illusion avait pu nous faire prendre pour réel ce qui n'était qu'illusoire. Citation et analyse

Cependant, la confrontation à l'illusion peut aussi être perçue comme bénéfique : elle nous révèle le fonctionnement du monde réel, et aiguise notre regard face à ses apparences. En quoi l'illusion dévoile-t-elle la vérité plutôt qu'elle ne trompe ? Pbmatique

Trompés par l'illusion, nous avons l'impression de ne plus savoir distinguer le vrai du faux. Toutefois, l'expérience de l'illusion nous apprend à nous méfier des apparences. Il semble finalement difficile de distinguer l'illusion de la manifestation du réel, tant leur fonctionnement nous apparaît similaire. Plan

L'ILLUSION, en nous faisant croire qu'elle est vraie, nous empêche de distinguer le réel et les apparences. Nous ne savons plus percevoir ce qui est vrai.

L'illusion nous fait prendre pour vrai ce qui n'est que simulacre. Dans la lettre 161 des *Liaisons dangereuses*, Mme de Tourvel, en proie à sa folie, regrette les reproches qu'elle vient de faire à Valmont et maudit l'illusion qui en serait la cause : « Quelle illusion funeste m'avait fait te méconnaître ? » Ici, l'illusion est doublement trompeuse : elle aurait, selon la présidente, présenté une image faussement négative de Valmont, et donne à la dévote l'impression que ce dernier est physiquement avec elle et qu'il est digne d'être aimé. D'un point de vue plus général, Arendt explique que notre vision du déroulement de l'histoire est dictée par l'illusion : « Il est vrai que rétrospectivement [...] toute succession d'événements donne l'impression qu'elle n'aurait pu se produire autrement, mais c'est une illusion d'optique. »[1] L'illusion, en imitant le réel, se confond avec lui ; et réciproquement, le réel nous paraît alors n'être qu'une apparence.

De retour dans la réalité après avoir été confronté à l'illusion, nous prenons pour faux ce qui est pourtant vrai. Dans la pièce de Musset, Lorenzo joue brillamment de ce ressort : il habitue son voisinage à entendre des combats simulés, afin de ne pas attirer l'attention au moment où il tue vraiment le duc : « Ils ont eu peur la première fois, c'est vrai ; mais maintenant, ils se contentent d'enrager, et ne s'en mettent pas en peine jusqu'au point de quitter leurs fauteuils ou d'ouvrir leurs fenêtres. »[2] Dans le roman de Laclos, Mme de Merteuil fait croire à Mme de Volanges que l'amour de Danceny et Cécile est une illusion, alors qu'il est bien réel : « Ou votre fille n'aime pas Danceny, ou elle éprouve cette même illusion ; elle est commune à tous deux, si leur amour est réciproque. »[3] La puissance de l'illusion est telle qu'elle peut non seulement passer pour réelle, mais qu'on peut aussi faire passer le réel pour elle.

Si l'illusion et le réel peuvent se confondre, nous ne sommes plus en mesure de distinguer le vrai du faux. On pourrait alors partager le cynisme de Lorenzo : « Sans doute ce que vous dites là est parfaitement vrai, et parfaitement faux, comme tout au monde. »[4] Arendt avertit également de l'effet contre-productif possible de l'illusion qui conduit à tromper les responsables eux-mêmes : « Ces brumes de mystère [...] ont si bien pénétré dans l'esprit des autorités responsables qu'elles ne savent plus distinguer la vérité qui se trouve derrière leurs dissimulations et leurs mensonges. »[5] Victime de sa propre tromperie, le menteur ne sait plus lui-même ce qui est vrai dans ce qu'il affirme : sa parole ne peut plus être source de vérité. L'illusion apparaît alors davantage comme source de confusion que de connaissance.

Certes, l'illusion produit une confusion entre réalité et fiction. Cette confusion nous est toutefois profitable, car elle permet d'appréhender le réel avec davantage de discernement.

---

[1] « Vérité et politique », III [2] Scoronconcolo, III, 1 [3] lettre 104 [4] II, 2 [5] « Du mensonge en politique », III

La rencontre de l'illusion nous apprend la méfiance face à l'apparence, et nous rend plus aptes à repérer ce qui est vrai.

Être dupé par l'illusion nous apprend à nous en méfier : dans *Lorenzaccio*, le personnage du peintre, qui décrit ainsi son art « Réaliser des rêves, voilà la vie du peintre »[6], peut être vu comme un double du dramaturge puisqu'il construit lui aussi une illusion avec une apparence de réalité. Les personnages des *Liaisons dangereuses* construisent eux aussi des illusions, notamment Mme de Merteuil qui rend Prévan victime de sa mise en scène, et qui ensuite travestit son récit pour changer la réalité de l'événement : « J'en écrirai une à Mme de Volanges [...] où vous verrez cette histoire telle qu'il faut la raconter. »[7] On peut donc se jouer de l'illusion, c'est-à-dire donner à voir comment les apparences peuvent être trompeuses, mais sans céder à l'aveuglement.

Comprendre l'illusion permet de devenir plus attentif aux nuances de la réalité. Nous sommes ainsi capables de nous défaire des pièges des images trompeuses. C'est le cas de Mme de Volanges qui, contrairement à la présidente de Tourvel, refuse de croire à la charité apparente de Valmont : « J'aurais autant de peine à le juger honnête, d'après le seul fait que vous me racontez, qu'à croire vicieux un homme de bien reconnu dont j'apprendrais une faute. »[8] Arendt insiste quant à elle sur le rôle de la presse, qui lève le voile de l'illusion et révèle ce qui est dissimulé : « Que, depuis des années, le public ait pu avoir connaissance de ce que le gouvernement s'efforçait vainement de lui dissimuler témoigne de l'intégrité et des pouvoirs de la presse. »[9] Avec l'aide de la presse, a priori garante de vérité, nous sommes en mesure de distinguer le réel et ce qui le dissimule. Comme pour le journalisme évoqué par Arendt, chacun est invité à la vigilance, et même parfois à l'enquête pour parvenir à fixer le réel dans ses limites.

En ce sens, l'illusion permet de mieux comprendre les mécanismes de l'erreur et du mensonge, et de nous en préserver. Dans *Lorenzaccio*, Marie parvient à distinguer ce qui relève du rêve et de la vision prophétique : « Ce n'était point un rêve, puisque je ne dormais pas. »[10] Il s'agit donc de se rendre attentif à toutes les nuances qui permettent de reconnaître une situation réelle. Arendt distingue par exemple « les déclarations publiques, toujours débordantes d'optimisme » des « rapports véridiques des services de renseignement, dépeignant une situation sombre et angoissante »[11]. Il apparaît que les artifices de l'illusion une fois démasqués dévoilent par contraste ce qui est réel.

Cette illusion bénéfique est même plus crédible que la réalité elle-même, dont elle révèle la vulnérabilité de sa manifestation.

---

[6] II, 2 [7] lettre 85 [8] lettre 32 [9] « Du mensonge en politique », V [10] II, 4 [11] « Du mensonge en politique », IV

L'ILLUSION fonctionne comme la réalité, ou la réalité comme l'illusion : la vérité n'est peut-être pas finalement là où on le croit.

La réalité et l'illusion sont plus semblables qu'on pourrait le croire. Valmont indique à la marquise de Merteuil que les effets produits par le « spectacle » de la réalité sont similaires à ceux du théâtre : « Ce même spectacle qui vous fait courir au théâtre avec empressement, que vous y applaudissez avec fureur, le croyez-vous moins attachant dans la réalité ? »[12] D'ailleurs, les procédés dénoncés par Arendt pour duper l'opinion sont comparables à ceux du théâtre. Ils relèvent de « la duperie, de l'autosuggestion, de la fabrication d'images, du jeu des idéologies et de la négation des réalités »[13]. L'illusion nous révèle ainsi que le monde n'est pas donné de façon simple et objective. Au contraire, le travail de propagande dénoncé par Arendt met en évidence comment le réel peut se conformer, au moins provisoirement, à des représentations idéologiques.

Paradoxalement, le monde n'est pas le lieu où la vérité peut se manifester dans son évidence. Nos jugements, nos opinions sont rarement objectifs, ce qui suppose de se montrer particulièrement vigilants face à la qualité de l'information. C'est pour cette raison qu'Arendt exprime son inquiétude dans cette alerte : « Un autre problème est de savoir si le premier amendement pourra suffire à garantir cette liberté politique particulièrement essentielle : le droit à une information véridique. »[14] Or c'est moins la vérité que l'opinion désire que la confirmation de ses penchants. Musset moque ainsi la vanité des princes : « Toutes les chimères de leurs caprices se transforment en réalités, et leurs cauchemars eux-mêmes se changent en marbre. »[15] En se conformant aux chimères des princes qui gouvernent, et que nous aimons croire, le monde devient lui-même un mensonge ; il n'est plus ce qui corrige nos erreurs mais ce qui les renforce et les diffuse.

À l'inverse, l'illusion qui ne cherche pas à se prétendre réelle peut devenir un outil dans la construction d'un discours de vérité. Elle peut être avertissement du malheur à venir, prévention contre le danger et anticipation de la douleur que l'on va connaître, comme au début de *Lorenzaccio* : « Mes yeux se remplissent de larmes, comme si ma pauvre sœur avait couru un véritable danger. »[16] L'illusion permet à Maffio une vigilance salvatrice. Ce discernement auquel l'apprentissage de l'illusion conduit permet à Laclos de jouer autour de l'authenticité du recueil, et de le mettre ainsi au service d'une ambition morale exprimée dans la préface : « Il me semble au moins que c'est rendre un service aux mœurs, que de dévoiler les moyens qu'emploient ceux qui en ont de mauvaises pour corrompre ceux qui en ont de bonnes, et je crois que ces Lettres

[12] lettre 96 [13] « Du mensonge en politique », V [14] « Du mensonge en politique », V
[15] III, 6 [16] I, 1

pourront concourir efficacement à ce but. » L'illusion est alors moyen de dévoilement d'une vérité, qu'on comprend en jouant à l'ignorer.

LES RAPPORTS entre le monde et l'illusion sont plus complexes qu'il n'y paraît d'abord : au-delà d'une opposition entre le faux qui semble vrai, et le vrai qui semble faux, une relation se tisse entre les deux, permettant le dévoilement de la vérité du monde par le moyen de l'illusion. Réponse

L'illusion peut servir de clé de lecture du monde. C'est pourquoi Macbeth, dans la pièce éponyme de Shakespeare, compare le monde au théâtre : « La vie n'est qu'une ombre en marche ; un pauvre acteur, qui se pavane et se démène son heure durant sur la scène, et puis qu'on n'entend plus : c'est un récit conté par un idiot. » Mais le risque de ne voir ainsi la vie que comme un mauvais spectacle peut nous condamner à un pessimisme sans issue. Ouverture

IV Éviter le hors-sujet

« Ce faire-accroire est utile et même bénéfique. [...] Si le théâtre invente des situations ou des êtres, c'est pour tendre un miroir à la société, afin que celle-ci y découvre une vérité que l'existence effective méconnaît ou dissimule. L'illusion au théâtre est vérité. Elle tend à défaire l'auto-illusionnement dont hommes et femmes se drapent dans l'existence réelle. »

La pensée de Bonnefoy, exprimée dans la préface à sa traduction de la *Tempête*, s'inscrit évidemment dans la même perspective que la vision de Shakespeare, puisque la première est une tentative d'explication de la seconde. Cependant, parce que Bonnefoy est dans une démarche critique, alors que Shakespeare construit sa théorie au sein du théâtre lui-même, l'approche est différente : Bonnefoy formule un jugement moral, estimant l'illusion théâtrale « bénéfique », alors que Shakespeare la présente comme un état de fait, qui peut même être pénalisant – elle « prive de croire ». La réflexion à développer devant un tel énoncé ne suivrait pas le même cheminement car Bonnefoy invite à discuter les avantages de l'illusion théâtrale, et à nuancer son prétendu apport.

Notions abordées : illusions, apparences, pouvoir

Sujet 18

« Pour entrer dans la véritable connaissance de votre condition, considérez-la dans cette image : Un homme est jeté par la tempête dans une île inconnue, dont les habitants étaient en peine de trouver leur roi, qui s'était perdu ; et, ayant beaucoup de ressemblance de corps et de visage avec ce roi, il est pris pour lui, et reconnu en cette qualité par tout ce peuple. D'abord il ne savait quel parti prendre ; mais il se résolut enfin de se prêter à sa bonne fortune. Il reçut tous les respects qu'on lui voulut rendre, et il se laissa traiter de roi.

Mais comme il ne pouvait oublier sa condition naturelle, il songeait, en même temps qu'il recevait ces respects, qu'il n'était pas ce roi que ce peuple cherchait, et que ce royaume ne lui appartenait pas. Ainsi il avait une double pensée : l'une par laquelle il agissait en roi, l'autre par laquelle il reconnaissait son état véritable, et que ce n'était que le hasard qui l'avait mis en place où il était. Il cachait cette dernière pensée, et il découvrait l'autre. C'était par la première qu'il traitait avec le peuple, et par la dernière qu'il traitait avec soi-même. [...]

Le peuple qui vous admire ne connaît pas peut-être ce secret. Il croit que la noblesse est une grandeur réelle, et il considère presque les grands comme étant d'une autre nature que les autres. Ne leur découvrez pas cette erreur, si vous voulez ; mais n'abusez pas de cette élévation avec insolence, et surtout ne vous méconnaissez pas vous-même en croyant que votre être a quelque chose de plus élevé que celui des autres. »

(Blaise Pascal, *Trois discours sur la condition des Grands*, 1670)

Vous direz dans quelle mesure votre lecture des œuvres du programme vous permet de souscrire à ces propos.

Corrigé proposé par François-Xavier Soutet

I Analyse du sujet

1 Analyse des termes du sujet

Pascal raconte ici l'origine du pouvoir politique à un futur homme de pouvoir. Selon lui, l'origine de la condition des grands fonctionne en trois temps : les apparences, l'erreur et la reconnaissance. Autrement dit, il n'y a pas de légitimité ou de vérité originelle du pouvoir politique, mais plutôt une erreur à sa base, une erreur du peuple. Ainsi, tout pouvoir politique reposerait sur la croyance en sa prétendue légitimité, croyance qui reposerait elle-même sur la ressemblance d'un homme avec l'idée que le peuple se fait du souverain. La place de roi ne repose que sur l'illusion populaire qui l'institue. Le pouvoir véritable vient donc paradoxalement de ceux sur qui il va s'exercer. Le souverain est d'abord passif (« il se laissa traiter de roi »). Ensuite, Pascal indique que le roi est alors pris dans une position ambivalente qu'il appelle « double pensée », et qui implique deux attitudes. D'une part, le roi ment au peuple, ou plutôt les maintient dans l'ignorance de sa véritable condition (« ne leur découvrez pas cette erreur »), d'autre part, il reconnaît sa simple nature humaine. La première attitude est d'ordre strictement politique puisqu'elle permet de maintenir l'ordre social et assure en même temps l'action du roi. La seconde est d'ordre existentiel et consiste, pour celui qui est devenu roi, à rester conscient de ce qu'il est vraiment, c'est-à-dire un homme, au même titre que ceux qu'il va gouverner. Cette double pensée constitue la véritable tâche du souverain qui doit s'interdire d'« [abuser] de cette élévation avec insolence ». Si ce devoir incombe au souverain, c'est précisément pour prévenir le risque, inhérent à sa position, de croire en ce que le peuple croit, à savoir qu'il n'est pas un homme comme les autres, mais un individu naturellement supérieur. En exposant ainsi l'origine du pouvoir politique, Pascal en fait ressortir la dimension factice, sans que cela doive aboutir à son renversement, mais plutôt à une conception plus juste de celui-ci.

2 Confrontation aux œuvres

Le texte de **Laclos** est sans doute celui qui apparaît le moins directement en lien avec le sujet, dans la mesure où *Les Liaisons dangereuses* ne traitent pas du pouvoir politique à proprement parler. Cependant, il met en lumière la réalité des relations sociales par le jeu des apparences, des illusions et des non-dits sur lequel elles reposent. L'enjeu est de faire éclater ces illusions et ces croyances qui permettent aux libertins d'abuser et de dominer leurs proies jusqu'à leur défaite finale.

Le texte de **Musset** est, lui, plus directement politique. Il souligne en effet l'importance des apparences dans les relations de pouvoir au plus haut niveau de la cité de Florence. e jeu des apparences et des illusions concerne non seulement le héros mais aussi tous les personnages, faisant des masques et des illusions la réalité du monde sociopolitique.

Arendt, enfin, considère la relation entre illusion et politique d'un point de vue historique et conceptuel. Il s'agit pour elle de reprendre à son compte l'affinité traditionnelle entre mensonge et politique et d'en montrer l'évolution jusqu'à l'époque contemporaine. Elle souligne que, si au départ le mensonge était une arme politique classique au plus haut niveau de l'État (« Vérité et politique »), celui-ci s'est largement retourné contre ceux qui en usaient et abusaient de telle sorte que la frontière entre vérité et fausseté s'en est trouvée brouillée, voire supprimée (« Du mensonge en politique »).

3 Problématisation

Si la croyance et la manipulation sont inhérentes à la politique, au point d'en constituer le fondement, il s'agit de penser comment elles ne pervertissent pas à terme le pouvoir. Croyance et opinion n'auraient-elles pas en politique et en société une vie propre, telle que ceux qui prétendent les contrôler finiraient eux aussi par en être dupes ?

II Plan détaillé

I Il y a un fondement paradoxal du politique
1. La vérité des apparences comme fondement social et politique
2. Ces apparences ont pour effet de créer un pouvoir politique réel
3. Qui s'alimente dès lors de sa propre image pour perdurer

Si les apparences et les opinions constituent la structure réelle de la société et la base de tout pouvoir politique, le mensonge devient alors l'attitude idoine dans les rapports sociaux et politiques. Mais une telle règle n'a-t-elle pas nécessairement pour fin une généralisation du mensonge et n'a-t-elle pas un effet délétère sur la société ?

II Cette prédominance de la croyance peut avoir un effet dangereux
1. La soumission du peuple
2. L'ignorance du dirigeant
3. La corruption généralisée où l'on ne distingue plus le vrai du faux

Si les illusions et les croyances s'étendent au point de se retourner contre ceux qui prétendaient les manipuler, c'est qu'elles ont une vie propre telle qu'en fin de compte plus personne ne peut parvenir à les contrôler. La question qui se pose alors est de savoir comment croire sans se laisser manipuler.

III Comment dès lors penser la croyance dans les rapports humains pour que ceux-ci ne soient pas corrompus ?
1. Une juste connaissance de qui l'on est
2. Sortir des illusions par l'éducation
3. Considérer les croyances comme des moyens de transformation sociale et politique face à un ordre établi

III Dissertation rédigée

« LES HOMMES croient volontiers ce qu'ils désirent. » Cette formule, attribuée à Jules César, permet de comprendre que pour gouverner les hommes, il est nécessaire que le dirigeant suscite leur désir. Croire ce que l'on désire est un fait anthropologique que le souverain doit exploiter. Accroche

C'est sur un tel fait que Pascal appuie le rapport du souverain avec son peuple. En effet, il raconte que le roi n'est devenu roi qu'en vertu de son apparence de roi. Cela implique que le peuple croyait déjà en une certaine image de qui devait être son roi. Le mensonge n'arrive qu'ensuite, lorsque le roi maintient le peuple dans son illusion originelle, c'est-à-dire lorsqu'il continue à faire croire ce qu'il désire. Dans son récit, Pascal nous décrit le pouvoir des apparences, c'est-à-dire leur effet réel, constitutif d'un royaume et d'une société. La question qui se pose alors n'est pas de savoir s'il est juste d'alimenter ces illusions auprès du peuple, puisqu'il vit de ses illusions. Tout peuple a ses symboles, ses légendes, ses rites qui ne sont rien d'autre que des manifestations de ses croyances qu'il cherche à maintenir, un imaginaire qu'il continue à alimenter. Le problème est plutôt le devenir même de ces croyances et de ces illusions. Citation et analyse

Si le souverain doit maintenir le peuple dans l'erreur, il ne doit cependant pas se tromper sur lui-même, c'est-à-dire sur son identité réelle, humaine, de même valeur que celle de ses sujets. Il doit donc tenir une double pensée, celle de la vérité sur lui-même et celle du mensonge au peuple. À quel point et jusqu'où une telle double pensée est-elle tenable ? Pbmatique

Nous verrons d'abord que les illusions et les apparences sont constitutives de la vie sociale et politique, puis en quoi leur extension peut s'avérer dangereuse. Nous envisagerons enfin la juste place qu'elles doivent tenir dans les relations humaines. Plan

LA VIE sociale et politique est structurée selon les apparences qui attribuent à chaque individu sa place et son rôle.

Tout d'abord, ce jeu social implique pour chaque individu de changer d'apparence en s'adaptant à son interlocuteur comme le souligne Lorenzo, « tout dire et ne rien dire, selon le caractère des parents »[1]. Cette importance des apparences et de l'opinion ne constitue pas seulement la vérité du jeu social, elle représente en outre la base même de tout rapport à autrui. C'est ainsi que Merteuil décrit son apprentissage des règles sociales : « je m'assurai ainsi de ce qu'on pouvait faire, de ce qu'on devait penser, et de ce qu'il fallait paraître. »[2] L'hypocrisie, c'est-à-dire cacher ce que l'on pense et changer ce que l'on dit en fonction de celui qui écoute, n'est donc pas un défaut moral mais plutôt une règle sociale.

[1] acte I, scène 1 [2] lettre 81

Si les apparences constituent cette logique structurelle de la société, on les retrouve dans les rapports de pouvoir. Les apparences étant la base du rapport à l'autre, elles sont alors l'assise la plus efficace du pouvoir sur l'autre. C'est pourquoi Arendt considère que « la véracité n'a jamais figuré au nombre des vertus politiques, et le mensonge a toujours été considéré comme un moyen parfaitement justifié dans les affaires politiques. »[3] De même, dans *Lorenzaccio*, c'est le personnage du cardinal Cibo qui incarne le mieux cette capacité à faire croire, c'est-à-dire à maintenir l'illusion et donc à dominer. C'est cette capacité qui le rend supérieur au duc lui-même et lui permet de dire à propos de ce dernier : « Qu'il épuise sa force contre des ombres d'hommes gonflés d'une ombre de puissance, je serai l'anneau invisible qui l'attachera »[4]. La véritable domination n'est pas dans la détention d'un titre mais dans le contrôle des apparences.

Si apparences et illusions constituent la réalité sociale et politique, le principe devient dès lors de les alimenter et de les maintenir chez ceux que l'on gouverne. Ainsi, dans *Les Liaisons dangereuses*, Valmont souligne, à bien des égards, que sa vertu libertine l'oblige à tenir sa réputation intacte. Il ne peut pas se laisser aller au désir sensuel que lui inspirent les femmes qu'il séduit. De Cécile, qu'il refuse d'abord de séduire[5] au nom de la réputation de séducteur qu'il doit tenir face à la présidente de Tourvel, à cette dernière qu'il entreprend de séduire au nom de ce même principe, tout est fait en fonction de l'apparence sociale qu'il cherche à préserver. La réputation a force de loi, car en elle réside l'identité sociale de l'individu. Cela est également vrai sur le plan politique que décrit Arendt. La commission chargée du conflit vietnamien ne lançait pas de projet politique ou militaire, mais ne se chargeait que de la réputation américaine dans le monde et dans la société, car « l'objectif était désormais la formation même de cette image »[6].

Si les apparences et les opinions constituent la structure de la société et la base de tout pouvoir politique, le mensonge devient alors l'attitude idoine dans les rapports sociaux et politiques. Mais une telle règle n'a-t-elle pas nécessairement pour fin une généralisation du mensonge et n'a-t-elle pas un effet délétère sur la société ?

LA GÉNÉRALISATION du mensonge et de l'illusion constitue un danger véritable.

Son effet est d'abord la soumission du peuple, victime des opinions et des apparences. C'est ainsi qu'apparaissent les personnages de Danceny et de Cécile Volanges. Jeunes gens pleins d'illusions et de clichés, ils sont des proies toutes désignées pour Valmont et Merteuil qui vont alimenter

[3] « Du mensonge en politique », I [4] acte II, scène 3 [5] lettre 4 [6] « Du mensonge en politique », II

leurs croyances sur le monde. Si faire croire est un moyen de dominer, l'opinion et l'apparence sont le lieu d'un enfermement social. En outre, elles contribuent après coup à blesser celui qui en est le porteur. Ainsi, Philippe finira par voir les crimes auxquels il était resté aveugle, « quand chacun de tes pas faisait jaillir des mares de sang humain, [...] je me suis fait sourd pour te croire, aveugle pour t'aimer »[7]. Si faire croire c'est trahir, croire revient donc à s'exposer à la trahison et à perdre ceux en qui l'on avait foi.

Par ailleurs, l'extension des croyances et des illusions finit par duper ceux qui les alimentaient et en tiraient profit. Ce ne sont plus les gens du peuple ou les gens naïfs qui se retrouvent dupés mais les dirigeants eux-mêmes. Ce retournement est décrit par Lorenzo : « Le vice comme la robe de Déjanire s'est-il si profondément incorporé à mes fibres que je ne puisse plus répondre de ma langue, et que l'air qui sort de mes lèvres se fasse ruffian malgré moi ? »[8] Arendt étudie ce phénomène dans la politique contemporaine. S'appuyant sur la commission chargée de régler la question de la guerre du Vietnam, elle souligne que, convaincus du bien-fondé de leur politique, ils devenaient aveugles aux faits. Le président américain devint ainsi l'homme le moins bien informé de son pays puisque « ni la réalité ni le sens commun ne pouvaient atteindre l'esprit des spécialistes de la solution des problèmes »[9].

Si le mensonge ne constitue plus seulement une arme privilégiée en politique mais son unique règle, le danger devient dès lors un déni absolu du réel. Ainsi, une expansion générale des illusions et des opinions dans la sphère politique et sociale amène à une torsion telle du réel que l'on ne sait plus démêler le vrai du faux. Ce problème est, selon Arendt, ancré dans la notion même d'image : « Une image, à la différence d'un portrait à l'ancienne mode, n'est pas censée flatter la réalité mais offrir d'elle un substitut complet. »[10] Dès que la politique se réduit à défendre ou à peindre une image, il s'ensuit une incapacité à distinguer vérité et fiction. C'est là d'ailleurs la richesse du roman de Laclos : chaque correspondant construisant une image de lui adaptée à son destinataire, on finit par ne plus savoir quelle est la véritable identité de chacun. Ce soupçon touche l'histoire elle-même : le témoignage étant, dans ce roman, hautement sujet à caution, le lecteur des *Liaisons dangereuses* peut finir par douter de l'ensemble du récit.

Si les illusions et les croyances s'étendent au point de se retourner contre ceux qui prétendaient les manipuler, c'est qu'elles ont une vie propre telle que plus personne ne peut parvenir à les contrôler. La

[7] acte III, scène 3 [8] acte IV, scène 5 [9] « Du mensonge en politique », II [10] « Vérité et politique », IV

question qui se pose alors est de savoir comment croire sans se laisser manipuler.

La difficulté consiste à se demander comment l'opinion et la croyance, bases essentielles des rapports sociaux et politiques, peuvent perdurer sans entraîner une corruption généralisée et une domination des uns sur les autres.

Tout d'abord, si l'on ne peut empêcher autrui de croire en l'image qu'il se fait de nous, cela n'exclut pas de rester lucide sur sa véritable identité. C'est précisément ce qu'ont négligé les États-Unis lors du conflit au Vietnam, bloqués dans leur « incapacité à comprendre que le pouvoir, même celui d'une très grande puissance, comporte toujours des *limites* »[11]. Rester lucide revient à ne pas surestimer sa position et donc à mener une politique plus viable. Si cela est vrai à l'échelle internationale, cela l'est en société comme le rappelle Cibo à la marquise, « ce ne sont pas les titres qui font l'homme »[12]. Un individu n'est pas réductible à son rôle ou à son rang parmi les hommes, il a une identité réelle qui lui est propre et dont il doit rester conscient. Cette lucidité à l'égard de soi, qui permet dès lors de tomber dans une simple image de soi-même, toujours tributaire du regard d'autrui, peut parfaitement se transmettre aux autres.

Ne pas rester enfermé dans une image passe donc par une éducation. C'est ainsi que l'on peut lire la relation entre Mme de Merteuil et Cécile Volanges. En effet, bien que cette relation soit basée sur une domination de l'une sur l'autre, on peut y voir des indices du comportement que Cécile doit avoir en société et notamment face aux hommes. Mme de Merteuil offre donc à Cécile des armes pour démêler le vrai du faux dans les rapports sociaux et les rapports de genre. Se pose alors la question de la transmission. Arendt y répond en disant que « Qui dit ce qui est[...]raconte toujours une histoire, et dans cette histoire les faits particuliers perdent leur contingence et acquièrent une signification humainement compréhensible. »[13] La croyance, véhiculée par le récit, ne s'oppose pas à l'éducation, mais en constitue un outil. Les histoires ne sont pas faites pour tromper, mais pour donner une compréhension du réel que l'ensemble des faits ne saurait fournir.

Enfin, qu'il s'agisse des rapports sociaux ou politiques, faire croire peut conduire à une véritable transformation des individus eux-mêmes. Cela amène à une transformation de la réalité politique et sociale comme le souligne Philippe : « l'éclair d'une seule épée peut illuminer tout un siècle. »[14] L'inspiration politique peut avoir un effet à long terme et

[11] « Du mensonge en politique », IV [12] acte IV, scène 4 [13] « Vérité et politique », V
[14] acte V, scène 2

l'exemple d'un seul individu révolté peut faire germer dans tout un peuple l'idée de liberté et d'émancipation. Plus radicalement, cette transformation que la croyance opère en l'Homme peut se situer sur le plan sentimental et existentiel comme le montre Valmont dont toute la trajectoire sera de passer du rationalisme libertin au sentimentalisme amoureux, sincère au point d'en mourir.

En fin de compte, si faire croire constitue un enjeu majeur de toute politique et de toute prétention au pouvoir, c'est parce que cela tient d'abord à un désir de croire, présent en l'homme et dans la société. Il est donc impossible d'écarter toute opinion et tout mensonge de ces domaines. Cependant, l'enjeu du pouvoir, précisément parce qu'il repose sur les apparences, est de maintenir, au moins pour lui, la distinction entre vérité et fausseté. Croyances et illusions ont leur vie propre. Elles suscitent des évolutions politiques et sociales pour le plus grand bien de ceux qui ont eu foi en elles. Réponse

Dès lors que les apparences ont cet effet réel et structurant sur les relations humaines, on pourrait se demander si faire croire n'est pas, dans la vie publique, une façon de « mentir vrai », c'est-à-dire de créer les conditions d'un véritable projet politique. Ouverture

IV Éviter le hors-sujet

Un sujet connexe serait « faire croire, est-ce manipuler ? » Les deux sujets relient « faire croire » et la question du pouvoir. Il est admis, dans les deux sujets, que si la politique ou le pouvoir, ou encore les relations sociales, ne se réduisent pas à la manipulation, à faire croire, il n'en demeure pas moins que c'est dans ces domaines que mensonge et illusion prospèrent le plus. Néanmoins, la question semble impliquer que la personne qui fait croire serait maîtresse de la manipulation qu'elle met en œuvre. Or, Pascal indique clairement que ce n'est pas d'abord le souverain qui fait croire, qui manipule mais que l'illusion vient d'abord du peuple, le travail politique ne visant qu'à conforter celui-ci dans son illusion. En outre, la question posée qui interroge l'identité entre faire croire et manipuler contient la connotation péjorative, du mensonge par intérêt là où il s'agit pour Pascal de maintenir la société en ordre, de la faire perdurer et de la faire avancer, c'est-à-dire mentir au peuple pour son propre bien.

Notions abordées : art, religion, psychologie, rationalité

Sujet 19
Dans *Le Temps scellé* (1986), le cinéaste soviétique Andreï Tarkovski écrit que « L'art ne se conçoit pas rationnellement, ne donne pas une logique de comportement, mais exprime une croyance, un postulat. La seule façon d'accepter une image artistique est d'y croire. » Vous commenterez et discuterez ce propos en vous appuyant sur des exemples précis empruntés aux œuvres du programme.

Corrigé proposé par Morgan S. Trouillet

I Analyse du sujet

1 Analyse des termes du sujet

Le sujet s'inscrit dans une opposition bien connue entre différents domaines philosophiques, dont les démarches induisent un rapport différent à la vérité. Il ne faut pas pour autant le réduire à une opposition simpliste : on passerait à côté des spécificités du sujet où il est autant question de l'artiste que de la manière dont on reçoit son œuvre.

On sait que l'art n'a pas vraiment de règles, sinon celles que les artistes créent, et que l'œuvre d'art n'a aucune finalité en soi. Cependant, on sait aussi qu'il faut que le spectateur – puisqu'il s'agit dans le sujet d'« image artistique » et que l'auteur est un cinéaste – puisse adhérer à l'œuvre ; il ne s'agit pas nécessairement de la comprendre, celle-ci pouvant échapper à toute logique, mais de pouvoir « accepter » ce qu'elle propose, de la suivre et de se laisser entraîner par elle. C'est pourquoi les artistes doivent malgré tout s'inscrire dans une certaine tradition et les règles que cette dernière implique : pour entraîner les spectateurs dans leur univers, ces derniers doivent adopter une posture propice à cette acceptation.

Or, on peut supposer que cette posture est « logique » ; on imagine aisément la démarche qui l'accompagne : il serait question de reconnaissance entre le monde réel et la fiction, d'identifier ce qui est représenté, comment et pourquoi. C'est tout le contraire, pense Tarkovski ! L'art fonctionne grâce à la croyance, ou plutôt à deux croyances : celle de l'artiste, que l'œuvre « exprime », et celle du spectateur qui adhère à l'œuvre sur le seul fait d'y croire. Ainsi l'artiste devient celui qui toujours fait croire à l'œuvre.

2 Confrontation aux œuvres

La Crise de la culture d'Hannah Arendt s'inscrit dans l'époque du post-modernisme : parmi les différentes remises en cause, il y a celle de l'art et notamment de l'art figuratif. La prétention de l'art à représenter le réel et à le déchiffrer, par cette représentation même, est déconstruite et interrogée par les œuvres. C'est une crise profonde plus large, qui touche au rapport à la vérité : si l'on ne croit plus qu'il y en a une sous les signes du réel que l'art déchiffre, à quoi bon ? Les articles au programme portent plus précisément sur la question politique, mais la crise de la vérité est la même et le discours politique construit un monde fictionnel digne de l'œuvre d'art. C'est pourquoi la cinquième partie de « Vérité et politique » porte sur la figure du « raconteur d'histoire » et intègre la question littéraire.

Les deux autres œuvres au programme précèdent cette crise et ne se posent pas les mêmes questions : elles s'inscrivent dans un paradigme où il va de soi qu'on peut représenter le réel. Cela n'empêche pas que l'œuvre traduise d'abord la croyance de son auteur : celle d'un monde meilleur, que ce soit politiquement, socialement ou moralement, que l'œuvre fait deviner en creux, voire qu'elle ferait advenir. En évoquant un monde révolu, ***Lorenzaccio*** demande aux spectateurs de croire que les événements historiques se répètent, que les mêmes causes produisent les mêmes effets, et donc de croire à un idéal républicain qui permet d'enrayer le cours de l'histoire grâce à cette leçon historique vécue de l'intérieur. Néanmoins, pour Musset aussi, il s'agit de croire à la puissance de l'évocation et du modèle historique, que l'émotion suscitée par le sort de ses personnages produit un effet et, plus prosaïquement, que son « spectacle dans un fauteuil » finira par être joué.

Les Liaisons dangereuses reposent sur un système complexe de croyance : chaque personnage est dans une posture ambivalente, où il croit les uns et doute des autres tandis que le lecteur sait combien la manipulation règne. Si le lecteur est dans une connivence avec l'auteur car il connaît la vérité des émotions et des stratagèmes des personnages, il n'en demeure pas moins qu'il doit y croire, sans quoi le dispositif romanesque s'écroule. Or, l'épigraphe cite *La Nouvelle Héloïse* de Rousseau, un roman épistolaire qui a fait croire aux lecteurs du XVIIIe siècle qu'ils lisaient de véritables lettres. C'est pourquoi l'auteur doit à son tour croire à l'intelligence de son lecteur autant qu'à sa propension à se laisser duper. Enfin, Laclos doit croire à une autre société, qui repose sur de véritables valeurs morales : c'est parce qu'il l'entrevoit qu'il peut en proposer la version inversée, dévoyée et pervertie.

3 Problématisation

On peut penser que l'art repose sur une démarche qui s'apparente à celle du scientifique dans le sens où il s'agit de dévoiler le fonctionnement logique du réel. Face à l'œuvre, il suffirait de comprendre ce qui est représenté pour comprendre le propos de l'artiste. Cependant, pour que l'œuvre fonctionne, elle a besoin d'une adhésion d'une autre nature et l'artiste doit faire croire à son œuvre. Cela fait-il de l'artiste un menteur ? L'œuvre d'art peut-elle traduire autre chose que ce en quoi l'artiste lui-même croit ? L'art n'est-il que croyance ?

II Plan détaillé

I L'œuvre d'art ne fonctionne que parce qu'on y croit

1. L'échec du rationnel pour tout expliquer dans une œuvre
2. La psychologie, logique du comportement, ne peut suffire
3. Accepter qu'on n'accède pas à la vérité par la singularité de l'œuvre

Ainsi, l'artiste doit nécessairement faire croire à l'œuvre, sans quoi celle-ci ne fonctionne pas. L'originalité de l'artiste dépend donc de sa capacité à faire adhérer le spectateur à la manière dont il représente le réel. Pour ce faire, l'intelligence rationnelle du spectateur est tout de même sollicitée.

II Ce qui échappe à la croyance dans l'art

1. Reconnaissance du réel dans la fiction
2. La technique de l'artiste, plus ou moins exhibée par l'œuvre
3. L'expérience esthétique et son inscription dans le réel

L'œuvre d'art ne relève pas d'une expérience religieuse. On y croit aussi parce qu'on y reconnaît l'évidence de la fiction. Ainsi, ce en quoi l'artiste fait croire n'est ni tout à fait la vérité, ni tout à fait le faux, mais bien, plus simplement, ce en quoi il croit.

III L'œuvre traduit le postulat de l'artiste, ce en quoi il croit

1. L'art fait entrevoir le monde rêvé de l'artiste
2. L'artiste est celui qui traduit le besoin de croire des hommes
3. L'artiste est celui qui fait croire à l'art lui-même

III Dissertation rédigée

Dans son *De la religion*, Schleiermacher écrit que « La religion et l'art se côtoient comme deux âmes amies » (1799). Ainsi, le penseur chrétien considère qu'il faut rapprocher ces deux manières de penser le monde, alors qu'on a plutôt tendance à les opposer : en effet, on conçoit aisément qu'il faut « croire » dans le cas de la religion, moins dans le cas de l'art ; dans un cas il y a l'invisible alors que l'œuvre d'art, du fait qu'elle est sensible, s'inscrit dans le monde et a tout de l'évidence. Accroche

C'est pourquoi le cinéaste soviétique dissident Andreï Tarkovski a besoin de réhabiliter la croyance dans le monde de l'art : « L'art ne se conçoit pas rationnellement, ne donne pas une logique de comportement, mais exprime une croyance, un postulat. La seule façon d'accepter une image artistique est d'y croire » (*Le Temps scellé*, 1986). Le sujet se compose de deux phrases qui inscrivent l'œuvre d'art, et plus précisément l'image artistique, dans un réseau double de la croyance : elle traduit à la fois ce en quoi l'artiste croit, et la croyance que le spectateur doit avoir envers l'œuvre et son artiste. Ainsi, pour Tarkovski, ce qui fait tenir l'œuvre, ce n'est pas sa présence matérielle ou sensible dans le monde, ce n'est pas son propos, ni ce qui l'inscrit dans la tradition artistique, mais le simple fait qu'on y croit, qu'on mette de côté la connaissance, la logique, le réel au profit d'un sentiment supérieur d'adhésion à l'œuvre elle-même. Citation et analyse

Cependant, dans quelle mesure l'œuvre tient-elle vraiment de la simple croyance ? L'œuvre et son propos en sont-ils affaiblis, puisqu'à l'inverse de la religion, ils ne prétendent pas à la vérité ? In fine, l'art n'est-il qu'une croyance comme une autre ? Pbmatique

S'il est vrai que la puissance de l'art repose sur une croyance, bien des éléments de l'œuvre sont concrets et permettent d'adhérer à l'œuvre et à la démarche de l'artiste. Ainsi, se confronter à l'œuvre c'est surtout se confronter à la croyance en général : l'art permet de comprendre notre besoin de croire. Plan

L'image artistique n'a pas le pouvoir de l'iconographie, elle ne traduit qu'une vision d'artiste ; pourtant, il faut y croire pour faire d'elle, à proprement parler, une œuvre d'art.

En effet, il y a un phénomène autour de l'œuvre d'art qui lui fait échapper au rationnel. Chaque œuvre peut s'expliquer – en partie – avec l'histoire de l'art, de la technique, des représentations et des idées. Et pourtant, l'artiste de génie ne fait pas comme les autres artistes de sa génération et le chef-d'œuvre échappe à ces discours explicatifs. L'œuvre tient parce qu'il s'y joue quelque chose qu'on n'explique pas : elle vaut pour elle-même, non pour ce qu'elle représente. C'est d'ailleurs sur cette idée-là que se termine la « Préface du rédacteur » des *Liaisons dangereuses* : les réponses aux questions que pose l'œuvre sont dans l'œuvre elle-même. On devine une réflexion similaire, mais parodiée, lorsqu'on évoque les mutilations des statues romaines par Lorenzo qui lui valent la colère du pape mais le soutien du duc : « Moi, je trouve cela drôle, d'avoir coupé la tête à tous ces hommes de pierre [...] ; je n'entends rien au respect du pape pour ces statues qu'il excommunierait demain, si elles étaient en chair et en os. »[1]

On pourrait penser que la psychologie permettrait d'expliquer le fonctionnement de l'art : le personnage littéraire serait un moyen de plonger dans la psyché humaine ; de plus, c'est par la psychologie qu'on comprendrait ce qu'on ressent. Néanmoins, le roman épistolaire de Laclos résiste à une telle définition du « roman psychologique ». C'est ainsi qu'on s'interroge devant cette phrase terrible du vicomte à la présidente : « Si jamais je vous le dis, ne me croyez plus. »[2] Cette phrase, relevant du lieu commun de la séduction, est aussi un paradoxe, puisque toute parole deviendrait fausse à son expression. Mais le lecteur sait qu'elle trahit aussi le trouble dans lequel le vicomte plonge progressivement. Ce trouble psychologique n'est pas expliqué par le roman ; à l'inverse, les sciences humaines peuvent l'expliquer : Arendt dans « Du mensonge en politique », lorsqu'elle évoque le processus d'« autosuggestion interne » théorisé par un psychologue, Ellsberg[3], montre que toute tromperie finit par tromper le trompeur et dilue toute vérité.

Il faut donc accepter qu'on n'accède pas à la vérité par l'art. La pluralité des œuvres est la preuve même qu'il existe dans le monde de l'art une multitude de discours auxquels on peut croire. Dans « Vérité et politique », Arendt rappelle la particularité de la démarche philosophique, qui s'inscrit au contraire dans la singularité du philosophe : « On peut comprendre que le philosophe, dans son isolement, cède à la tentation d'utiliser la vérité comme une norme qu'il faut imposer aux affaires humaines »[4]. Elle l'oppose au politique, où la vérité se conjugue toujours au pluriel. Ainsi en est-il de l'art, où la multitude des œuvres rend trouble le rapport à la vérité. Chez Musset, ce n'est pas un hasard si le grand cynique est le cardinal, homme d'église, car il y a bien la mise à mal de tous les discours faux, de la religion comme du politique ; et la marquise Cibo ne s'y trompe pas : « Que couves-tu, prêtre, sous ces paroles ambiguës ? [...] on ne sait qu'en penser. »[5]

Ainsi, l'artiste doit nécessairement faire croire à l'œuvre, sans quoi celle-ci ne fonctionne pas. L'originalité de l'artiste dépend donc de sa capacité à faire adhérer le spectateur à la manière dont il représente le

1 I, 4 2 lettre 58 3 partie IV 4 partie II 5 II, 3

réel. Pour ce faire, l'intelligence rationnelle du spectateur est tout de même sollicitée.

BIEN des éléments de l'œuvre sont concrets. Ils échappent à l'univers de la croyance et permettent de distinguer l'art d'autres formes de discours et de représentation.

Les œuvres s'inscrivent dans le réel, autant par l'objet matériel qu'on appelle l'œuvre d'art que par la nécessaire reconnaissance du réel dans la fiction. On pense, a contrario, aux vérités de fait d'Arendt : « ce dont je suis sûr, c'est qu'ils ne diront pas que la Belgique a envahi l'Allemagne », selon la formule de Clemenceau qu'elle cite dans « Vérité et politique »[6]. Celles-ci échappent au doute parce qu'elles s'inscrivent parfaitement dans le réel. L'œuvre d'art doit avoir cette évidence, même si le phénomène y est plus complexe : on reconnaît dans l'œuvre d'art ce qui est donné pour vrai tandis qu'on sait parfaitement que tout y est faux. Ainsi, la véracité des lettres des *Liaisons dangereuses* est, dans l'« Avertissement de l'éditeur », interrogée, mais l'objet livre ressemble à ce qui aurait pu être l'objet de départ, à savoir les lettres des personnages ; le théâtre est le lieu où on joue la comédie et l'acteur n'est pas Lorenzo, personne ne le croit, et tout le monde doit faire semblant de le croire, pour que se déploie la pièce et son intrigue. Le corps même de l'acteur est garant de cet effet de réel.

C'est pourquoi la technique de l'artiste est plus ou moins exhibée par l'œuvre car elle l'inscrit dans une démarche qui crée une connivence avec son récepteur. Il n'est pas anodin que nos deux œuvres littéraires présentent une grande scène de révélation où les manipulateurs dévoilent les ficelles de leur art en faisant leur autoportrait : dans la lettre 81, la marquise raconte l'histoire de son éducation à la tromperie en cherchant à manipuler Valmont ; la scène 3 de l'acte III de Lorenzaccio dans laquelle le héros éponyme se révèle à Philippe, son allié politique, et expose les compromissions qu'il a dû faire pour la réalisation de son noble projet. Ainsi, tout se passe comme si les menteurs visaient à exposer la vérité de leur mensonge. On peut les lire comme des mises en abyme de l'œuvre d'art, qui joue de cette même ambivalence.

Les œuvres fonctionnent comme une expérience esthétique qui permet de mieux retourner au réel. Le théâtre se présente comme un lieu hors du monde, pour nous divertir certes, mais aussi pour nous permettre d'en sortir changés. Ainsi Arendt évoque le « raconteur d'histoire » sans distinguer « historien ou romancier », histoire vraie ou fausse, qu'importe : sa « fonction [...] est d'enseigner l'acceptation des choses telles qu'elles sont. »[7] C'est ce retour au réel qui compte. Le vieux Philippe Strozzi ne dit rien d'autre à ses fils et, aux chimères que ces derniers se font de la

[6] partie II [7] « Vérité et politique », V

République, il oppose la réalité matérielle de l'artisan, du laboureur et in fine de leurs corps[8].

L'œuvre d'art ne relève pas d'une expérience religieuse. On y croit aussi parce qu'on y reconnaît l'évidence de la fiction. Ainsi, ce en quoi l'artiste fait croire n'est ni tout à fait la vérité, ni tout à fait le faux, mais bien, plus simplement, ce en quoi il croit.

FRÉQUENTER une œuvre d'art, c'est entr'apercevoir ce qui relève de la croyance chez l'homme. Ainsi l'œuvre devient la volonté de l'artiste de faire croire ce en quoi il croit : ses idéaux, son œuvre, l'art lui-même.

La démarche de l'artiste est doublement active : il s'agit d'abord d'agir sur le monde, de le modifier afin d'en donner une image ; ce faisant il change la vision du monde des récepteurs de l'œuvre et par là, leurs comportements. En ce sens, l'art fait toujours entrevoir le monde rêvé de l'artiste. Les lettres des *Liaisons dangereuses* ne sont-elles pas « publiées pour l'instruction » comme le dit le sous-titre de l'œuvre ? Ainsi devine-t-on que la société aristocratique décadente, aux antipodes des valeurs qu'elle est supposée incarner, est un miroir déformant tendu à la société d'Ancien Régime par Laclos. De même, « Karen Blixen, qui non seulement fut l'une des plus grandes conteuses de notre temps mais aussi – et elle fut presque unique à cet égard – savait ce qu'elle faisait »[9], comprend que l'ordonnancement des faits est une manière de relire le destin et d'en saisir la portée : l'écriture devient alors le partage de ce monde ainsi compris.

Plus généralement, l'artiste est celui qui, dans sa démarche, traduit le besoin de croire des hommes. En effet, l'œuvre est le produit d'un homme qui croit et qui croit que l'œuvre est digne d'être reçue. Ce faisant, il témoigne d'une confiance dans la puissance du croire. Arendt semble en être surprise : « Ce qui surprend, c'est l'ardeur avec laquelle des douzaines d'« intellectuels » apportèrent leur soutien enthousiaste à cette entreprise axée sur l'imaginaire »[10]. Pourtant, grâce à l'art, on sait combien il est facile d'adhérer à l'imaginaire. Lorenzo ne comprend pas pourquoi il devrait expliquer davantage son meurtre alors que Philippe lui explique l'importance politique d'un tel discours, car croire – dans un chef, dans un destin, dans une nation – est un besoin naturel des hommes[11].

Mais pour que l'œuvre aboutisse véritablement, l'artiste doit faire croire à l'art lui-même. C'est qu'il faut croire pour faire, autant qu'il faut faire pour croire : cette intuition pousse madame de Volanges à écrire à propos des rumeurs sur la marquise de Merteuil « je suis loin d'y croire,

[8] III, 2 [9] « Vérité et politique », IV [10] « Du mensonge en politique », II [11] V, 2

et je parierais bien que ce n'est qu'une affreuse calomnie ; mais je sais trop combien les méchancetés, même les moins vraisemblables, prennent aisément consistance »[12]. Plus on croit, plus on donne consistance à l'œuvre elle-même : c'est le mentir-vrai de l'art – d'autant plus que les « bruits » sur la marquise s'avéreront vrais. Il en va ainsi dans la répétition générale de son crime par Lorenzo, dans un passage de mise en abyme fameux où il est dramaturge, metteur en scène et acteur de son destin[13]. Mais le « bavardage humain » de Lorenzo, aussi faux soit-il – car aucun meurtre n'est commis dans cette scène – est bien ce qui lui donne le courage de passer à l'acte. Ne faut-il pas croire avant de faire ?

L'ARTISTE est bien celui qui fait croire. Il est auteur, dans le sens où il crée le langage qui lui permet de tenir une parole ni tout à fait fausse, ni tout à fait vraie. L'image – poétique, cinématographique – ne tient que parce qu'on y croit : on sait ce qui y est fiction et on le reconnaît comme tel, on aperçoit ce qui relève, pour l'artiste, de sa vérité, ce en quoi il croit. Ce faisant, l'artiste invite ceux qui veulent bien croire à croire à leur tour. Car l'art est bien ce qui permet à l'homme, non d'assouvir sa soif de croyance, mais de comprendre ce besoin naturel. Réponse

Cette définition particulière de l'art, qui assume ses limites pour mieux les dépasser, n'est sans doute possible que par les artistes eux-mêmes : ainsi, le poète Mallarmé définit son art comme un « Glorieux Mensonge »... Ouverture

IV Éviter le hors-sujet

On peut penser que Marcel Duchamp se rapproche de la pensée de Tarkovski lorsqu'il écrit (*Duchamp du signe*, 1958) : « Je crois qu'aujourd'hui plus que jamais l'Artiste a cette mission para-religieuse à remplir : maintenir allumée la flamme d'une vision intérieure dont l'œuvre d'art semble être la traduction la plus fidèle pour le profane. » En effet, dans les deux cas il est question pour l'art de traduire ce en quoi l'artiste croit – vision intérieure, postulat – et il n'est pas anodin que ce soient deux artistes de la modernité qui s'expriment. Pour eux, l'artiste est d'abord celui qui doit faire croire.

Cependant, Duchamp rapproche plus ouvertement l'art de la religion, en faisant de l'Artiste – majuscule comprise – une sorte de nouveau prêtre, tandis que Tarkovski se contente de parler du « croire », rapprochant l'art à toutes les formes de remise en question de la connaissance. Ainsi, chez Duchamp, il s'agit de croire en l'art parce que, comme dans la religion, il y a une vérité révélée et c'est le rôle de l'œuvre de nous la faire sentir ; chez Tarkovski au contraire, il faut croire en l'œuvre elle-même.

[12] lettre 168 [13] IV, 9

Notions abordées : facticité, persuader, technique, finalité

Sujet 20

« La communication, ce n'est pas du parler, c'est du faire-parler. L'information n'est pas du savoir, c'est du faire-savoir. **L'auxiliaire "faire" indique qu'il s'agit d'une opération, non d'une action. Dans la publicité, la propagande, il ne s'agit pas de croire, mais de faire-croire**. La participation n'est pas une forme sociale active ni spontanée, elle est toujours induite par une sorte de machinerie ou de machination, c'est un faire-agir, comme l'animation et autres choses semblables.

Aujourd'hui le vouloir même est médié par des modèles de la volonté, du faire-vouloir, que sont la persuasion ou la dissuasion. Pour autant que toutes ces catégories aient encore un sens : vouloir, pouvoir, croire, savoir, agir, désirer et jouir, elles ont été pour ainsi dire subtilisées par une seule modalité auxiliaire : celle du « faire ». Partout le verbe actif a cédé la place à l'auxiliaire factitif, et l'action a en elle-même moins d'importance que le fait qu'elle soit produite, induite, sollicitée, médiatisée, technicisée.

Il ne doit y avoir de savoir que ce qui résulte d'un faire-savoir. Il ne doit y avoir de parler que ce qui résulte d'un faire-parler. Il ne doit plus y avoir d'action que ce qui résulte d'une interaction, avec écran de contrôle si possible, et *feed-back* incorporé. Car ce qui caractérise justement l'opération, au contraire de l'action, c'est qu'elle est forcément régulée dans son déroulement – sinon ça ne communique pas. Ça parle, mais ça ne communique pas. »

(Jean Baudrillard, *La Transparence du Mal*, 1990)

En faisant jouer la formule en gras dans les œuvres du programme, vous direz dans quelle mesure cette confrontation donne sens à ce propos et éclaire ou renouvelle votre lecture de ces textes. Votre dissertation devra obligatoirement confronter les trois œuvres et y renvoyer avec précision. Elle pourra comprendre deux ou trois parties et sera courte (au maximum 1800 mots). Cet effort de concision faisant partie des attentes du jury, tout dépassement manifeste sera sanctionné.

Corrigé proposé par Rémy Arcemisbéhère

I Analyse du sujet

1 Analyse des termes du sujet

Dans le cadre d'une réflexion sur l'évolution des modes d'information et de la communication au XXe siècle, Jean Baudrillard s'interroge sur le succès des périphrases verbales à valeur factitive[1] dans leur lexique, illustré par le développement du mot-valise « faire-croire », préféré à des verbes au sens proche comme « persuader » ou « manipuler ». En effet, alors que ces derniers désignent à la fois l'effort de celui qui persuade et la participation de celui qui est persuadé, « faire-croire » inscrit une nette disjonction entre ces deux gestes et sous-entend la prééminence du « faire » sur le « croire ». Selon Baudrillard, l'adjonction du semi-auxiliaire « faire » modifie radicalement le rapport au procès signifié par le verbe en mettant l'accent sur sa dimension de pure « opération ». L'expression « faire croire » (avec ou sans tiret) met donc en lumière la part de facticité à l'œuvre dans toute opération visant à faire croire quelque chose à quelqu'un. En démontrant le prestige accordé aux procédés de l'action sur l'action elle-même, le philosophe désigne en creux une réduction et même une dégradation de celle-ci.

Pour Baudrillard, dans le mouvement de son raffinement, cette « machinerie » aurait acquis une autonomie et se détacherait désormais de ses conditions de production : le moyen l'aurait ainsi emporté sur les fins. Cette conception s'oppose aux philosophies qui conçoivent la *tekhnè*, c'est-à-dire le ressort d'une action efficace, comme le moyen et non la fin de l'action (par exemple dans la rhétorique). Or, une excessive technicisation modifierait le sens de ce procès : le manipulateur peut en effet se perdre dans la contemplation de la machine qu'il a élaborée, laquelle ne produirait dès lors plus aucun réel, si ce n'est elle-même.

2 Confrontation aux œuvres

Ce prestige de la facticité est longuement souligné par **Hannah Arendt**. Elle annonce les remarques de Baudrillard sur la propagande et la communication dans son article « Du mensonge en politique » : en effet, ces réflexions sur les documents du Pentagone soulignent le rôle prépondérant pris dans cette affaire par les « spécialistes de la solution des problèmes »[2] dont la fonction fut précisément d'opérer – et non d'agir – sur le réel. Elle s'inquiète d'ailleurs dans « Vérité et politique » que les solutions conçues par eux n'excèdent leur fonction d'expédient et ne deviennent un véritable « substitut adéquat de la réalité »[3].

Pareillement, *Les Liaisons dangereuses* de **Choderlos de Laclos** insistent sur les machinations des libertins qui perdent de vue les finalités de leur action lors de l'élaboration puis de la réalisation de stratagèmes de plus en plus raffinés. En outre, le titre de l'ouvrage, tout en mettant en lumière l'outil de la séduction (la correspondance), souligne le danger

[1] Voir l'entrée « faire » dans « Les mots pour le dire » page 31 [2] section I [3] section IV

propre à ces médiations au sein desquelles on peut perdre de vue son projet initial, voire se perdre soi-même comme le signale la dernière lettre : « Qui pourrait ne pas frémir en songeant aux malheurs que peut causer une seule liaison dangereuse ! »[4] Cette ambivalence constitue peut-être le destin du roman lui-même, ayant dilué son projet moraliste dans une mise à nu complaisante des techniques de séduction des libertins.

Alfred de Musset est sensible à l'ambivalence des médiations. En effet, l'ensemble de la pièce *Lorenzaccio* interroge la portée des stratégies de son héros éponyme : à quel point peut-on s'enfoncer dans une stratégie de manipulation sans perdre de vue ses objectifs ? La scène 3 de l'acte III met en lumière deux positions antagonistes : celle de Philippe Strozzi paralysé par l'impossibilité à agir (« Agir ! Comment je n'en sais rien. ») et celle de Lorenzo empêtré dans un mensonge qui l'a pour toujours compromis et éloigné de la réalisation du réel désiré (« Il est trop tard – je me suis fait à mon métier. ») Ce faisant, la pièce questionne son propre dispositif : le théâtre fait-il perdre de vue la réalité de l'action en déployant une débauche d'artifice au service de l'illusion de la fiction ?

3 Problématisation

En mettant l'accent sur le mot « faire » dans la périphrase « faire croire », Baudrillard nous invite à renverser l'ordre des fins et des moyens de la manipulation pour accorder à ces derniers la primauté. Pourtant, cette hypertrophie du faire qui engage dans une régulation sans fin n'est pas entièrement dégagée de l'action : les mensonges finissent effectivement par changer le rapport au monde du menteur. Faire croire, est-ce un moyen d'arriver à ses fins ou est-ce une finalité en soi ?

II Plan détaillé

I Faire croire, c'est déployer un ensemble de techniques de manipulation pour permettre la réalisation d'un objectif

1. Des stratégies tournées vers l'action
2. La recherche de l'efficacité
3. Le cumul des techniques de manipulation

Le manipulateur actionne donc un ensemble de techniques qui fonctionnent comme une machine dont le rôle est de produire efficacement le réel désiré. Pourtant, il peut facilement se laisser séduire par la mécanique et les rouages de ses propres stratagèmes au point de la faire tourner à vide.

[4] lettre 175

II Faire croire constitue une opération autonome, émancipée de sa fonction initiale de sorte qu'elle devient une fin en soi
1. La survalorisation des médiations
2. L'autorité des règles
3. L'oubli de l'action

Ainsi, l'art de persuader déploie des machinations que l'on prend plaisir à voir fonctionner de sorte qu'on oublie leur fonction. Or, le manipulateur, absorbé dans la contemplation de ses propres mensonges, ne s'aperçoit pas qu'il est lui-même devenu l'objet de l'action de cette machinerie, qui œuvre à le transformer lui aussi.

III Si bien que faire croire est une action qui provoque lors de sa réalisation la modification de son propre objet
1. L'emballement des stratégies
2. La collaboration du trompeur et de sa cible
3. La conversion du mensonge en vérité

III Dissertation rédigée

EN 2009, la société d'informatique Sony choisit pour slogan « *Make believe* ». La mise en valeur du verbe « *make* » (« faire ») insiste sur les compétences techniques du fabricant par lesquelles il se propose de transformer les idées en réalité. Accroche

Le philosophe Baudrillard remarque une différence sémantique fondamentale entre l'expression « faire croire » et les verbes au sens proche (comme « persuader ») : « L'auxiliaire "faire" indique qu'il s'agit d'une opération, non d'une action. Dans la publicité, la propagande, il ne s'agit pas de croire, mais de faire-croire. » Selon lui, la périphrase verbale à valeur factitive accorde une autonomie propre à l'activité du trompeur, la réduisant à son seul statut d'opération, sans lien avec les desseins qu'il entretient : cet effort pour faire croire quelque chose à quelqu'un serait sa propre fin. En considérant les moyens de la persuasion du point de vue de leur pur déroulement, il accorde donc à cette médiation la préséance, s'opposant à une longue tradition philosophique qui réduisait ce « faire » à un ensemble de techniques soumises à un objectif. Citation et analyse

Ainsi, faire croire, est-ce un moyen d'arriver à ses fins, ou s'agit-il d'une finalité en soi ? Pbmatique

On montrera comment « faire croire », c'est avant tout déployer un ensemble de techniques de manipulation pour réaliser un objectif, puis que cet objectif peut être perdu de vue de sorte que « faire croire » s'assimile à une simple opération, trajet au cours duquel elle se réengage finalement dans l'action en modifiant son propre rapport au réel. Plan

Aristote a défini la rhétorique comme les moyens d'un discours efficace. Dans son sillage, l'action de faire croire a été assimilée à un ensemble de techniques soumises à l'objectif de persuader.

Cette polarisation des stratégies de manipulation vers l'action est formulée en creux par Philippe dans le troisième acte de *Lorenzaccio* : « Agir ! Comment ? Je n'en sais rien. » Le patriarche confie à Lorenzo le soin de trouver lui-même les « moyens » pour anéantir « cette citadelle de mort », présentant dès lors les mensonges de ce dernier comme le véritable moyen de transformer la réalité de Florence. Hannah Arendt l'affirme plus positivement lorsqu'elle fait de la « liberté mentale de reconnaître ou de nier l'existence » le fondement de « la possibilité d'action », elle-même la substance de la politique définie en termes de « moyens et de fins »[5]. Ainsi, le mensonge apparaît comme un outil fondamental pour agir sur la réalité.

Pour réaliser ce dessein, l'action du menteur doit avant tout être efficace. Laclos se montre tout aussi sensible que ses personnages à cet impératif : dans sa « Préface du rédacteur », il lui sert à justifier l'entreprise du roman épistolaire : « je crois que ces lettres pourront concourir efficacement à ce but. » La fiction est donc au service du projet moraliste. Selon Hannah Arendt, cette recherche d'efficience dans le mensonge a conduit l'époque moderne à produire des « spécialistes de la solution des problèmes », qui sont « prêts à résoudre n'importe quel "problème" de politique étrangère »[6] : les compétences de ces techniciens en mensonge au service de l'action politique ont en effet pour fonction de faire croire plus efficacement.

Pour être efficace, le menteur doit donc raffiner ses techniques, ce qui le conduit à en cumuler plusieurs, voire à modifier ses stratégies en cours de route. Ainsi, dans *Les Liaisons dangereuses*, les plans de Mme de Merteuil dissimulent d'autres plans : elle encourage la relation entre Valmont et Cécile pour se venger de Mme de Volanges, puis pour éloigner Cécile de Danceny dont elle veut faire son amant, précisément pour provoquer la jalousie du même Valmont. Elle apparaît donc comme un maître stratège, emboîtant les stratégies pour conduire à ses desseins. Pareillement, Lorenzo conduit des stratégies complexes qu'il modifie selon les événements : ainsi la découverte de la disparition de la cotte de mailles, qui ruinerait ses projets d'assassinat, le conduit à inventer de nouveaux mensonges pour détourner l'attention du duc[7]. Le menteur doit adapter ses techniques à la réalisation de l'action qu'il prévoit.

Le manipulateur actionne donc un ensemble de techniques qui fonctionnent comme une machine dont le rôle est de produire efficacement

[5] section I [6] « Du mensonge en politique », section I [7] II, 5

le réel désiré. Pourtant, il peut facilement se laisser séduire par la mécanique et les rouages de ses propres stratagèmes au point de les faire tourner à vide, sans objet.

FAIRE croire peut donc devenir une opération autonome, émancipée de sa fonction initiale de sorte qu'elle devient une fin en soi.

Ce glissement s'illustre dans la survalorisation des médiations qui en viennent à éclipser la réalisation de l'action proprement dite. Le roman épistolaire *Les Liaisons dangereuses* donne ainsi à voir aux lecteurs le moyen de la manipulation : les lettres (qui donnent leur titre au roman). Le texte expose donc les techniques de séduction, ce qui peut occulter le projet moraliste, ce dont se défend la préface (« c'est rendre un service aux mœurs, que de dévoiler les moyens qu'emploient ceux qui en ont de mauvaises »). Le théâtre présente la même ambivalence dans la pièce de Musset : le projet de mettre en lumière les mensonges à l'origine de la corruption politique est éclipsé par cet art de l'illusion. Dès lors, le moyen prend le pas sur les finalités politiques ou moralistes.

Cette autonomisation du faire repose sur un processus de régulation : le menteur s'enferme dans l'autorité mécanique des règles. Dans *Les Liaisons dangereuses*, Mme de Merteuil expose ce phénomène dans la lettre 81 où elle réalise son autoportrait : « Quand m'avez-vous vue m'écarter des règles que je me suis prescrites, et manquer à mes principes ? » Après avoir insisté sur ces « principes », elle ajoute : « je les ai créés, et je puis dire que je suis mon ouvrage », révélant leur caractère proprement aliénant, car elle se réduit désormais à ses stratagèmes. Dans *Lorenzaccio*, le cardinal est mû par la même discipline et embrasse la règle des menteurs (« je suivrai tes ordres, Farnèse »). Dans la scène 3 de l'acte II, alors qu'il décrit minutieusement les étapes de son plan de manipulation de la marquise, il utilise la métaphore de la chaîne invisible dont il se voit comme l'un des maillons : le menteur est donc tenu par ses propres règles.

Ce raffinement des techniques conduit à un oubli de l'action, celui qui cherche à faire croire. Ainsi, selon Hannah Arendt, le développement de la publicité a produit une nouvelle forme de l'art de mentir, porté par la figure du « spécialiste en relations publiques »[8] : doté d'une inventivité infinie, il se distingue des responsables politiques par le fait qu'il n'a aucune faculté d'agir. Coupé de la possibilité réelle de changer le monde, ce publicitaire devient un opérateur, un simple producteur d'images. Le souci de l'action finit également par échapper à Lorenzo. Lucide à l'excès, il se montre indifférent à l'égard des conséquences, ce qu'il confie à Philippe : « Que les hommes me comprennent ou non, qu'ils agissent

8 « Du mensonge en politique », section I

ou n'agissent pas, j'aurai dit tout ce que j'ai à dire »[9]. Empêtrés dans leur plan, les manipulateurs perdent donc de vue la réalisation de leurs désirs.

Ainsi, l'art de persuader déploie des machinations que l'on prend plaisir à voir fonctionner de sorte qu'on oublie leur fonction. Or, le manipulateur, absorbé dans la contemplation de ses propres mensonges, ne s'aperçoit pas qu'il est lui-même devenu l'objet de l'action de cette machinerie, qui œuvre à le transformer en profondeur lui aussi.

MÊME quand il persévère dans un effort de raffinement sans objet, les virtuosités du menteur le changent lui-même et l'engagent dans le monde.

Ainsi, le technicien en manipulation finit souvent par être dépassé par ses propres mensonges. Dans *Lorenzaccio*, la belle mécanique exposée par le cardinal au début du deuxième acte s'enraye : le manipulateur s'enivre tant de son art qu'il échoue à le contenir. L'effet de cet emballement du mensonge est exposé dans la scène 4 de l'acte IV : la tirade de la marquise, qui avoue ses agissements à son mari, symétrique inverse de celle du cardinal dans l'acte II, scelle la fin des prétentions de celui-ci. Dans *Les Liaisons dangereuses*, les libertins sont eux aussi punis par là où ils ont péché. La publication des lettres par Danceny révèle l'excès des manœuvres. Les manipulateurs se font broyer par leur propre mécanique.

À force de tourner à vide, cet art du mensonge dépasse son auteur et engage le rapport à la vérité. Arendt montre bien dans « Vérité et politique » que les mensonges politiques affectent la texture même de notre perception de la réalité au point qu'ils deviennent « un substitut adéquat de la réalité et de la factualité »[10]. Cette ambivalence se manifeste dans les œuvres de fiction *Lorenzaccio* et *Les Liaisons dangereuses* : les maîtres stratèges que sont Mme de Merteuil et Lorenzo éprouvent chacun le besoin de se délester de leurs mensonges au sein d'une grande scène de révélation (la lettre 81 et la scène 3 de l'acte III) durant laquelle le héros convertit son mensonge en vérité.

Indépendamment de ces effets, le mensonge agit surtout sur nous parce qu'il produit un récit. Arendt montre dans son étude des documents du Pentagone les effets délétères de cette technicisation du mensonge qui produit des « images » porteuses d'un récit concurrent de celui de l'Histoire. Pourtant, elle en conçoit aussi les vertus : dans « Vérité et politique », elle s'appuie ainsi sur l'exemple de l'œuvre de Karen Blixen pour montrer que les mystifications mettent en ordre le réel et lui accordent une signification[11]. Valmont a donc tort d'affirmer qu'« il vaut mieux

---

[9] acte III, scène 3 (fin) [10] section IV [11] fin section V

employer son temps à exécuter ses projets qu'à les raconter »[12] : en effet, mentir c'est déjà agir sur le monde.

Réponse

AINSI, faire croire met en œuvre une redoutable mécanique : cette machine à produire de l'action constitue un ensemble de techniques qui ont vocation à être efficaces de sorte qu'on peut finir par se perdre dans la contemplation de ses rouages sans s'apercevoir que nous sommes devenus l'objet de leur action et que notre propre machine nous a changés. Les techniques de manipulation, même réduites à leur dimension purement opérative, nous engagent toujours dans l'action au-delà de leur première finalité, car elles constituent toujours un récit qui agit sur notre rapport au réel.

Ouverture

On comprend que cette dénonciation par Baudrillard d'un affaiblissement de l'action lié au caractère opérationnel du faire croire puisse être réversible : Yves Bonnefoy écrit ainsi à propos du théâtre que « Ce faire – croire est utile et même bénéfique », car il compense les excès de ceux qui « se drapent dans l'existence réelle ».

IV Éviter le hors-sujet

Comme la citation de Baudrillard, de nombreux sujets conduisent à interroger l'efficacité du geste consistant à faire croire ainsi que son rapport à l'action. Aristote assimile ainsi ce « faire croire » à une *tekhnè* dans sa *Rhétorique* : « Il est donc évident que la rhétorique est utile. Son but n'est pas vraiment de réussir toujours à convaincre quelqu'un de la vérité, mais d'agir en vue de la persuasion de cette personne et de faire tout ce qui est possible pour la persuader ». S'il rejoint en partie les remarques de Baudrillard et son questionnement sur les fins et les moyens de l'action de « faire croire », cette citation questionne moins la finalité proprement dite que les modalités de sa production : en effet, Aristote se place sur le plan du « possible » et nuance la portée de l'art oratoire en distinguant la réussite effective du projet de convaincre des progrès réalisés dans la direction de celui-ci. En outre, il conçoit les effets de cette rhétorique au sein d'un continuum allant de la complète conviction à l'impure persuasion.

Analyser cette citation d'Aristote implique d'interroger non pas cette tension entre les fins et les moyens de la persuasion au centre de la réflexion de Baudrillard, mais les différentes modifications du rapport à la vérité propre à l'acte de faire croire. Il conviendrait donc d'opposer d'abord l'acte de convaincre à celui de persuader pour ensuite mettre en lumière l'opération de conversion elle-même. Chez Baudrillard, c'est vraiment la facticité qui est en cause.

[12] lettre 76

Citations à retenir

1 Rôles et fonctions du faire croire

Laclos

« Vous vous donnez la peine de le tromper, et il est plus heureux que vous. »

(lettre 15, du vicomte de Valmont à la marquise de Merteuil, à propos de son amant, le chevalier de Belleroche)

« Quand elle m'en parlera, puisque c'est pour m'attraper, je vous promets que je saurai mentir. »
(lettre 109, de Cécile Volanges à la marquise de Merteuil, qui l'a persuadée qu'elle doit cacher à sa mère qu'elle préférerait épouser Danceny que Gercourt)

« J'espérais lui faire croire qu'elle s'était trompée, et je l'assurai d'abord qu'elle avait mal entendu : mais loin de se laisser persuader ainsi, elle exigea du Médecin qu'il recommençât ce cruel récit. »
(lettre 165, de Mme de Volanges à Mme de Rosemonde, sur la mort de Valmont)

Musset

« Laisse seulement tomber ton secret dans l'oreille du prêtre ; le courtisan pourra bien en profiter, mais, en conscience, il n'en dira rien. »
(Le cardinal s'adressant silencieusement à sa belle-sœur, la marquise Cibo, dont il est le confesseur et qu'il veut pousser à coucher avec Alexandre, acte II, scène 3)

Dans un aparté, Lorenzo, qui n'arrive pas à faire comprendre aux républicains de Florence qu'il va tuer Alexandre, et qui vient de se contenter d'annoncer l'événement, médite : « Il est clair que si je ne dis pas que c'est moi, on me croira encore bien moins. » (acte IV, scène 7)

« J'étais une machine à meurtre, mais à un meurtre seulement. »

(Lorenzo à Philippe, acte V, scène 7)

Arendt

« Et les mensonges, puisqu'ils sont souvent utilisés comme des substituts de moyens plus violents, peuvent aisément être considérés comme des instruments relativement inoffensifs dans l'arsenal de l'action politique. »

(« Vérité et politique », I)

« Mais est-ce qu'il existe aucun fait qui soit indépendant de l'opinion et de l'interprétation ? » (« Vérité et politique », II)

« Résoudre des problèmes dans l'abstrait était d'autant mieux indiqué et bienvenu que la politique et les buts poursuivis se situaient eux-mêmes en dehors des réalités. » (« Du mensonge en politique », IV)

2 Comment faire croire ?

Laclos

« Avertie déjà, depuis longtemps, de ce danger par mes amis, j'ai négligé, j'ai même combattu leur avis tant que votre conduite à mon égard avait pu me faire croire que vous aviez bien voulu ne me pas confondre avec cette foule de femmes qui toutes ont eu à se plaindre de vous. »
(lettre 41, de Mme de Tourvel au vicomte de Valmont)

« Qu'est-ce qui a pu vous faire croire que je ne vous aimais plus ? »
(lettre 94, de Cécile Volanges au chevalier Danceny)

« Cette ruse qu'elle veut employer contre vous, il faut la combattre par une autre. » (lettre 105, de Mme de Merteuil à Cécile)

Musset

Lorenzo explique que pour séduire une fille il faut « habituer doucement l'imagination qui se développe à donner des corps à ses fantômes ». (I, 1)

« Si vous saviez comme cela est aisé de mentir impudemment au nez d'un butor ! » (Lorenzo au duc, acte II, scène 4)

« Ne m'as-tu pas parlé d'un homme qui s'appelle aussi Lorenzo, et qui se cache derrière le Lorenzo que voilà ? » (Philippe Strozzi à Lorenzo, III, 3)

Arendt

« En temps normal, la réalité, qui n'a pas d'équivalent, vient confondre le menteur. [...] Le menteur, qui pourra peut-être faire illusion, quel que soit le nombre de ses mensonges isolés, ne pourra le faire en ce qui concerne le principe même du mensonge. » (« Du mensonge en politique », I)

« Le contraire d'une affirmation rationnellement vraie est soit l'erreur et l'ignorance, comme dans les sciences, soit l'illusion et l'opinion, comme en philosophie. La fausseté délibérée, le mensonge vulgaire jouent leur rôle seulement dans le domaine des énoncés de fait, et [...] personne apparemment n'a jamais cru que le mensonge organisé, tel que nous le connaissons aujourd'hui, pourrait être une arme appropriée contre la vérité. » (« Vérité et politique », II)

« Son aversion pour le mensonge était si grande qu'il a eu à se convaincre lui-même avant de pouvoir mentir aux autres. » (« Vérité et politique », IV)

3 Conséquences du faire croire

Laclos

« C'est rendre un service aux mœurs, que de dévoiler les moyens qu'emploient ceux qui en ont de mauvaises pour corrompre ceux qui en ont de bonnes, et je crois que ces Lettres pourront concourir efficacement à ce but. » (Préface du rédacteur)

« Ah ! sans doute vous n'êtes ni légère, ni trompeuse ; et même dans ce moment de désespoir, un soupçon outrageant ne flétrira point mon âme. » (lettre 46, du chevalier Danceny à Cécile Volanges)

« Il me trompe, il me trahit, il m'outrage. » (lettre 135, la présidente de Tourvel)

Musset

Marie, déplorant la débauche de son fils depuis qu'il est à Florence, se souvient : « un saint amour de la vérité brillait sur ses lèvres et dans ses yeux noirs » (acte I, scène 4)

« Un secret d'importance entre des mains expérimentées peut devenir une source de biens abondante. » (Le cardinal à la marquise Cibo, II, 3)

« [P]our devenir son ami, et acquérir sa confiance, il fallait baiser sur ses lèvres épaisses tous les restes de ses orgies. J'étais pur comme un lis, et cependant je n'ai pas reculé devant cette tâche. Ce que je suis devenu à cause de cela, n'en parlons pas. »

(Lorenzo explique à Philippe Stozzi comment il s'est approché d'Alexandre, acte III, scène 3)

Arendt

« C'est à cause du caractère hasardeux des faits que la philosophie prémoderne refusa [...] de croire qu'aucune vérité d'importance puisse être jamais découverte dans la "désolante contingence" (Kant) d'une suite d'événements qui constitue le cours de ce monde. »

(« Vérité et politique », III)

« [Le menteur] est acteur par nature ; il dit ce qui n'est pas parce qu'il veut que les choses soient différentes de ce qu'elles sont – c'est-à-dire qu'il veut changer le monde. » (« Vérité et politique », IV)

« On a fréquemment remarqué que le résultat à long terme le plus sûr du lavage de cerveau est un genre particulier de cynisme – un refus absolu de croire en la vérité d'aucune chose, si bien établie que puisse être cette vérité. » (« Vérité et politique », IV)

4 Y croire ou pas ?

Laclos

« Toute sa lettre annonce le désir d'être trompée. »
(lettre 70, du vicomte de Valmont à la marquise de Merteuil, à propos de la présidente de Tourvel qui lui propose d'être « *son ami* »)

« Je ne pourrais être persuadée que par l'ensemble de votre conduite. »
(lettre 134, de la marquise de Merteuil au vicomte de Valmont, qu'elle accuse d'aimer la présidente et d'être incapable de la traiter comme « une femme ordinaire, une femme telle qu'elle est seulement. »)

« Quelle femme ne fuirait pas au premier propos d'un séducteur ? »
(lettre 175, et dernière, de Mme de Volanges à Mme de Rosemonde)

Musset

« Dieu sait que ce n'est qu'une illusion, mais une illusion trop forte pour que le sommeil ne s'enfuie pas devant elle. » (Maffio, acte I, scène 1)

« Vous nous avez dit quelquefois que cette confiance extrême que le duc vous témoigne n'était qu'un piège de votre part. » (Bindo, acte II, scène 4)

« Il est trop tard – je me suis fait à mon métier. Le vice a été pour moi un vêtement, maintenant il est collé à ma peau. » (Lorenzo, acte III, scène 3)

Arendt

« Dans le monde où nous vivons, les dernières traces de cet ancien antagonisme entre la vérité du philosophe et les opinions échangées sur la place publique ont disparu. » (« Vérité et politique », II)

« Dans *La Tempête*, [Antonio] a dû faire une "pécheresse de sa propre mémoire, pour croire à son propre mensonge" » (« Vérité et politique », IV)

Défendant le rôle du *New York Times* qui a révélé l'affaire : « La preuve est faite désormais de la justesse d'une opinion souvent défendue : une presse libre et non corrompue a une mission d'une importance considérable à remplir, qui lui permet à juste titre de revendiquer le nom de quatrième pouvoir. » (« Du mensonge en politique », V)

5 Faire croire et créer

Laclos

« [N]ous ne garantissons pas l'authenticité de ce recueil, et [...] nous avons même de fortes raisons de penser que ce n'est qu'un roman. »

(Avertissement de l'éditeur)

« Comme ici tout est de mode, l'enthousiasme gagna ; il devenait un vrai délire, lorsque Prévan entreprit de vérifier ces prodiges, et de fixer sur eux l'opinion publique et la sienne. »

(lettre 79, du vicomte de Valmont à la marquise de Merteuil, dans laquelle il tient à lui présenter les méfaits passés de Prévan pour la mettre en garde et s'interroge sur le fait que Prévan puisse vraiment être pour elle une bonne « proie »)

« Je voyais pourtant que, pour parvenir [à inspirer et à feindre l'amour], il suffisait de joindre à l'esprit d'un auteur, le talent d'un comédien. »

(lettre 81, de la marquise de Merteuil au vicomte de Valmont)

Musset

« Réaliser des rêves, voilà la vie du peintre. » (Tebaldeo, acte II, scène 2)

« Oui, j'ai fait un rêve – hélas ! les rois seuls n'en font jamais – toutes les chimères de leurs caprices se transforment en réalités, et leurs cauchemars eux-mêmes se changent en marbre. »

(La marquise Cibo au duc, acte III, scène 6)

Lorsqu'il répète son crime, Lorenzo s'écrie « Ah ! les mots, les mots, les éternelles paroles ! [...] Ô bavardage humain ! » (acte IV, scène 9)

Arendt

L'auteur décrit le gouvernement de Saïgon comme fonctionnant dans une « [a]tmosphère digne d'Alice au pays des merveilles ».

(« Du mensonge en politique », II)

« Pourquoi la tromperie de soi-même est-elle devenue un outil indispensable dans l'entreprise de la fabrication d'images, et pourquoi devrait-il être pire, pour le monde aussi bien que pour le menteur lui-même, s'il est trompé par ses propres mensonges, que s'il se borne à tromper les autres ? » (« Vérité et politique », IV)

« La fonction politique du raconteur d'histoire – historien ou romancier – est d'enseigner l'acceptation des choses telles qu'elles sont. »

(« Vérité et politique », V)

Index des œuvres et des noms propres

Index des notions